JN109923

ライブラリ 心理学を学ぶ ✳4

教育と学習の
心理学

生田淳一・松尾　剛　編

サイエンス社

監修のことば

　心理学はたくさんの人が関心をもって下さる学問領域の一つといってよい
と思います。「試験勉強しなきゃいけないのに，ついついマンガに手が伸び
ちゃって……」といったように，自分自身の心でありながら，それを上手にコ
ントロールすることは難しいものです。また，「あの人の気持ちを手に取るよ
うに正しくわかることができたらいいだろうな」と願うこともあったりします。
そんな日々の経験が，心理学を身近な学問に感じさせるのかもしれません。

　心理学への関心の高まりは，医学や脳科学，生命科学，進化論や生態学，教
育学や社会学，経営学など，多様な学術領域と連携した研究を活発にしました。
そして，人間の心と行動について驚くほどたくさんのバラエティに富んだ研究
成果を生み出してきています。また，適正な教育や司法の実践，充実した医療
や福祉の構築，健全な組織経営や産業現場の安全管理など，さまざまな社会問
題の解決を図るときに鍵を握る知識や見識を示す領域として，心理学はその存
在感を高めています。国家資格「公認心理師」の創設は，心理学の社会への浸
透を反映しています。

　本ライブラリは，幅広い心理学の領域をカバーしながら，基本となる専門性
は堅持しつつ，最近の研究で明らかにされてきていることも取り入れてフレッ
シュな内容で構成することを目指しました。そして，初めて心理学を学ぶ人に
も理解していただきやすいテキストとなるように，また，資格試験の勉強にも
役立つことも考慮して，平易でわかりやすい記述や図解を心がけました。心理
学を体系的に学ぼうとする皆さんのお役に立てることを願っています。

監修者　山口裕幸
　　　　中村奈良江

まえがき

　本書は,「教育と学習」に関わる心理学の知見を幅広く取り扱った教科書です。教育と学習に関わる現象は, 日常幅広くみられるものと考えられますが, 本書では特に学校教育を意識した内容を多く取り入れています。今日, 学校教育に目を向けると, GIGA スクール構想, 1人1台端末の利活用促進など, 革新的変化が起ころうとしています。本書の執筆に関わった私たちも, その渦中で教育観・学習観が揺さぶられる体験をすることとなりました。そのような中, 本書の執筆を通して, これまでの心理学で説明されてきた教育と学習の様相について整理するうちに, ある実感が湧いてきました。それは, ICT が文房具になるといった大きな学習ツールの変化が起こり, 教育観・学習観が絶えず揺さぶられることになろうとも, 本書で取り扱われているような学習を支えるメカニズムを踏まえることで, 教授学習の過程がよりよいものになっていくはずだということです。多様化・複雑化する課題についても, 原点に立ち返り, 原理を見つめ直すことで, 解決の糸口が見出せるのではないでしょうか。

　本書では, 初めて学ぶ方を主な読者対象として, 前半では学習を支える基礎的な内容について丁寧に取り扱うよう留意するとともに, 後半では発展的に教育につなげられるような応用的な内容までを幅広く取り扱っています。第1〜5章は, 代表的な学習メカニズムをはじめ, 学習を支える認知に関わる概念について取り扱っています。具体的には, 前半の第1章で条件づけ, つまり行動主義について詳しく扱った後に, 第2章では「行動主義的学習論からの発展へ向けて」として, 行動主義以降の学習メカニズムのとらえ方の変遷について解説しています。次の第3〜5章では, 記憶, 言語, 思考などの認知心理学的な考え方について解説しています。後半の第6〜10章では, 教授・学習場面におけるより現実的なテーマについて取り扱っており, 学習場面における学習者の様相を多面的に理解するために, メタ認知・学習方略, 動機づけについて取り上げ, さらに教育活動の実際やその実施・改善につながる内容として, 教育評価, 教授法, 心理的援助について説明しています。

　また，各章に掲載したコラムでは，教育と学習のつながり，教育実践が展開していく様子が実感できるような，より実践的な話題を取り上げました。本書を読みながら，教育的な活動や，学校教育以外のさまざまな場面での活動につなげて考えていただければと思います。本書では，学校教育における学習過程を背景に執筆されている場面が多いことは，ご了解いただきたい点ではありますが，そのためイメージし，理解しやすい内容になっていると考えています。本書を，教育と学習の心理学の学びに役立てていただけると幸いです。

　最後に，本書の執筆にお声掛けをいただきましたライブラリ監修者の山口裕幸先生，中村奈良江先生，編集を担当いただきましたサイエンス社の清水匡太氏に，この場を借りて厚くお礼申し上げます。

　　2024 年 1 月

　　　　　　　　　　　　　　　　　編者を代表して　生 田 淳 一

目　　次

第 1 章 条件づけ

　「学習とは何か」という問いに対する答えは，学習を理解するための理論的な立場によって異なると考えられます。行動主義の立場では，刺激と反応の結びつき，行動とその行動によって生じる環境の変化，といった要素から学習を説明します。認知主義の立場では，知覚，記憶，思考といった心的な情報処理過程に関する構成概念を用いて学習を説明します。状況論の立場では，学習を社会的実践への参加として説明します。さまざまな共同体において，どのような歴史的経緯の中で，どのような価値観を共有し，どのような制度の中で，どのような人と共に，どのような人工物を介して，どのようなやりとりに媒介され，その実践が成立しているのか。そして，実践への参加を通じて，学習者の行動が変容したり，知識が増えたりするだけでなく，知識の意味や価値，学習者自身の役割やアイデンティティといったものがどのように変化していくのか，といったことも学習を理解する上で重要な視点となります（これらの学習理論の詳細については第 2 章を参照してください）。このように，それぞれの学習理論は，「心」とは何か，「人」とは何か，「心」をいかにして科学的に研究するか，といったことに関して，異なる哲学をもっています。それゆえに，学習という営みの豊かさを，それぞれの立場から私たちに示してくれるのです。本書でもさまざまな理論的立場から学習や教育が論じられていますが，本章では行動主義の立場から提唱された，条件づけという学習理論の基本的な考え方を中心に説明します。

1.1　学習とは

　心理学では，学習を「経験に基づく比較的永続的な行動変容，およびその過程」と定義することが一般的です。ですから，疲労や薬物，成熟や老化などの影響による行動の変化は学習には含まれません。私たちの行動の中には学習によって獲得された行動ではないものも多くあります。たとえば，新生児期には

原始反射が観察されます。手のひらに何かが触れるとそれを握るような動きを示す把握反射，口に物が触れるとそれに吸いつく**吸啜反射**，大きな物音などの刺激に対して両腕を伸ばしてしがみつくような動きを示す**モロー反射**などが知られています。これらは生後すぐにみられる反射であり，ヒトが生まれつきもっている生得的行動のレパートリーであると考えられます。その他にも，虫が光に向かって移動したり，ミミズが光から遠ざかるように移動したりするといったように，特定の刺激に対する方向性をもった運動反応がみられることがあります。このような**走性**も生得的行動と考えられています。それに対して学習は獲得的に得られた行動のレパートリーです。どのような仕組みによって，何を学習するのかといった点については，さまざまな理論や概念が提唱されています。その中でも，以下では馴化と鋭敏化，レスポンデント条件づけ，オペラント条件づけといった学習の仕組みについて説明します。

1.2　馴化と鋭敏化

1.2.1　馴　化

　同じ刺激が繰返し与えられることで，その刺激が引き起こす**反応**が次第に減弱する現象が**馴化**です。馴化も学習の一種で，幼児の知覚研究などに応用されています。たとえば，ケルマンとスペルキ（Kellman & Spelke, 1983）は馴化のメカニズムを応用して，生後3〜4カ月の幼児の知覚についての研究を行っています。幼児に図1.1の（A）のように箱の後ろで棒が左右に動いている映像を見せます。すると，幼児は生得的な反応として，新規刺激である（A）に注意を向けます。刺激（A）が繰返し提示されると，次第に馴化が生じて刺激（A）に注意を向ける時間が短くなります。この段階で，幼児に図1.1の（B）や（C）のような映像を見せます。そうすると，幼児は（C）の映像のほうに長く注意を示すことがわかりました。この結果から，幼児は（A）の刺激を（B）のようにつながったものとして知覚しており，そのため，（B）よりも（C）を新規な刺激として知覚した結果，より長時間注意を向けたのではないかと推察することができます。

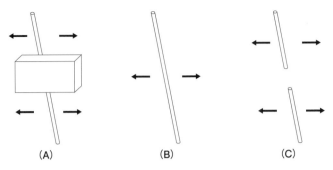

図1.1　**ケルマンとスペルキが用いた刺激**（Kellman & Spelke, 1983より一部を抜粋）

1.2.2　馴化の特徴

　馴化については次のような特徴が知られています（Thompson & Spencer, 1966）。馴化が生じた後に刺激の反復提示を止めてしばらく時間を空けると，減弱した反応が復活する**自発的回復**がみられます。また，馴化と自発的回復を繰り返すと，次第に馴化が速やかに生じるようになります。刺激の強度が弱くなるほど，その刺激に対する馴化は速く，顕著になります。馴化刺激とは異なる強い刺激を提示すると，**脱馴化**によって馴化刺激に対する反応が再び生じるようになります。その他に，雷の音に馴化して驚かなくなった後でも急にサイレンの音を聞くと驚いてしまうというように，馴化には特定の刺激に対してのみ生じるという，**刺激特定性**があると考えられています。

1.2.3　鋭 敏 化

　馴化とは逆に，刺激を提示することで，刺激に対する反応が増大する現象が**鋭敏化**です。鋭敏化は刺激特定性を示しません。ですから，雷の大きな音に驚いた直後に無関係な他の音を聞いても驚いてしまう，といった反応が生じるわけです。刺激を提示されると，私たちには馴化と鋭敏化の両方が生じると考えられます。一般に，強い刺激に対しては鋭敏化が生じやすく，弱い刺激に対しては馴化が生じやすいと考えられています。**二重過程理論**では，この2つのプロセスが合成された結果として，実際に観察される反応が生じていると想定します（Groves & Thompson, 1970；図1.2）。

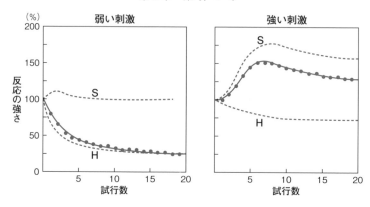

図 1.2　二重過程理論における馴化，鋭敏化，観察される反応の関係
(Groves & Thompson, 1970)

弱い刺激（左図）では，鋭敏化（破線 S）が生じにくく，馴化（H の破線）が生じやすいため，実際に観察される反応（実線）は馴化に近いものとなります。強い刺激（右図）では，鋭敏化（破線 S）が生じやすく，馴化（破線 H）が生じにくいため，実際に観察される反応（実線）は鋭敏化に近いものとなります。

1.3　レスポンデント条件づけ（古典的条件づけ）

1.3.1　レスポンデント条件づけのプロセス

　レスポンデント条件づけ（古典的条件づけ）は，ロシアの生理学者パブロフ（Pavlov, 1927）が提唱した理論です。空腹のイヌが餌を食べると唾液を流します。これは，餌という刺激によって，唾液を流すという反応が引き起こされているのです。この刺激と反応の関係は学習によって成立したものではなく，イヌが生得的に備えている**無条件反射**です。イヌにメトロノームの音を聞かせた後に餌を与えるという手続きを繰り返すと，イヌはメトロノームの音を聞いただけで唾液を流すようになります。最初は，メトロノームの音は唾液を流すという反応を引き起こす刺激としての機能をもっていませんでしたから，この刺激と反応の関係は学習によって獲得された**条件反射**です。

　無条件反射では，反応を引き起こす刺激を**無条件刺激**（unconditioned stimulus），無条件刺激によって引き起こされる反応を**無条件反応**（unconditioned response），餌を与える前にメトロノームの音などの刺激を提示する手続きを

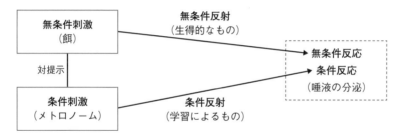

図 1.3 レスポンデント条件づけの基本図式

対提示とよびます。対提示の手続きは**強化**ともよばれます。対提示を繰り返すことによって，最初は反応を引き起こさなかった**中性刺激**が，反応を引き起こす機能をもつようになるというのが，レスポンデント条件づけの基本的なプロセスです。メトロノームのように，新たに反応を引き起こす機能をもつようになった刺激を**条件刺激**（conditioned stimulus）とよび，条件刺激によって引き起こされた反応を**条件反応**（conditioned response）とよびます。唾液の分泌という同じ反応でも，無条件刺激によって引き起こされている場合は無条件反応であり，条件刺激によって引き起こされている場合には条件反応となります（図 1.3）。

1.3.2 ワトソンの恐怖条件づけ

　レスポンデント条件づけのメカニズムは，餌とメトロノームの例に限定されるものではありません。さまざまな刺激が条件刺激として学習されます。また，学習主体もイヌなどの動物に限定されません。たとえば，ワトソン（Watson & Rayner, 1920）は，レスポンデント条件づけの考え方を応用して，ヒトの乳児にネズミへの恐怖反応を学習させました。鉄の棒をハンマーで叩いて大きな音を鳴らすと，乳児は驚いて泣き出します。これが学習のもとになる無条件反射です。大きな音が無条件刺激であり，驚くという反応が無条件反応です。白いネズミを乳児に見せてから，鉄の棒を叩いて大きな音を出すという対提示を繰り返します。そうすると，対提示の前は積極的に近づいていた白いネズミに対して，乳児は恐怖反応を示すようになりました。中性刺激であった白いネズ

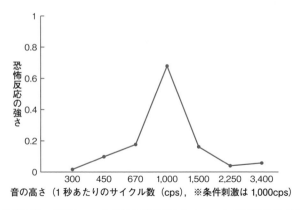

図 1.4　**音を条件刺激，電気ショックを無条件刺激とした，ハトの恐怖条件づけにおける般化勾配**（Hoffman et al., 1963 をもとに作成）

ミが，恐怖という条件反応を引き起こす条件刺激として学習されたのです。

　条件反射を獲得した後には，ウサギ，イヌ，毛皮のコート，ひげのあるお面などのように，条件刺激と類似した刺激に対して同様の恐怖反応を示す，**刺激般化**が生じました。強化に使用された条件刺激と類似した刺激であるほど，その刺激に対する反応は大きくなります。そのため，さまざまに刺激の強度を変えながら般化の強さを確認すると，条件づけに使用された刺激を頂点とした反応の大きさの勾配（**般化勾配**）が観察されます（図 1.4）。

1.3.3　消去と分化条件づけ

　レスポンデント条件づけによって形成された条件反応は，条件刺激を提示して無条件刺激を提示しない，という**消去**の手続きを通じて消失させることが可能です。レスポンデント条件づけにおける消去の手続きは，エクスポージャー療法などの恐怖症や不安症に対する介入法の基礎になっています。ウォルピ（Wolpe, 1968）が提唱した**系統的脱感作法**では，筋弛緩法によってリラックスした状態を作り出し，その状態で不安対象について考えることで，リラックスした状態と不安対象を条件づけします。リラックスした状態と不安対象との条件づけのように，学習した反応とは逆の反応を条件づける手続きが**拮抗条件づ**けです。

　分化条件づけは，複数の刺激の一方にだけ無条件刺激を対提示して，他方には対提示しないという手続きです。無条件刺激と対提示される刺激を**正刺激**，対提示されない刺激を**負刺激**とよびます。分化条件づけを行うと，正刺激に対しては条件反応が生じますが，負刺激に対しては条件反応が生じなくなります。複数の刺激を弁別して反応するという学習が可能になるのです。パブロフは，正刺激と負刺激の弁別が非常に困難な状況で，イヌが吠えて暴れ回ったり，実験室に入らなくなったりするといった異常行動が生じることを観察し，これを**実験神経症**と名づけました。

1.3.4　無条件刺激と条件刺激の提示順や時間的関係の影響

　対提示の手続きでは，条件刺激と無条件刺激を提示する順序や，時間的な関係が，学習の速さや大きさに影響します。**順行条件づけ**は，条件刺激を先に提示してから無条件刺激を提示する手続きです。順行条件づけの中でも，条件刺激の提示中や提示終了と同時に無条件刺激を提示する手続きが**延滞条件づけ**，条件刺激の提示終了後に時間を空けて無条件刺激を提示する手続きが**痕跡条件づけ**です。順行条件づけとは逆に，無条件刺激を提示した後に条件刺激を提示する手続きが**逆行条件づけ**です。一般に，延滞条件づけでは条件反応が獲得されやすく，痕跡条件づけでは時間の間隔が長くなると条件反応の獲得が困難になることが知られています。また，逆行条件づけでは条件反応の獲得が困難であり，学習が成立するための条件などが検討されています（漆原，1999）。

　条件刺激を提示せずに，無条件刺激を提示するだけで条件反応が生じる場合もあります。**時間条件づけ**の手続きでは，一定間隔で無条件刺激を提示することで，時間間隔が条件刺激として学習され，次の無条件刺激が提示される直前に条件反応が頻繁に生じるようになります。

　条件刺激と無条件刺激を毎回対提示する手続きが**全強化**（または**連続強化**）です。全強化に対して，**部分強化**（または**間歇強化**）という手続きもあります。部分強化では，条件刺激を提示した際に無条件刺激を提示しない場合を設けます。たとえば，平均して2回に1回の割合でランダムに無条件刺激を対提示しない，といったことをします。全強化のほうが，部分強化よりも条件づけが速

やかに成立します。ですが，部分強化によって学習された条件反応のほうが，全強化によって学習された条件反応よりも，消去は遅く（消去抵抗が大きく）なります（部分強化効果，強化矛盾）。

1.3.5　無条件刺激と条件刺激の組合せによる影響

　連合選択性は，条件刺激と無条件刺激の組合せによって学習が影響を受ける現象です。ガルシアとコーリング（Garcia & Koelling, 1966）による実験では，ラットに摂水チューブから味のついた水を摂取させました。そして，ラットが味のついた水を舐めるたびに，短時間の視聴覚刺激（音と光）を与えました。このようにして，味覚刺激と視聴覚刺激を同時に条件刺激として提示した後，一部のラットには無条件刺激として塩化リチウム投与による気分不快感を与え，別のラットには電気ショックを与えました。この条件づけの後，テストとして，ラットに味のついた水と，舐めると視聴覚刺激が提示される水を分離して提示しました。すると，気分不快感を無条件刺激としたラットでは，味のついた水を舐める行動が抑制されました。また，電気ショックを無条件刺激としたラットでは，視聴覚刺激を伴う水を舐める行動が抑制されました（図1.5）。この結果から，気分不快感のような無条件刺激は味覚的な条件刺激と結びつきやすく，電気ショックによる痛みのような無条件刺激は視聴覚的な条件刺激と結びつきやすいといった，刺激の組合せによる影響が示されました。このような，

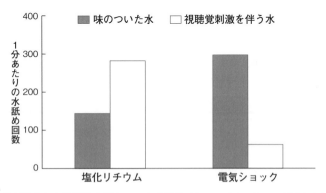

図1.5　**条件刺激と無条件刺激の組合せによる効果**（Garcia & Koelling, 1966 をもとに作成）

味覚と気分不快感の対提示によって生じる学習は，**味覚嫌悪学習**とよばれます。

1.3.6 複数の条件刺激を用いたレスポンデント条件づけ

　複数の条件刺激を用いたレスポンデント条件づけでは，さらに多様な学習を説明することが可能になります。メトロノームに対して唾液を分泌する条件反射を獲得したイヌがいるとします。このイヌに赤い丸などの視覚刺激とメトロノームを対提示します。すると，視覚刺激だけでも唾液の分泌が引き起こされるようになります。このように，事前に学習されている条件刺激を用いて新しい条件刺激に対する条件づけを行うことを，**高次条件づけ**とよびます。この手続きの順序を入れ替えて，事前に刺激Aと刺激Bを対提示した後に刺激Aと無条件刺激を対提示すると，直接には強化されていない刺激Bも条件反応を引き起こすようになります。このような手続きが**感性予備条件づけ**です。第1段階で刺激Aと刺激Bの連合を学習し，その後刺激Aと無条件刺激の連合を学習したことで，刺激Bも無条件刺激の到来を合図するようになったと考えることができます。

　複数の条件刺激を同時に用いて強化する手続きが，**複合条件づけ**です。複合条件づけでは，**隠蔽**や**阻止**などの現象が観察されます。隠蔽は，複合条件づけを行った際，ある刺激に対して生じる条件反応が，その条件刺激を単独で用いた場合よりも減弱する現象です。図1.6は，ラットに対して音と光を条件刺激，電気ショックを無条件刺激とする複合条件づけを行った後に，それぞれの刺激を単独で提示した際の反応をまとめたものです。大きな音刺激（85db）を用いて複合条件づけを行った場合には，光刺激よりも音刺激に対して強い不安反応が示されました。逆に，小さい音刺激（50db）を用いて複合条件づけを行った場合には，音刺激よりも光刺激に対して強い不安反応が示されています。このように隠蔽は，使用される条件刺激間の相対的な明瞭度に影響されることが知られています。阻止は，一方の条件刺激を事前に条件づけしておくことで，もう一方の刺激による条件づけが生じなくなる現象です。音刺激と無条件刺激を十分に対提示した後に，音刺激と光刺激を用いた複合条件づけを行います。そうすると，事前に条件づけられた音刺激に阻止されて，光刺激に対する条件

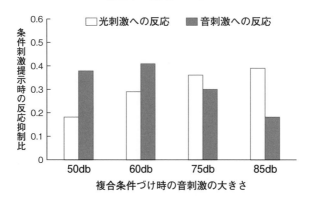

図1.6　光と音を用いた複合条件づけ後の各刺激に対する条件反応
(Mackintosh, 1976 をもとに作成)

縦軸は，ラットが事前に獲得していたレバー押しの反応が，各刺激を提示した際に抑制された程度（反応抑制比）の値です。縦軸の値が小さいほど反応が強く抑制されていること（強い不安反応が生じていること）を表しています。

反応が小さくなります。

1.4　オペラント条件づけ（道具的条件づけ）

1.4.1　試行錯誤学習と効果の法則

　レスポンデント条件づけは，無条件反射を前提として成立する学習です。しかし，私たちの行動のすべてが無条件反射によって引き起こされているわけではありません。そのような無条件反射によらない自発的，随意的な行動の学習を説明するための学習理論が**オペラント条件づけ**（道具的条件づけ）です。オペラントは，操作（operation）という言葉をもとに，スキナー（Skinner, B. F.）によって考えられた用語です。

　オペラント条件づけの基礎となる考え方は，ソーンダイク（Thorndike, 1898）による**試行錯誤学習**の研究において提唱されました。図1.7はソーンダイクが用いた問題箱の一つです。この問題箱の中から外に出るためには，箱の内部にある踏み板を踏んだり紐を引っ張ったりすることで扉の上部にある2つのボルトを外し，さらに扉にある2つのレバーのうちの一方を回さなければな

りません。このような問題箱を用いて，ソーンダイクはネコの問題解決行動の変化を観察しました。問題箱に入れられたネコは，脱出のためにさまざまな行動を試みます。最初は意味のない行動も多く行われるため，脱出に多くの時間を費やします。しかし，問題箱からの脱出を繰返し経験することで脱出に費やす時間は徐々に減少していきます（図1.8）。ソーンダイクはこのような試行錯誤学習の結果から，個体に満足をもたらす行動はそれが繰り返されるとその場面と結びついてより生じやすくなり，不快をもたらした行動は生じにくくなる，という**効果の法則**を提唱しました。ある行動が引き起こした結果によってその後の行動が変化するという考え方は，オペラント条件づけの原理へとつながっていくことになります。

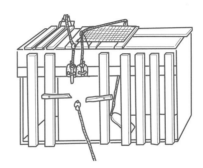

図1.7　ソーンダイクが用いた問題箱の一例（Thorndike, 1911）

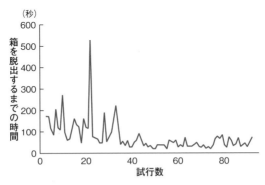

図1.8　ソーンダイクの問題箱における試行数と解決時間の関係（実験開始時の月齢5カ月のネコの例）（今田・今田，1981のデータをもとに作成）

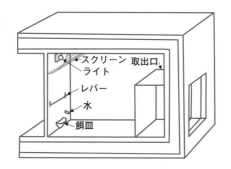

図 1.9　スキナーが用いた実験箱（Skinner, 1938）

1.4.2　オペラント条件づけ（道具的条件づけ）のプロセス

　オペラント条件づけは，行動が出現した後の環境の変化に応じて，その後の行動の出現頻度が変化する学習です。ある行動に対して，ある結果が，ある確率で生じることを**随伴性**とよびます。スキナー（Skinner, 1938）は図 1.9 のような実験箱を用いてオペラント条件づけの研究を行いました。実験箱に入れられたラットがレバーを押すという行動をすると，その行動に随伴して給餌器から餌が出てくるという結果が生じます。このような行動と結果の関係を繰返し経験することを通じて，レバーを押すという自発的行動の頻度が増加します。この例における餌のように，行動を増加させる環境の変化を**強化子**とよびます。自発的な行動に強化子を随伴させることで行動の頻度を増加させる強化の手続きは，オペラント条件づけの基本的なプロセスの一つです。

1.4.3　強化と弱化

　強化は強化子を提示する場合にのみ生じるわけではありません。レバーを押すと電気ショックを止めることができるといったように，行動に随伴して不快な環境変化が除去される場合にも強化は生じます。不快な刺激が生じたときにそれを止めるための行動を行う**逃避**や，不快な刺激が生じないように事前に行動を行う**回避**などがあります。電気ショックが与えられたときにレバーを押すのは逃避学習，電気ショックを延期するためにブザーが鳴るとレバーを押すの

表 1.1　正と負の強化，弱化

		環境変化後に生じる 行動の頻度や強度の変化	
		増加	減少
行動に随伴する 環境の変化	出現	正の強化	正の弱化（罰）
	消失	負の強化	負の弱化（罰）

は回避学習です。餌が与えられるといったような，提示型の環境変化によって行動の頻度が増加することを**正の強化**とよびます。回避学習や逃避学習のように，除去型の環境変化によって行動の頻度が増加することを**負の強化**とよびます。

　行動に随伴する環境の変化によって行動の生起頻度が減少することを**弱化**（罰）とよびます。ラットがレバーを押すと床から電気ショックが与えられる場合，ラットのレバー押しの頻度は減少するでしょう。弱化についても，**正の弱化**と**負の弱化**の区別が可能です。レバーを押すと電気ショックを与えるという，提示型の環境変化によって行動の生起頻度が低下するのが正の弱化です。レバーを押すと餌をもらえなくなるという，除去型の環境変化によって行動の生起頻度が低下するのが負の弱化です（**表 1.1**）。

　オペラント条件づけにおいて，行動に随伴する環境変化がどのような機能を果たすか，ということを理解するためには，その環境変化が生じた後の行動の変化を丁寧に観察することが不可欠です。たとえば，いたずらをした子どもが親に叱られるという状況を考えてみましょう。親に叱られるという環境の変化は，ある子どもにとってはその後のいたずらを減少させる正の弱化子として機能するかもしれません。しかし，別の子どもにとっては，親から注目してもらえたということで，いたずらを増加させる正の強化子として機能するかもしれないわけです。

1.4.4　いろいろな強化子

　餌，水，電気ショックなどは，生得的に正や負の強化子としての機能を備えた**無条件性強化子**です。レスポンデント条件づけと同様に，無条件性強化子と

の対提示によって，強化子を新たに増やすことも可能です。たとえば，ベルの音と餌を対提示すると，ベルの音も強化子になるのです。このように，経験を通じて獲得された強化子を**条件性強化子**とよびます。条件性強化子の中でも，複数の強化子と結びつけられたものが**般性強化子**です。お金はさまざまな無条件性強化子や条件性強化子と結びついた般性強化子といえるでしょう。条件性強化子の活用例として，望ましい行動がみられたときにトークン（お金のように貯めて，他のさまざまな強化子と交換できる条件性強化子）を与えることで不適切な行動を修正する**トークン・エコノミー法**などがあります。

行動が行動の強化子になるという考え方もあります。1時間勉強したら1時間ゲームをしてよいという状況では，勉強という行動をゲームという行動が強化しているといえます。一般的に勉強は自発的に行われる頻度が低い行動であ

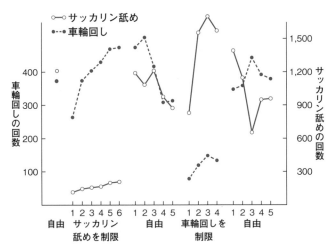

図 1.10　反応遮断化説における行動の制限と強化の関係（Timberlake & Allison, 1974）
自由に行動できる状況で，ラットは車輪回しを約 370 回，サッカリン舐めを約 1,200 回行いました。その後，30 回車輪を回すとサッカリンを 10 回舐めることができる，という状況を作りました。これは，サッカリン舐めが制限された状況です。この状況では，車輪回しの回数が増加しました。サッカリンを舐めるという行動が，車輪を回すという行動を強化していると考えることができます。次に，サッカリンを 60 回舐めると，5 回車輪を回すことができるという状況を作ります。これは，車輪回しが制限された状況です。この状況では，サッカリン舐めの回数が増加しました。車輪を回すという行動が，サッカリンを舐めるという行動を強化していると考えることができます。

り，ゲームは自発的に行われる頻度が高い行動だと想定できます。このように，高頻度行動が低頻度行動を強化し得るという関係が**プレマックの原理**です（Premack, 1959）。それに対して**反応遮断化説**では，自発的な生起頻度よりも遮断されている行動が，遮断されていない行動に対する強化子になると考えます。ティンバーレイクとアリソン（Timberlake & Allison, 1974）は，反応遮断化説の立場を支持する研究結果として，自由な状況と比べてサッカリン舐めを制限したときには車輪回しの回数が増加し，車輪回しを制限した場合にはサッカリン舐めの回数が増加することを示しています（図1.10）。

1.4.5　三項随伴性

　緑の光が照射されているときにレバーを押すと餌を与えるが，赤い光が照射されているときにレバーを押しても餌を与えないという強化の手続きを行うと，緑の光が照射されているときにだけ，レバーを押すという行動の頻度が増加します。これは，ある行動を行うかどうかを弁別するための刺激としての機能を，光の色が獲得したということです。このような刺激を**弁別刺激**とよびます。**三項随伴性**は弁別刺激，行動，環境変化の間で生じる随伴性です。

　三項随伴性を組み合わせると，**行動連鎖**とよばれる連続した行動の学習が可能になります。室内の灯りが点灯したときにレバーを押すと餌がもらえるという三項随伴性の学習が成立した後に，スイッチがある場所でスイッチを押すと室内の灯りが点灯するという三項随伴性を学習します。すると，後者における行動の結果（灯りの点灯）が前者における弁別刺激となるため，スイッチを見るとスイッチを押して灯りをつけ，灯りがつくとレバーを押して餌を得るといった行動連鎖の学習が可能になるわけです。

1.4.6　刺激性制御と弁別学習

　緑の光（正刺激）のときはレバーを押すが，赤の光（負刺激）のときにはレバーを押さないといったように，弁別刺激によって反応が制御されることを**刺激性制御**とよびます。このような弁別行動を学習する際に，刺激の弁別が困難な状況では，誤反応が増加して強化が受けられなくなることで学習が阻害され

てしまうことがあります。このような事態が生じないように，テラス（Terrace, 1963a, 1963b）は，負刺激に対する誤反応をほとんど生じさせずに弁別学習を行う**無誤弁別学習**という方法を提案しました。無誤弁別学習では**溶化**（フェイディング）という手続きが行われます。**フェイドイン法**では最初に正刺激だけを提示して，反応が安定した後に少しずつ負刺激を強くしていきます。**フェイドアウト法**では刺激を減らしていきます。色の弁別は容易だが垂直線と水平線の弁別は困難であるという場合に，赤い背景の上に垂直線を配置して緑の背景の上に水平線を配置します。そうすると弁別が容易な色の刺激を用いることが可能になります。色を手がかりとした弁別学習が成立した後に色の刺激を少しずつ弱くしていくことで，最終的には色の手がかりがなくても，水平線と垂直線を弁別することが可能になります。

1.4.7 オペラント条件づけの消去

　オペラント条件づけによる学習についても**消去**が可能です。行動に対して強化子を随伴させなければ，増加した行動の生起頻度は次第に最初の水準に戻っていきます。これがオペラント条件づけにおける消去の手続きです。オペラント条件づけの消去においても，部分強化された行動は消去されにくいという**部分強化効果**が生じます。消去した行動が，時間経過によって再び生起する自発的回復も観察されます。

　オペラント条件づけにおける消去の考え方を用いて行動を修正しようとする場合，以下のような点に注意が必要です。しばしば，消去の最初の段階で対象となる行動に強化子を随伴しないようにすると，その行動の頻度や強度が一時的に強くなる**消去バースト**が生じます。たとえば，子どもと一緒に買い物に行くと，お菓子を買ってほしいとねだられることがあります。この行動はお菓子売り場で（弁別刺激），お菓子をねだると（行動），お菓子を買ってもらえる（強化子）という三項随伴性による学習の結果として理解することができます。消去の手続きとして，子どもにねだられてもお菓子を買わないというように強化子の随伴をやめると，お菓子を買ってほしいといって泣いたり，大騒ぎしたりするといった強い行動が生じることになります。ここで親が周囲の目を気に

して子どもにお菓子を買い与えたとすれば，泣いたり，大騒ぎしたりしてお菓子をねだるという子どもの行動を強化してしまうことにもなりかねません。

　その他の例として，食事中に離席する子どもに注意をして，その子どもが席に戻ったらほめるといった関わり方をした場合，逆に離席を強化してしまうといったことも考えられます。ほめられるという強化子を得るための行動として，離席が強化されてしまうわけです。子どもによっては，注意をされるということが，大人にかまってもらえるという強化子になってしまう場合もあるでしょう。このようなケースでは，席に戻っても何も反応をしない（強化子を随伴しない）という消去の手続きに加えて，修正したい行動を一定時間しなかったこと，修正したい行動とは異なる行動をしたこと，修正したい行動とは同時にできない行動をしたこと，などに対して正の強化子を与える**分化強化**の手続きが有効な場合もあります。

1.4.8 強化スケジュール

　行動に対する強化子の割り当て方を**強化スケジュール**とよびます。目標となる行動が生じたときに毎回強化子を与える手続きが**連続強化**です。それに対して，複数回の反応に対して強化子を与える手続きが**部分強化**です。部分強化においては，さまざまな強化スケジュールのもとでの強化が可能です。なお，強化スケジュールは累積反応記録器（図 1.11）によって記録されます。以下に 4 つの代表的な強化スケジュールの特徴を紹介します。

1. 固定比率（fixed ratio）スケジュール

　一定の行動数に対して強化子を与えます。FR 50 のスケジュールでは，ある行動を 50 回行うと強化子を与えるといった手続きで部分強化します。固定比率スケジュールのもとでは，強化子が与えられた後に行動をしない期間がみられ，その後は強化子を得るまで再び行動が生起する，**ブレイクアンドラン**とよばれる行動のパターンが観察されます。ブレイクアンドランにおける行動の休止期間は，強化子を得るために必要な行動の回数が大きいほど長くなります。

2. 変動比率（variable ratio）スケジュール

　毎回異なる数の行動に対して強化子を与えます。VR 50 のスケジュールでは，

図 1.11　累積反応記録器の例 (Lattal, 2004)

累積反応記録器は，自由オペラント法（いつでも自由に行動をすることが可能な状況にお
いて目標となる行動の生起頻度を観察する方法）において，行動の頻度を記録する装置で
す。一定の速度で用紙が移動し，行動が1回観察されるごとにペンが上に移動します。つ
まり，直線の傾きが急であるほど一定時間に多くの行動が観察されたことを意味します。
ペンは紙の端（写真では左端）に至ると最初の位置（右端）にリセットされます。強化子
が提示されたタイミングで印が付されます。

最初は30回の行動で強化子を与えるが，次は70回の行動で強化子を与えると
いった手続きで部分強化します。平均して50回の行動に対して強化子を与え
ていますが，毎回の強化に必要な行動数が異なるわけです。変動比率スケジュ
ールのもとでは，固定比率スケジュールで観察されたような強化後の行動休止
はみられず，高頻度で休みなく行動が出現するという特徴が観察されます。

3. 固定間隔（fixed interval）スケジュール

　行動回数ではなく時間間隔に基づく部分強化スケジュールです。このスケジ
ュールでは，あらかじめ決められた時間が経過した後の最初の行動に対して強
化子が与えられます。FI 50 のスケジュールでは，前回の強化子の提示から50
秒経過後の最初の行動に対して強化子を与えます。固定比率スケジュールと同
様，強化子を提示した後に一定時間の行動休止が観察されます。強化子を与え
てから次の強化子を与えるまでの時間が長くなるほど，休止時間が長くなりま
す。そして，次の強化子が与えられる時間が近づくにつれて次第に行動の生起
率が上昇します。図 1.12 に示したように，固定間隔スケジュールにみられる
行動のパターンは，その様子がホタテガイ（scallop）の形に似ていることから，

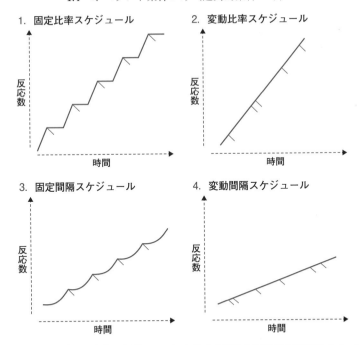

図1.12　さまざまな強化スケジュールにおける典型的な累積反応記録のイメージ
図中の斜線「＼」は強化子が与えられたことを示します。

スキャロップ現象ともよばれます。

4.　変動間隔（variable interval）スケジュール

　固定間隔スケジュールと同様に，時間間隔に基づいて強化が行われますが，その時間間隔が毎回異なります。VI 50 のスケジュールでは，前回の強化から40秒経過後の行動を強化して，次は60秒強化後の行動を強化する，といった手続きで部分強化します。平均が50秒となるように，毎回異なる時間経過後の行動に対して強化子を与えるのです。変動間隔スケジュールのもとでは比較的低頻度で安定した行動が生起します。

コラム 1.1　体罰の弊害

　体罰は学校教育法第 11 条において禁止されている違法行為で,「児童生徒の心身に深刻な悪影響を与え, 教員等及び学校への信頼を失墜させる行為である」(文部科学省, 2013) とされています。もちろん, 学校だけでなく, 子育てや, 職場などにおいても体罰は禁止されるべき行為です。ここでは, なぜ体罰をしてはいけないのかという問いについて, 島宗ら (2015) に基づき, 本章で学んだ条件づけの学習理論の視点から考えてみたいと思います。児童・生徒に対して, 体罰を加えることで, 望ましくない行動の頻度を減少させようとする手続きは, オペラント条件づけにおける正の弱化 (相手の反応に対して何らかの苦痛刺激を与える) や負の強化 (事前に苦痛刺激を与え, その除去のために何らかの反応を行わせる) の手続きに該当すると考えられます。島宗ら (2015) は, 正の弱化の手続きによる行動の抑制効果は一時的であることや, 状況に依存しやすいという問題点を指摘しています。三項随伴性の枠組みで考えると, 体罰を与える人は弁別刺激に該当するでしょうから, その人がいるときには行動が抑制されるけれども, その人がいない状況では問題行動は一向に減少しないといった状況が生じると考えられるわけです。さらに, 嫌悪刺激が除去されると抑制されていた行動が増加するという罰対比効果といった現象も示されています (Azrin, 1960)。ですから, 仮にある学級において体罰を用いて子どもたちの行動が抑制されていたとしても, 学年が変わり, 担任の先生が変わるとその行動が再びみられるようになる, 場合によっては, さらに高い頻度で生じるようになるといった可能性も考えられるわけです。子どもたちの指導を長期的な視野から考えたときに, 体罰による一時的な行動抑制が適切ではないことがわかります。体罰に伴う不快な刺激は, その反応として必ずしも適応的な行動変容をもたらすとは限りません。その刺激からの回避として, 教師と関わろうとしなくなる, 学校に通わなくなる, といった行動を生じさせる可能性も考えられます。また, 体罰によってもたらされる嫌悪事象からの回避が不可能なケースでは, 学習性無力感が形成されてしまう可能性も考えられます。

　また, 島宗ら (2015) は, 体罰が繰返し用いられる中で, 子どもたちは苦痛刺激に対して馴化し, 最初に得られていたような行動抑制効果が次第に得られなくなる

ことも指摘しています。子どもが苦痛刺激に馴れてしまうと，体罰を用いる側はより一層強い苦痛刺激を与えなくてはならないことになります。最初は大きな声を出して恫喝していればおとなしくなっていた子どもたちが，同じ声の大きさでは言うことを聞かなくなる。そうすると，さらに大きな声を出したり，場合によっては暴力を振るったりすることで，より強い苦痛刺激を与えなくてはならない，といった事態に陥ってしまうわけです。その結果，場合によっては相手に重大な怪我をさせてしまったり，最悪の場合には死亡させてしまうといった事態にもつながりかねません。

　体罰を用いることによって行動が変容するのは，体罰を受ける側だけではありません。島宗ら（2015）は，体罰を行う側も，体罰を使用することによって，一時的に相手の行動を抑制できたという環境変化を通じて，体罰の使用が増加するという負の強化を受けることを指摘しています。体罰の効果が得られている間は，そのような負の強化が継続するわけですから，体罰を行う側も体罰への依存が高まることになり，その他のより効果的な手立てを考慮する必要性を感じにくくなってしまうかもしれません。

　みなさんが，家庭，学校，職場などで指導的な立場に立ったときには，体罰を用いることなく，いかにして望ましい行動変容を生じさせるか，その手立てを考えることが重要だと思います。ある状況において，何らかの望ましくない行動が生じているという場合，その行動に対して何らかの強化が生じているものと考えられます。そこで生じている強化子を把握し，消去の手続きを行うことが重要でしょう。その行動を生じさせる原因となっていた強化子の消去が効果的になされたとすれば，その効果は体罰よりも持続的であり，望ましいものになると考えられます。また，本章で紹介した分化強化の手続きのように，望ましくない行動の消去に加えて，望ましい行動の強化を組み合わせることで，より効果的に行動の変容を促すことができると考えられます。個人の感情や思い込みではなく，心理学の科学的な根拠に基づきながら，相手への望ましい関わり方を探していくことの重要性を感じていただければと思います。

復習問題

1. レスポンデント条件づけで説明できそうなことの例を探してみましょう。その例における，無条件刺激，無条件反応，条件刺激を説明してみましょう。

2. 三項随伴性で説明できそうなことの例を探してみましょう。弁別刺激，行動，強化子（弱化子）は何かを説明してみましょう。

3. オペラント条件づけにおける，4つの部分強化スケジュールにあてはまる具体例を探してみましょう。

参考図書

　本章で紹介した学習理論について，さらに詳しく知りたい方のために，以下の書籍をおすすめします。

澤 幸祐（2021）．私たちは学習している――行動と環境の統一的理解に向けて――　ちとせプレス

実森 正子・中島 定彦（2019）．学習の心理――行動のメカニズムを探る――　第2版　サイエンス社

メイザー，J. E. 磯 博行・坂上 貴之・川合 伸幸（訳）（2008）．メイザーの学習と行動　第3版　二瓶社

第 2 章

行動主義的学習論からの発展へ向けて
: 多様な視点からとらえた学習

　本章では，学習に関して心理学ではどのような理論が提唱され，どのような研究が行われてきたのかについて，初期の学習理論からの発展を中心に概観します。

　前半では，行動主義の学習理論が主流であった時代において，それ以前とは異なる視点から学習をとらえ，その後の学習理論の大きな発展につながる先駆けともなった理論について紹介します。そうした経緯を知ることは，現在の学習理論や，それに基づく教育手法の本当の意味を理解する一助となるでしょう。

　後半では，前半とも関連しつつ，行動主義学習理論からの進展の一つとして，より複雑な行動・技能の学習や熟達に関する研究知見を紹介します。それらの知見は，学習が深まっていく過程を理解し，支援するためのヒントを提供してくれるでしょう。またその際，学習観を顧みて問うことの重要性にもふれたいと思います。

2.1　認知主義的学習理論の萌芽

2.1.1　行動主義の学習観

　初期の行動主義心理学は自然科学としての心理学を目指し，客観的な観測が難しい「心（心的過程）」を直接の研究対象とせず，客観的観察が可能な「行動」を研究対象とすることで心に関する事象を扱おうとしました。たとえば学習については，ある環境刺激（S: stimulus）に対する生活体の反応（R: response）が経験によって変化することととらえ，**強化**経験によってSとRの新たな結びつき（**S–R 連合**）が形成されると考えました[1]。何かを「理解する」「知識を得る」などの客観的観察が難しい心的過程に関する曖昧な言葉（概念）

は，安易に理論に用いません。つまり，客観的な S や R といった要素が，環境条件（生活体への刺激や報酬の提示のされ方，厳密には「強化」）に従って連合すること，またその集積を学習とみなす，客観性重視の**要素論・連合論**的な学習理論です。したがって，学習における適切な環境条件や反復経験を重視したり，望ましい目標状態へ向けて簡単なことから段階的に必要な学習の要素を積み上げるといった教育観にもつながります。

2.1.2　ケーラーの洞察学習

　20 世紀前半の心理学は行動主義の学習観が主流でした。その時代に，ケーラー（Köhler, W.）はチンパンジーの研究に基づいて行動主義とは異なる学習観を提唱したのです。一連の研究で，チンパンジーは餌を取るために木箱を積み上げて登ったり（図 2.1 (a)），複数の棒で長い継ぎ竿を作ったり（図 2.1 (b)），いったん自分から餌を遠ざけて障害物を迂回した後に回収するような学習課題（図 2.1 (c)）を課されました。当時，この類の問題解決行動の学習も，強化による S-R 連合で説明できると考えられていましたが，ケーラー（Köhler, 1917）は綿密な実験的観察から，それを否定しました。

　たとえば上記の解決行為は，チンパンジーが実験当初，まったくどうしていいかわからない様子をしばらくみせた後に突如として現れ，一気に滞りなく遂行されることが観察されました[2]。この結果は S-R 理論では説明し難いです。

---

[1] たとえば，給餌の際にベルの音を聞く経験を繰り返したイヌは，ベルの音を聞くだけでよだれを垂らすようになります（学習）。これは餌（S_1）に対する垂涎反応（R）が，餌とベル音の対提示（強化）の反復によって，新たにベル音（S_2）とも連合するようになったと考えます（ベル音—垂涎反応連合の形成）。別のタイプの学習では，たとえば，檻に入れられたネコが右往左往するうち，偶然に扉の掛金を外し脱出するという経験を繰り返すと，徐々に檻に入ってから掛金を外すまでの時間が短くなります。これは，ある状況（S）で行った行動（R）が良い結果になる（強化）経験を繰り返すと，状況（S）と行動（R）の連合が形成され，状況（S）で行動（R）が出現する傾向が強まるからだと説明されます。これらの学習は**条件づけ**とよばれます。また S_1 と S_2 の対提示や，行動に続く報酬の提示を**強化**とよびます（条件づけの詳細については第 1 章を参照してください）。

[2] たとえば木箱の実験では，最初，高く吊られた餌を跳躍して取ろうとしたり，部屋

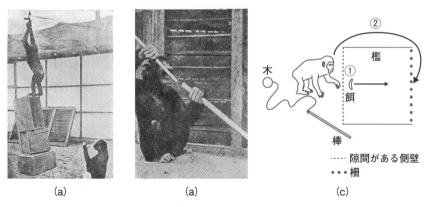

図 2.1　**ケーラーの実験の様子**（Köhler, 1917 宮訳 1962 を一部改変）
（c）①檻側壁の少し高めの位置に隙間があり，隙間から棒で餌を手前に引き寄せても隙間からは床の餌に手が届きません。そのため，チンパンジーは，いったん柵側へ餌を押しやり，②迂回して柵の隙間から餌を取りました。

解決行為は偶然に生じたとは考え難い一連の行動であり，また実験期間中は解決行為を形成する強化は受けていません。さらに実験当初の試行錯誤の様子から，以前に当該の解決行為が強化により習得されていた可能性も低いといえます。

　他にもケーラー（**Köhler, 1917**）は，木箱を積んで餌を取るような解決行為に含まれる反応（R）は同一個体でもその行為をするたびに変化し，一貫するのは行動の意味（「踏み台として木箱を使う」等）だけであること，またあらかじめ習得できない予期せぬアクシデントへの対処や，状況に応じた「良い間違い」（強化を得られない行動）がたびたび現れることなどを挙げ[3]，S-R 理論と整合しないことを指摘しました。その上でチンパンジーの行為は，S-R 連

をうろつくだけだったのが，突如木箱の前に立ち止まり，木箱を餌の真下まで一気に運んで直ちに踏み台とし，餌をもぎ取りました（餌がより高所にある実験では複数の木箱を積み上げました）。

[3]　たとえば柵越しに棒$_1$で棒$_2$を引き寄せる途中，棒$_2$が石に当たり回転して，引き寄せに不都合な向きになると，棒$_2$を少しずつ突いて向きを直してから引き寄せを再開すること（アクシデントへの対処）や，石塊が邪魔で扉が開かないとき，扉を持ち上げて石の上を越えさせようとすること（良い間違い）などが報告されています。

合ではなく，解決への**見通し**（intelligence）によって遂行されていると主張したのです。

　ケーラー（Köhler, 1917）は，行為の背後に見通しを認める基準を，行為がその場の構造に応じる形でひとまとまりに生じることとしています。場の構造とは，課題状況に含まれる餌や木箱，棒や障害物などの諸々の要素同士の相互関係のことです[4]。見通しとは関係に気づくことであり，それが行動を規定するのです。場面構造を見抜き理解することは**洞察**（insight）ともよばれ（たとえば，Köhler, 1917, 1969），洞察に依拠する学習を**洞察学習**といいます。先述の実験では，初めに認識した課題状況の構造とは違う，新たな課題構造に気づいたとき，一気に解決に至ることになります。すなわち学習とは，関係性の認知の仕方の変化であり，これは相互に独立した要素同士の連合やその集積を学習とみなす行動主義の学習観（要素論・連合論）とは相反します[4]。そもそも客観性を重視し心的過程を排除した，ある意味堅実な要素論・連合論ですが，ケーラーは行動主義のスタンスを批判しつつ果敢に心的過程（認知）を導入しています。これは，後に大いなる発展を遂げる認知主義的な学習理論の萌芽の一つといえる学習理論です。

2.1.3　トールマンの新行動主義学習理論

　1920 年代頃から物理学を中心に，科学であることの基準が，研究対象の客観的観察可能性から定義の客観性へと移行しました（今田，2016）。たとえ観察不可能な対象（「重力」等）でも，客観的に把握できる定義[5]がしっかりあれ

---

[4] たとえば，棒$_1$は棒$_2$を引き寄せる物（道具）になり，逆に棒$_2$は引き寄せられる物になる。棒$_1$は棒$_2$より少し細い（棒$_2$は棒$_1$より太い）。棒$_2$の穴に棒$_1$を差し込むことができる。棒$_2$に棒$_1$を継ぐと棒$_1$や棒$_2$より長い棒$_3$になる。全体として，棒$_1$で棒$_2$を引き寄せることで，棒$_2$に棒$_1$を継いで長い棒$_3$を作ることができ，遠くの餌を引き寄せることができる，といったような要素同士の相互関係です。場の構造は相互に独立した要素の連合や集積（総和）とは異なります（上記の相互関係は棒$_1$と棒$_2$の連合ではなく，また独立した棒$_1$と棒$_2$があること自体も相互関係ではありません）。

[5] **操作的定義**とよばれ，たとえば，物体 X を引っ張って離したとき（操作），X が縮む（結果）なら，その操作から結果を生じさせているものを「弾力性」（概念）と定

ば，科学の対象として扱えるわけです。この考えに従い，行動主義においても客観的な定義を用いて心的過程を導入する理論が現れ始めました。たとえば，代表的な**新行動主義**心理学者の一人であるトールマン（Tolman, E. C.）は，いわゆる行動は独立した筋や腺の働きの単なる集合ではなく，全体として意味をなす目的的・認知的なものであると主張します。そして目的は行動の**馴致性**[6]に基づいて客観的に定義でき，認知も馴致性をもとに，環境状況やその変化（操作）に伴う行動の変化から定義できると考えました（たとえば，Tolman, 1932）。

　たとえば**コラム 2.1** のブロジェット（Blodgett, 1929）の実験のような，報酬変更に伴う行動（成績）変化を調べた一連の研究結果[7]に基づき，「動物がある目標対象（報酬）に対する要求をもち，過去の強化経験から，課題遂行の結果得られる目標対象を**予期**（認知期待（cognitive expectation））するようになる」と主張しました。つまりブロジェット（Blodgett, 1929）の群ⅡとⅢのネズミはゴールで餌を得た翌日から，課題遂行後の餌（目標対象）の予期を抱くようになり，課題遂行が促進された（潜在的に学習していたことが発揮された）というわけです。他にも，トールマンは迷路学習完了後に一部の通路の長さを変更したり，遊泳通路を歩行通路に変更したりすると，ネズミが変更箇所で走行の躊躇や混乱行動を示す（たとえば，Macfarlane, 1930）ことなどから，通路特徴に関する認知期待の存在を主張しました。ここで重要なのは，この通路（特徴）は最終的に餌につながるものであり，通路特徴の期待は，目標対象

義するというように，概念に至る具体的操作を明示することで，概念が一義的になるようにする定義です（たとえば，今田，2016）。

[6] ここでの馴致性は生活体が試行錯誤するうちに，その行動が目標獲得の観点からみて，より効率的になっていく（より効率の良いものを漸次的または急激に選択するようになる）ことです。

[7] 迷路学習や弁別学習中に，動物にとってより良い報酬から悪い報酬へ切り替えると，学習成績が悪化し，逆により悪い報酬から良い報酬へ切り替えると，成績が向上するといった行動の変化を調べた研究です（たとえば，Blodgett, 1929; Elliott, 1928, 1929; Tolman & Honzik, 1930）。バナナからレタスへ報酬が変更され，狼狽するサルの事例報告（Tinklepaugh, 1928）などもあります。

コラム2.1　潜 在 学 習

　学習は強化によって成立するという行動主義学習理論に疑義を呈する実験結果は，ネズミを用いた研究でも示されています。ブロジェット（Blodgett, 1929）は，図2.2 (a) に示す迷路を3群のネズミに毎日1回走らせました。群Ⅰはゴールで毎回餌が与えられ，群Ⅱは7日目から，群Ⅲは3日目から餌を与えられました。日数と誤反応数（不適切経路への進入数）を示した図2.2 (b) をみると，群Ⅱと群Ⅲは餌が与えられない（強化がない）期間は誤反応数がほとんど減少しておらず学習していないようにみえます。ところが餌を得た日の翌日以降の実験では誤反応数が激減し，初日から強化を毎回得ていた群Ⅰと同等の成績を示すようになりました。この結果についてブロジェット（Blodgett, 1929）は，強化がない期間は，行動（成績）の上では学習していないようにみえるが，潜在的には迷路に関する学習がなされていたと解釈し，これを潜在学習（latent learning）とよびました。

　後に行われた類似の実験でも同様の結果が確認されており（たとえば，Tolman & Honzik, 1930），強化がなくても学習が成立することが示唆されています。トールマンとホンジク（Tolman & Honzik, 1930）は，ネズミに対してブロジェット（Blodgett, 1929）の実験よりも難度の高い迷路の学習を課しました。ブロジェットの迷路はT字型の迷路6つの組合せだったのに対し，トールマンとホンジクの迷路は14のT字

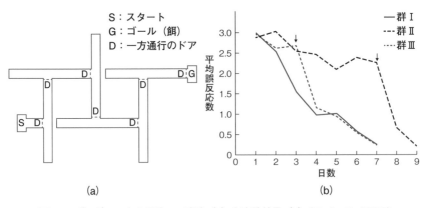

図2.2　ブロジェットの実験——迷路 (a) と実験結果 (b) （Blodgett, 1929）

型の迷路の組合せでした。また，ブロジェットの迷路では不適切な経路の先は迷路の壁（行き止まり）が見えており，正しい経路の先にはドアが見えていたのに対し，トールマンとホンジクの迷路は不適切な経路も正しい経路も双方先が見通せないよう，通路途中にカーテンが吊るされていました。その上で実験群のネズミは，ゴールしても餌（報酬）が与えられない条件で最初の10日間迷路を走行させられ，11日目以降はゴールに餌が導入されたのです。

　そして，トールマンとホンジクは実験群の成績（誤反応数や，ゴールまでの所要時間）を，全実験期間中ゴールで餌が与えられなかった無報酬群のネズミや，実験初日から一貫してゴールで餌を与えられ続けた報酬群のネズミの成績と比較しました。その結果，実験群は初めて餌を得た11日目までは，全実験期間を通して成績の向上がほとんどみられない無報酬群と同等の成績変化でしたが，餌を得た翌日から誤反応数および所要時間の両方で劇的に成績が改善し，実験初日から徐々に成績が向上していた報酬群と同等の成績を示すようになりました。

　トールマンとホンジク（Tolman & Honzik, 1930）は，より厳密な実験・比較検証によってネズミの潜在学習の証拠を示しました。強化がなくても成立する学習は，より高等な知性をもつチンパンジー（やヒト）のみにみられる特異的・例外的なものではなく，ネズミ（行動主義心理学者が研究対象としてきた動物）でも確認できる一般的な学習過程であることを，上記の実験結果は示唆しています。

（餌）へ至る手段対象に関する期待の一つといえることです。さらにトールマンは，学習中に行動が馴致性を示す中で，より良い手段対象（通路等）が選択される事実は，これこれの手段対象が目標対象への到達にとって相対的に良い・悪いという，手段目標関係に関する期待（**手段目標期待**；means-end-expectation）の存在を示し定義すると考えました。

　留意すべきは，目標対象，手段対象，手段目標関係の期待は，学習過程において相互に関連づいて経験され，図2.3（a）の長円形内に示すような関係構造の期待（記憶）が形成されることです。S_1 は眼前の刺激（通路等）です。

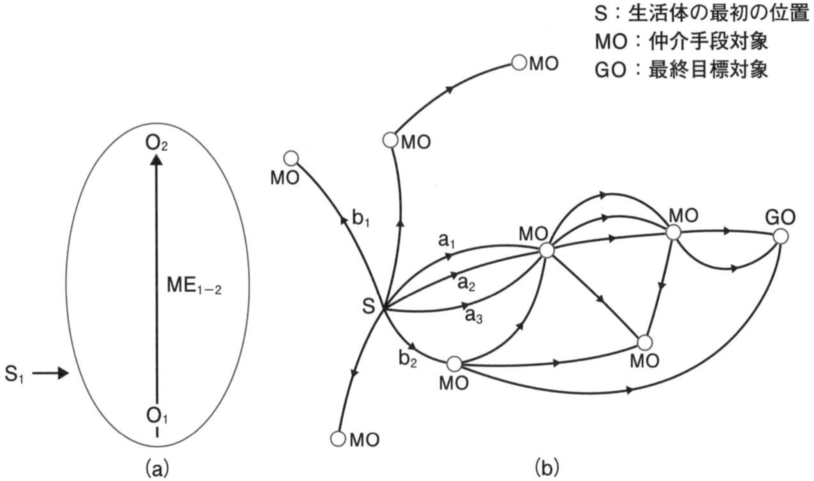

S：生活体の最初の位置
MO：仲介手段対象
GO：最終目標対象

図2.3　**サイン・ゲシュタルト（記号ゲシュタルト）図式** (Tolman, 1932)

O_1 は S_1 に対して動物が期待する特徴であり，O_2 につながると期待される手段対象の特徴です。O_2 は期待される目標対象の特徴，ME_{1-2} は手段目標期待です。特に O_1 を**記号対象**（sign-object），O_2 を**意味対象**（signified-object）とよびますが，O_1，O_2，ME_{1-2} は相互に関連（融合）したひとまとまりの全体（ゲシュタルト）をなし，これを**サイン・ゲシュタルト**とよびます。

　つまり学習とはサイン・ゲシュタルトの形成・洗練であり，そこに強化は必須ではなく，学習の結果，S_1 のみでサイン・ゲシュタルト全体（長円形内）が期待的に喚起され，それが行動を規定するのです[8]。レスポンデント条件づけ[1]も，条件刺激（S_2）に続く無条件刺激（S_1）の予期の形成による（$S_2 \rightarrow (O_2 \rightarrow ME_{2-1} \rightarrow O_1) \rightarrow R$）と考えます。トールマンは，学習理論としてのS-R理論（S-R連合，強化の法則などにより学習を説明する理論）に矛盾する実験結果を引き合いに出しながら，学習理論としてサイン・ゲシュタルト理論の

---

[8] サイン・ゲシュタルトは，O_1，O_2，ME_{1-2} が相互に融合した単一的全体として機能することを強調します。これは，全体の機能・性質は要素に分解できない（全体の特徴は，各要素単独の特徴の総和ではない）とするゲシュタルト心理学（先述のケーラーが創始者の一人）に影響を受けた考えです。

優位性を主張しました。

　サイン・ゲシュタルト期待は，さらに，生活体が迷路走行のような経験を積むにつれ図2.3（b）のように拡張され，階層化・ネットワーク化していきます。重要なのは，各手段目標関係（矢印）間の連鎖だけでなく，代替可能性（a_1〜a_3）や迂回性，共通性，相互対立（b_1 vs. b_2）などの多様な関係性の期待が含まれることです。つまり**手段目標場**の関係構造の理解（期待）といえます。そして，それらの経験から得た期待（場の構造理解）に基づき，未経験の事態に対しても**推理**が働くようになるのです。たとえば，格子状（碁盤の目）の迷路の右下隅の入口から左上隅の出口（餌箱）へ向かう学習を繰り返したネズミは，次第に，一度も走行・強化経験がない出口までの多様な経路を誤謬（脇道進入や遠回り）なく走行するようになりました（Dashiell, 1930）。この実験結果は，ネズミが試したことのない走路の良悪を推理するようになったこと，換言すれば，未経験事態のサイン・ゲシュタルト期待を発明・創造したことを示唆します。

　トールマンは，他にもネズミが手段目標場の構造理解（期待）を形成し，推理することを示唆するさまざまな実験結果を示しつつ（たとえば，Tolman, 1932, 1948），サイン・ゲシュタルト理論がケーラーの「見通し（洞察）」学習も説明すると主張しました。チンパンジーがそれまで実行・強化経験がない問題解決行為を，突如として完璧に遂行する背後には「見通し」，つまり手段目標場の推理性サイン・ゲシュタルト期待の発現（発明）があるのです。そしてそれはネズミにも生じる一般的な学習過程なのです[9]。トールマンら（Tolman et al., 1946）は巧妙な実験により，ネズミは刺激−反応（S-R連合）学習も行い得るが，むしろ，場の構造理解のような認知的な学習のほうを自然に行っていることを示しました。

　また，サイン・ゲシュタルトはいわゆる知識構造や認知構造に近いものですが，目標地点への進み方を示すといった機能的性質をトールマンは地図に例え，

---

[9] ただしトールマンは，各問題解決行為は適用性（適用範囲）や外挿性（発明）および突発性の程度や，意識化の度合いなどに違いがあると考えています。

認知地図（cognitive map）とよびました（たとえば，Tolman, 1948）。そして学習は概して，受動的に環境刺激と反応の連合が形成されることではなく，生活体が主体的に情報を探索し，経験に基づく仮説的な地図も含めたさまざまな認知地図を作り上げることだと主張しました。

2.2 バンデューラの社会的学習理論

2.2.1　直接経験によらない学習

　一般的な行動主義の学習理論（特にオペラント条件づけ）は，生活体がもつ行動レパートリー内のどの行動をどの状況で行うかについて，生活体が実際に状況内で行動して，強化を経験することで習得していく学習を扱うものでした[10]。前節で紹介したケーラーやトールマンの学習理論は，実際に行動してみたり，強化を得たりせずに成立する学習にも光をあてて説明するものでしたが，生活体がその状況内で直接経験したことをもとに成立する学習であるという点では，上記の行動主義学習理論と軌を一にするものでした。

　それに対しバンデューラ（Bandura, A.）は，以下に紹介するような観察学習の実験などを通して，直接経験によらない学習の存在に焦点をあてました。そして特にヒトにおいては，それらの学習が大半を占め，直接経験に伴うコストやリスクを避け学習効率が良いという点でも重要であることを指摘した上で，新たな学習理論を展開しました。

2.2.2　観察学習

　観察したモデルの行動（示範行動）を学習する**観察学習**（observational learning）については，モデルと同じ行動をしたときに強化を経験することで成立するといった，行動主義的な説明が当初大勢を占めていました。それに異を唱えたバンデューラら（たとえば，Bandura et al., 1961, 1963）は，大人によ

---

[10] 行動主義の極端な立場では，ほぼすべての学習が突き詰めると単純なレスポンデント条件づけやオペラント条件づけに還元される（S–R 理論で説明できる）と考えられていました。

る人形への攻撃行動を幼児に見せるだけで，幼児が同様の攻撃行動を学習する
事実を実験的に示しました。たとえばバンデューラ（Bandura, 1965）の実験
では，幼児たち（平均4歳3カ月）に，大人が人形への攻撃後に①報酬を得る，
②罰せられる，③報酬も罰もない（無結果）映像のいずれかを見せ，その後，
映像と同じ人形やその他の玩具がある部屋で幼児を1人ずつ自由に遊ばせ，自
発的な模倣反応（攻撃行動）の数を調べました。さらにその後，自由遊び中の
幼児に映像で見た攻撃行動をできるだけ再現するようお願いし，再現（各種の
模倣行動）ごとに報酬を与え，模倣反応数を記録しました（図2.4）。

　主な結果として，幼児は自由遊び前に示範行動を観察したのみで（示範行動
の遂行も強化も未経験），自由遊びで模倣反応を示しました[11]。この結果は，観
察学習の成立には学習過程で反応遂行や強化（**直接強化**）が必ずしも必要でな
いことを意味します。観察したモデルが受けた強化（**代理強化**）に関しては，
その処遇の違いによって，自由遊びにおける模倣反応数が変わり，モデルが罰

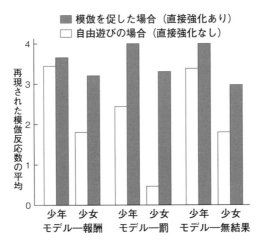

図2.4　**観察学習の実験結果**（Bandura, 1965）

---

[11] もし幼児が示範行動を観察しなければ，この実験で記録されたような人形に対する
攻撃行動を，自発的に行うことはないことが先行研究（Bandura et al., 1961）で確認
されています。

を受けた場合（代理罰）は模倣数が相対的に少なくなりました。特筆すべきは，幼児に模倣（再現）を促し，報酬（直接強化）を与えた場合です。どの映像（モデル―報酬，罰，無結果）を見たグループの幼児も同程度の模倣反応数を示しました。つまりモデルが罰を受ける映像を見た幼児たちも，他のグループの幼児たちと同等に示範行動を学習（習得）しており，自由遊びではその表出が抑制され，報酬（直接強化）のある促しによって表出が増えたといえます。これらの結果から，強化は学習（習得）の成立を規定するのではなく，習得した行動の表出（遂行）に影響する要因の一つと考えられます[12]。これは前述の行動主義的学習理論とは異なる考え方です。

　バンデューラは観察学習の研究を通して，強化の役割に関して新たな知見を提供するとともに，行動主義の学習理論（S-R 理論）のみでは，学習は説明しきれないと考えました[13]。そして学習における習得と遂行の区別の重要性を指摘しつつ，観察学習をうまく説明するには，従来の学習理論とは異なり，新たに**認知過程**や**動機づけ**過程を理論に導入する必要があると考えたのです。

2.2.3　観察学習（モデリング）の下位過程モデル

　バンデューラは観察学習のような直接経験によらない学習において，行動の

---

[12] 先行研究（Bandura et al., 1961, 1963）では，観察者（幼児）もモデルも強化が与えられない中で模倣反応（攻撃・非攻撃行動）が確認されており，直接強化だけでなく，代理強化も観察学習には必須ではないことが示されています。本節で紹介した実験結果（Bandura, 1965）と合わせて考えると，直接強化も代理強化も学習（習得）を規定するのではなく遂行に影響すると考えられます。ちなみに「モデル―無結果」映像を見た幼児が，「モデル―報酬」（代理賞）を見た幼児と同等の模倣反応数を示したことについて，バンデューラ（Bandura, 1965）は普段罰せられる攻撃行動が罰せられないこと自体が正の強化（代理賞）のような機能を果たしたと解釈しています。

[13] 強化のない観察学習の現象は，**般化模倣理論**（S-R 理論）で説明できるとする考え方もあります。つまり，過去にモデルを模倣すること（模倣自体）が直接強化されており，そこで学習されたことが強化なしでモデルを観察する場面に般化した結果として説明します。ただし，過去に模倣すること自体が強化されていたとしても，そもそもなぜモデルの行動を観察するだけで，その行動を模倣できるのか（特に新規の行動の場合，観察からどうやって同様の行動を生成・再現できるのか）については般化模倣理論では十分に説明できません。

遂行や強化が必須ではないことを示しました。その上で，他の実験研究の知見も根拠にしつつ，観察学習の学習プロセスを**図2.5**のようにまとめました。ここでは4つの下位過程が仮定され，各過程に関係する要因や条件が記されています。

観察学習の成立には，まずモデル（示範事象）のどこに注目し，どのような情報を得るかという**注意過程**が重要になります。この注意過程は，観察するモデルの特徴や魅力，観察者の知覚能力や過去経験，動機づけなどの影響を受けます。そして得た情報の**保持過程**では，観察者はモデルの行動をイメージや言語により記憶します（**象徴的コーディング**）。単なる示範事象のコピーの保持ではなく，さまざまな示範事象から共通の特徴や反応成分情報を抽出したり，既知の事象や行動になぞらえるなど，想起しやすいシェマ（要点をまとめた図式）に変換・分類し，関係性や意味を把握しつつ観察者の知識構造の中で統合していきます（**認知的体制化**）。さらに，反応の実行や心の中で行う**リハーサル**によっても再体制化が生じます。観察者は積極的に情報を処理し，効果的・創造的に保持するのです。

運動再生過程では，保持された反応イメージが実際の行為に変換されます。まず認知レベルで，行為に必要な反応成分が選択・統合されます。それを実行

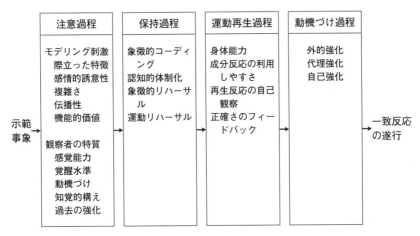

図2.5　**社会的学習理論における観察学習の下位過程**
(Bandura, 1971a 原野・福島訳 2020 を一部改変)

に移しつつ，**自己観察**（**自己モニタリング**）により反応の正確さを確認し，自己修正的調整を行うことで一致反応が遂行されます。ただし，学習（習得）された反応すべてが遂行されるわけではなく，遂行結果として価値ある成果を得られることが予期される反応が遂行されます。模倣反応を遂行して報酬を得る経験（**外的強化**）だけでなく，モデルが報酬を得るのを観察すると，模倣反応が遂行される（**代理強化**）ように，強化経験は観察者に遂行の**結果期待**（**結果予期**）を抱かせることで，遂行を動機づける働きをします（**動機づけ過程**）。その意味で，強化は遂行に先行的に影響します。厳密には，報酬を得られる示範行動・モデルに対しては，より注意が向けられ保持活動の動機づけも高まるため，学習（習得）も動機づけるといえます。また特に人間の場合，外から強化が与えられなくても，**自己強化**により自己報酬的・自罰的な仕方で自身の学習や遂行を動機づけ，行動を**自己制御**（**自己調整**；self-regulation）できる点も重要です。

2.2.4　モデリング――ヒトにおける主要な学習

　観察学習は観察した行動を模倣する，ごく一部の限られた学習としてとらえられがちです。しかし前項で述べた下位過程モデルは，広範な学習を含み得ます。たとえばバンデューラは，示範事象が映像や絵画あるいは言語的に示された場合でも，学習過程の本質は同一であるとし，それらの学習を総称して**モデリング**（modeling）とよびました。モデリングは特定の行動の模倣だけでなく，複数の示範行動から共通する汎用的な特徴やルールを抽出し（**抽象モデリング**），新規場面でそのルールを適用して対処したり，複数のモデルの諸側面を組み合わせて新しい行動や考え方を創造すること（**創造モデリング**）も可能です。

　たとえば，幼児は普段耳にする大人のさまざまな発話からルール（文法）を見出し，後にルールに従って単語を組み合わせ，一度も聞いたことも話したこともない新しい発話を創造できます。私たちはテレビや配信動画，イラストや漫画，教科書やハンドブックなどから，多様な行動や考え方をモデリングによって学習します。さらにモデリングは，直接経験に基づく学習に伴うコストや

リスクを回避できるため，教育や心理療法などでも有効に活用されています。モデリングがうまくいかない場合は，下位過程のいずれかに働きかけ支援を行います。

2.2.5 社会的学習理論

モデリングは広範な学習を説明できる学習理論ですが，バンデューラ（たとえば，1971b, 1977）はモデリング理論だけでなく，レスポンデント条件づけやオペラント条件づけに相当する直接経験に基づく学習をも含めた包括的な学習理論を体系化し，**社会的学習理論**（social learning theory）を提唱しました。社会的学習理論は，学習における認知の働きを積極的に認めることで，広範な学習の現象を説明しますが，それには条件づけの現象も含まれています[14]。たとえば条件づけの多くは，強化経験を通じて生活体が行動に伴う結果（報酬や罰など）の予期や，条件刺激に続く無条件刺激の予期を抱くようになることで，行動・情動表出に変化が生じると説明します。この説明には学習の原理・原動力を認知に置く考え方が表れています。モデリングで学習（習得）される事象も，厳密には模倣行動だけでなく，状況の特徴・構造や，行動結果の予期も含まれます。

つまり，直接・間接経験の場で注意過程や認知的体制化のような認知過程が機能することで，行動の学習のみでなく，環境刺激間の連関や，行動と結果のつながりに関する規則発見学習などもなされるのです。また，学習した知識を保持し組み合わせるなどの認知的操作（認知的技能）によって，実際の行為や経験を経ずに，思考のレベルで因果関係を理解し結果を推論したり，問題を解決したりできます。こうした思考に沿って行動は制御され，行動することは知

---

[14] 社会的学習理論が提唱される頃までに，条件づけに関して，伝統的な条件づけの理論・法則（接近・強化の法則など）だけでは説明できない現象（実験結果）がいくつも報告されていました（たとえば，Kamin, 1968; Rescorla, 1966, 1968; Tinklepaugh, 1928; Tolman, 1932）。そうした現象をうまく説明するため，条件づけ過程における認知の働き（「注意」「期待」「予期」など）を示唆する説明モデルも提案されていました（たとえば，Rescorla & Wagner, 1972; Tolman, 1932）。

識の増大や思考（認知的技能）の発達を促します。

　そして，行動や思考の**自己制御（自己調整）**も社会的学習理論の眼目の一つです。人間は多くの場合，外的強化（報酬や罰）がなくても，目標を設定し自身の遂行を個人的・社会的評価基準や比較に基づいて評価し，自己強化によって自らの行動・思考を制御できます。加えて，遂行行動の達成を経験することで「自分は必要な行動（思考）をうまく遂行できる（制御できる）」という**効力期待（効力予期）**，すなわち**自己効力感（self-efficacy）**[15] が形成され，結果期待と並んで遂行を動機づける重要な要因の一つになります（第 7 章の図 7.4 を参照してください）。

　社会的学習理論における自己制御や自己効力感の概念は，伝統的な行動主義の学習観と違い，学習主体（の行動）が外的環境に制御されるだけの受身的な存在ではなく，まさに主体的存在でもあることを含意しています。そしてその基底には，個人・環境・行動の関係性に関する**相互決定論**があります。たとえば，行動は環境と個人により制御され，逆に行動により環境や個人も変化するといったように，個人・行動・環境は独立に機能するのではなく，それぞれ双方向的に制御し合う絶え間ない相互作用の関係にあるという考え方です。さらに忘れてはならないのが，上記の学習過程が直接経験だけでなく，モデリングなど社会的に媒介された経験（代理経験，社会によって構築・蓄積された知識，規範，評価基準など）によって強力に推進されるということです。

　以上のように，社会的学習理論は行動主義学習理論のパラダイム（見方・考え方）を残しつつ，そこに当時台頭してきていた認知心理学のパラダイムを導入し，後の認知過程・認知機構に関する研究の発展や，それに基づく教育手法の発展に大きく貢献しました。

---

[15] 自己効力感は，成功に必要な行動を計画したり（時に忍耐強く）実行したりする自身の能力に関する信念であり，計画や実行に伴う「達成体験」が自己効力感を高めます。他にも，他者（モデル）が達成するのを見る「代理体験」や，達成できるという「言語的説得（社会的説得）」，また「生理的・感情的状態」などによっても自己効力感は変化します。「できる」という予期はさまざまな意欲を高めますが，自己効力感の重要性については，学業達成，キャリア開発，健康増進などとの関連も指摘されています（たとえば，Bandura, 1995）。

2.3　**技能学習と熟達化**

2.3.1　効率的な学習のための基礎条件

　行動主義の学習理論では，習得にある程度の時間を要するような学習を効率的に行うための条件についても研究されてきました。たとえば，休憩が学習に及ぼす効果や，学習内容を分割して学ぶことの是非などが，種々の技能の学習や熟達に関する研究の中で検討されました。一例を挙げると，キンブルとシャテル（Kimble & Shatel, 1952）は，回転盤追跡課題[16]の技能学習において，休憩をほとんど入れず連続的に学習（練習）する**集中学習**（**集中練習**）と，十分な休憩をはさみながら学習する**分散学習**（**分散練習**）の成績を比較し，分散学習のほうが成績が良いことを明らかにしました（**図2.6**）。また学習内容（技

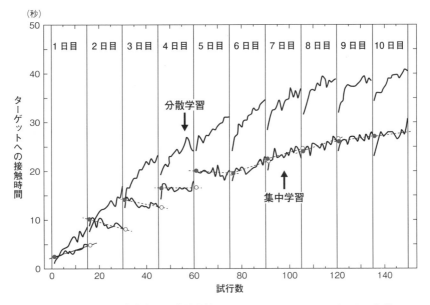

図2.6　**分散学習と集中学習の成績比較**（Kimble & Shatel, 1952 をもとに作成）
1試行50秒間の回転盤追跡課題を1日15試行10日間（計150試行）実施しました。
分散学習群は約65秒の試行間隔（休憩）を設けたのに対し，集中学習群の試行間隔は約5秒でした。

[16] 回転する円盤上にある小さなターゲットを，手に持った金属棒の先端で追跡し，できるだけ長く先端がターゲットに接触し続けるようにする課題。

能）を分割せず，全体をひとまとめにして学習する**全習法**と，部分に分割し各部の学習完了後，それらをつなぎ合わせる**分習法**とを比較した研究では，概して全習法のほうが効果的であることが示されています。こうした傾向は運動技能だけでなく，算術や記憶といった認知的な技能においても確認されています。

　ただし厳密には，学習者の属性や学習課題の特徴など，さまざまな条件との兼ね合いで学習方法の優位性は変わってきます。分散学習も休憩時間が長くなりすぎると逆に不利になり，適切な休憩時間は学習課題によって変わってきます。また集中学習をした場合でも，後に十分な休憩をとれば，分散学習の場合と同じくらい成績が良くなるという研究結果もあります。学習者の知能や発達水準が高いほど全習法が有利ですが，学習の初期段階では分習法のほうが有効です。課題が困難な場合も分習法が効果的とされています。

　さらに，上記のような学習方法以外に，効率的な学習のために見落としてはならないのが，学習者が成績（遂行結果の是非）を確認することの重要性です。たとえば目隠しをして正確に 7.5 cm の線分を描くことを練習する際，描いてみた線分が 7.5 cm に近いのか否かを知らされなければ，練習を繰り返しても上達しません。このことは初期の行動主義学習理論では，学習には遂行結果の是非の通知が重要であること，すなわち反応後の「強化」が重要であると説明されました[17]。それに対し，トローブリッジとケーソン（Trowbridge & Cason, 1932）は，是非の通知は，反応に対する報酬や罰の提示という「強化」の意味で重要なのではなく，遂行の適切さに関する「情報」として重要なのだと主張しました。そして単に「良い」と通知するよりも，強化としては同じ機能（報酬の提示）であっても「3 mm だけ短い」（良い）のように情報量を多くして適切さの程度を通知したほうが，学習成績は良くなることを実験結果で示しました。

　強化ではなく情報が重要であるという考え方は，行動主義の学習理論と違い，後に台頭してくる，学習の認知的側面（**情報処理**）を重視した学習観へとつな

---

[17] 遂行結果の良し悪しの通知を，遂行（反応）に対する報酬や罰の提示とみなし，オペラント条件づけの理論（強化の法則）で説明しようとしました。

がるものでした。現在では上記のような遂行結果に関する情報を**結果の知識**（KR; knowledge of results）とよび，学習成立に欠かせない要因とされています。良し悪しといった質的な KR よりも，適切さの程度を示す量的な KR が学習には有効です。また KR に加えて重要なのが，**パフォーマンス（遂行）の知識**（**KP; knowledge of performance**）です。KP はどのように反応遂行を行ったか，またそれが理想的な遂行の仕方とどこが違っているのかに関する情報です。たとえば投球練習では，自身の投球フォームをビデオで確認したり，理想のフォームと比較したりすることで，学習者は KP を得ることになります。運動技能学習を扱った近年の研究では，KR よりも KP のほうが学習にはより効果的であると報告されています。

　こうしてみると，何かを学習・習得するには「繰返し練習することや多くの経験を積むことが重要である」という学習観は不十分だといえます。KP がなく KR も曖昧な状況でひたすら運動や技芸を繰返し練習したり，正解か否かのみに主眼を置いたドリル学習などは，適切な KR・KP を導入することで大きな学習効果の改善が見込めるかもしれません。注意点として，学習者に KP を提示しても改善策が見出せなかったり，量的 KR を提供しても正否の意味（質的 KR）しか受け取らなければ学習効果は薄くなります。またいつも他者から KR を提供されている学習者は，提供がなくなったとき，自力での遂行・学習がうまくできなくなるという研究結果もあります。学習者自身が適切な情報を確認できることが重要になります。

2.3.2 熟達者の特徴

　技能学習は運動技能だけでなく，記憶や算術，問題解決のようなより認知的な技能，さらには実際の職場で行われる複雑な実践的技能の長期にわたる熟達化なども取り扱われるようになっていきました。特に各技能分野で他者よりも優れた遂行を示す熟達者[18]の特徴や，その有能さを可能にする認知機構，熟達

---

[18] 子どもから大人への発達的変化の中には，長期にわたる学習や練習による熟達化の過程が含まれているといえます。その意味で大人はみな，運動や言語など何らかの点で，（子どもに比べて）熟達者であるといえます。

するための学習過程，その過程で重要な要因などが研究されてきました。

　当然，分野によって熟達者の具体的な特徴や有能さは異なりますが，一般的な特徴として，熟達した分野に関しては状況把握が的確で，一度に多くのことを素早く正確に遂行でき，自身の遂行・状態の評価も的確に行いながら，状況の変化に応じて柔軟に**自己調整**することができるといわれています。かくも有能な遂行が可能な理由については，当時，台頭してきた**認知心理学**の影響（学習観）もあり，熟達者の身につけた**知識構造**（スキーマ；schema）の豊かさや**情報処理**の仕方に注目することで解明が進みました。

　たとえば物理学の問題解決課題では，熟達者は初心者よりも素早く正確な解答が可能です。熟達者は問題状況を把握する際に，関連しそうな物理学の原理を見極め，問題の本質を素早くとらえますが，初心者は問題文の文言そのままに表面的な理解にとどまりがちです（たとえば，**Chi et al., 1981; Larkin et al., 1980**）。初心者は物理学の原理自体は知っていても，それらをいつどのような場合に適用すればよいのかという適用条件の知識が不足していることが多いためです。それに対し，熟達者は原理の適用条件に関する知識も豊富なため（図2.7），どの原理・法則が当該の問題に適用可能かを的確に判断でき，それにより問題の本質をとらえ効率よく問題解決できるのです。さらに熟達者は，必要な方程式を選択し組み合わせて解を求める一連の作業手順を，逐一確認することなく一気に完了します。これは作業の流れ全体が，ひとまとまりの手順（**手続き的知識**）として知識構造に保持され，必要に応じ自動的に手順が進行するためだと考えられています。安定した**自動的処理**により，素早く正確な遂行ができるとともに，意識的制御の必要が減る分，他の事柄に注意を配分することも可能です。

　熟達者は熟達した分野に関して多くの知識をもっており，しかも知識同士がよく整理され関連づけられた知識構造をなしています（**図2.7**）。それゆえ，新しく学ぶ情報も，豊かな知識構造に取り込まれることで，多くの知識と関連づけられ豊かな意味づけ（**有意味化**）がなされます[19]。これにより情報を記憶

---

[19] 新たに学んだ情報を学習者の認知構造（知識構造）にうまく関連づけて十分に有意

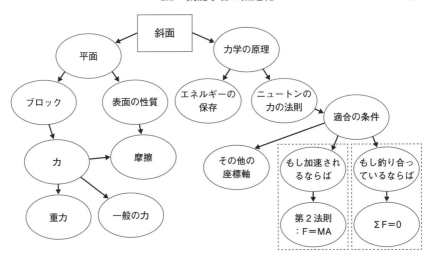

図 2.7 **斜面に関する物理学の問題解決に関わる熟達者の知識構造** (Chi et al., 1981)

しやすくなります。また，たとえば語呂合わせのように，複数の情報を意味づけてひとまとまり（チャンク；chunk）にして扱うことで，情報処理の負担を軽減し，一度に多量の情報を記憶し処理できることもあります（たとえば，Chase & Simon, 1973）。さらに，情報あるいは状況を多様な意味・側面でとらえられるため，問題状況から重要な情報を見極めたり，自身のもつ知識・技能をうまく状況に対応（マッピング）させて問題解決できたりします。自身の遂行・状態の把握や評価についても同様に，多様な側面から的確に監視（**自己モニタリング**）でき，目標とする理想状態と自身の現状とを適切にマッピングさせて現状の不備を修正するなど，状況に適応した柔軟な**自己調整**が可能です。

　波多野・稲垣（1983）は，知識・技能の柔軟性・適応性のレベルによって熟達者を 2 つのクラスに分けています。決まった仕事や課題状況では，初心者に比べ作業を格段に素早く正確にこなすことができる**手際の良い熟達者**（routine experts）と，課題状況が変化しても柔軟に手続きを修正し，時には新た

味化することで，学んだ知識の保持や利用（応用）可能性を高める有意味学習（有意味受容学習，有意味発見学習）という学習法もあります。

な手法を発明することもできる**適応的熟達者**（adaptive experts）です。以上のように，熟達者の特徴を知ることは，学習過程に関する理解を深め，学習・教育の目指すべき方向性や学習に必要な条件等のヒントを得ることにもつながります。

2.3.3　学習の転移

状況の変化に対応する適応性の問題は，学習の転移の問題とも関連します。一般に，先に学習したことが後続の学習に影響することを**転移**（transfer）といいます。特に先行学習が後続学習を促進する場合を**正の転移**（positive transfer），妨害する場合を**負の転移**（negative transfer）とよびます。たとえばコラム2.2の学習セットの例は正の転移の例ともみなせます。また左右どちらか一方の手（足）で行った技能学習が，他方の手（足）の技能学習に影響することを**両側性転移**とよびます。正の転移が生じることで，学習の効率性は大きく向上し，それが適応性にもつながります。

2.3.4　学習の転移が生じるメカニズム

多くの教育現場でも，学んだことが他の場面に転移（正の転移）することが暗黙の前提になっている節がありますが，残念ながら認知的技能も運動技能も，基本的に転移はあまり起こらないことが実験や観察で示されています。初期の転移研究者の一人でもあるソーンダイク（Thorndike, E. L.）は，根拠なく正の転移を期待する教育を批判し，実験結果から，転移の成否は先行・後続の課題間に同一要素が含まれる程度によって決まるという**同一要素説**[20]を提唱しました。その後，認知主義的な研究者らによって，転移に重要なのは刺激の色や形といった課題間の表面的・具体的な共通点（同一要素）の有無だけでなく，課題間に共通する抽象的な構造や一般原理を学習（発見）できるか否かだとす

---

[20] ソーンダイクは「同一要素」が厳密には何を意味するのかを明確にしていなかったため，後にさまざまな解釈がなされましたが，課題刺激の色や形，大きさなどの具体的な知覚的特性（要素）が，課題間で共有されているときにのみ転移が生じると解釈されることが多かったようです。

コラム 2.2 学習セット——継続的な学習で獲得される適応性

状況の変化に柔軟に対応できる適応性は，熟達の重要な要素の一つです。この適応性の基礎に関連するといえるのが，ハーロウ（Harlow, 1949）が実験を通して示した学習セット（learning set）[21] の形成です。

ハーロウ（Harlow, 1949）は 8 頭のサルを被験体として，色や形などが異なる 2 つの物体（刺激）のうち正しいほうを選択すると報酬（餌）がもらえる二者択一の弁別学習の実験を行いました。特筆すべき点は，刺激の種類を変えながら 344 種類もの弁別課題をサルに継続的に提示していき，学習成績の変化を調べたことです。課題によって何回繰り返して学習するか（試行数）は異なりましたが [22]，各課題の最初の 6 試行分の成績を示したものが図 2.8 です。

初期の課題では，成績は 6 試行目まで徐々に改善されています。サルは失敗や成功を繰り返し，試行錯誤しながら学習しています。しかし，そうした課題を繰り返

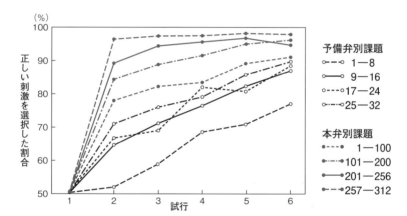

図 2.8 継続的な弁別学習課題における成績の変化（Harlow, 1949 をもとに作成）
折れ線グラフは，344 課題を実施順に 8 つのブロックに分け，各ブロックの第 1～6 試行の成績を示しています。予備弁別課題（32 課題）後に本弁別課題（312 課題）を実施しました。

---

[21] 学習セットの形成は「学習の構え」や「学習の学習（learning to learn）」「問題から問題への転移（transfer from problem to problem）」とよばれたりもします。
[22] 最初の 32 課題は 1 課題につき 50 試行，次の 200 課題は各 6 試行，最後の 112 課題は平均 9 試行でした。

すうちに，終盤の課題では第2試行で急激に正答率が跳ね上がります。1試行経験するだけで弁別学習を習得できるようになるのです。つまり継続的な弁別課題の提示により，**試行錯誤学習**から**洞察学習**のような学習への変化がみられたのです。この変化は，初期の行動主義学習理論（「刺激―反応」連合の強化・形成・集積）では説明しきれない，それ以上の学習が生じていることを意味します。ハーロウ（Harlow, 1949）は，サルが「学習の仕方を学んだ」，つまり**学習セット**を形成したと説明しました。より認知主義的な立場からは，サルが課題間の類似性を認識し，「最初に選んだ物が正解なら，その後も選び続け，最初の選択が間違いなら，その後は反対の物を選び続ける」といった仮説（ルール）や方略，「**学習の構え**」を学習したといえるでしょう。いずれにせよ，新奇の学習状況や変化に対応できる適応性が，継続的な学習により獲得されることを実験的に示したのです。

　ハーロウ（Harlow, 1949）は，洞察が突然のひらめきだけでなく，漸次的学習がベースになり生じることを示唆し，学習・教育理論において，変化する継続的な学習状況における学習過程を研究することの必要性を強調しました。目下の課題をクリアするだけの学習を超える学習が肝要かつ可能であり，それをいかに効果的に成し得るかが学習・教育の重要な課題の一つといえるでしょう。

る理論が展開されました。たとえば，学習セットの実験例では，課題ごとに提示される具体的な刺激の色や形はまったく異なりますが，「どちらか一方の刺激が正解で，試行が変わっても正刺激は変わらない」といった，より抽象的な関係性（構造）は，課題間で共通しています。どちらの刺激が正解かを学ぶだけでなく，より抽象的な課題構造を学ぶこと（深い学び）が転移には必要なのです。運動技能の転移に関しても，運動技能（課題）間に共通する，**一般化された運動プログラム**（GMP; generalized motor program）[23] の習得が重要であるとされています（たとえば，Schmidt, 1975; Schmidt et al., 2018）。先行課題

---

[23] GMPは動作パターンの記憶のようなもので，各動作の順序や，身体部位の相対的な空間位置関係，各筋肉の相対的な活動量・タイミングなど，運動要素同士の関係構造の記憶です。運動技能学習によって獲得されるスキーマ（知識構造）ともいえます。

で GMP が獲得されていれば，GMP が同一の運動技能（後続課題）には正の転移が生じるというわけです。

2.3.5　問題解決としての学習の転移

　問題解決の研究分野では，転移は類推（analogy）による問題解決の一種とみなされます。先行課題と後続課題の表面的・構造的な類似点を見出し，先行課題で学んだことを，後続課題の状況にうまく対応づけ（マッピング）できたときに，類推（転移）による後続課題の解決がなされます（図 2.9）。課題の表面的な類似性とは別に，転移や問題解決に必要な構造的類似性を見出すことが難しいわけですが，構造的特徴の抽出や転移を促すには，表面的特徴が異なる複数の先行課題の経験や，課題間の意識的な比較（先行課題が複数あれば，その課題同士の似ているところを書き出すなど）が有効と報告されています（たとえば，Gentner et al., 2003; Gick & Holyoak, 1983）。また類推能力の発達研究からは，比較や関係性を意識化して明示的に考えられる能力の発達が重要と示唆されています（たとえば，Holyoak & Thagard, 1995）。さらにホリオークとサガード（Holyoak & Thagard, 1995）は，課題間のどんな類似点を抽出しマッピングできるかは，類推する際の目的や状況・文脈に影響されることを指摘しました。そして課題の表面的特徴，構造，目標といった，さまざまな制

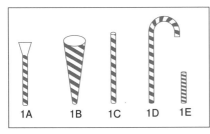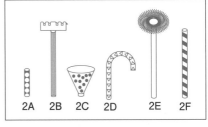

先行課題　　　　　　　　　　　　　　後続課題

図 2.9　**類推（学習の転移）課題の例**（Brown, 1989 をもとに作成）
たとえば，離れたところにある玩具を引き寄せるための適切な道具を選択する課題では，幼児は先行課題で適切な道具（1D）を学習後，後続課題では 1D と表面的に類似した 2D や 2F ではなく，1D と構造的（機能的）に類似した 2B を選択する必要がありました。

約が相互作用した総体として類似性が浮かび上がってくるという**多重制約理論**を提唱しています。

2.3.6 転移研究における状況論的アプローチ

　より近年になって，認知主義的な転移研究に再考を迫る新たな考え方も現れてきています（白水，2012 を参照）。たとえば日常の問題解決場面をよくみると，問題構造の理解が不十分でも，相談した友人の何気ない一言がヒントになったり，偶然そこにあったツールが助けになり問題を解決できることがあります。それは本当の問題解決力ではないといわれるかもしれませんが，むしろたいていの場合は，そうした状況内のリソースとうまく相互作用することが重要で，状況の有り様に絡んだ行為によって問題が解決されているのです。こうしたケースに着目すると，問題解決（転移）は，個人内における問題構造の十分な理解（認知）がポイントというよりも，個人と状況内のリソースとの相互作用も含んだ全体が 1 つのシステムとしてうまく機能することが重要と考えられます。この考えは問題解決や転移の現象を，そのときの状況・文脈と切り離して考えることができないとする立場で，転移を認知に焦点化して説明しようとした認知主義的な考え方とは異なり，**状況論的アプローチ**[24] とよばれたりします。

　上記の例のような状況内のリソースを，ぎりぎりまで制限（相談禁止，ツール排除など）した上でパフォーマンスを評価する，認知主義的な実験研究や教育現場での試験などは，見方によっては不自然な能力の測定をしているといえるのかもしれません。他にも，日常の問題解決場面では，問題解決に取り組む解決者側の事情や目的，解決者によって意味づけられた文脈があり，それに沿

---

[24] より強い状況論的主張では，状況・文脈から独立した認知や知識の想定を批判するため，具体的問題状況・文脈から抽象化（抽出）された問題構造の理解（認知・知識）に基づいて転移が可能になるという説明は否定されます。また状況・文脈の役割を考慮する際も，状況・文脈から独立に機能している認知過程を，促進あるいは妨害する要因とみなす（認知と状況・文脈とを分離した上で影響関係を考える）考え方を否定します。

った思考や対応がなされます。しかし多くの転移研究は，ある意味，実験者（教師）側の都合で問題が提示され，実験者の期待するゴール（解答）へ到達したか否かで転移の成否が判定されてきました。これに対し，実験者や教師の基準からみれば転移が起きていないようにみえる場合でも，学習者の視点（文脈）に立てば，以前学んだことを部分的には活用しているとみなせる箇所があり，その意味で転移は頻繁に起きているといった主張もなされています（たとえば，Lobato, 2006）。そして，転移において先行課題で学習されるのは，課題構造のような状況・文脈如何に関わらない抽象的な知識ではなく，後続課題の状況・文脈如何で活用のされ方が変わったり（**状況・文脈依存性**），部分的な活用が可能で，さまざまな組換えも利く**部品のような知識**（knowledge-in-pieces）であるという考え方も提案されています。後続課題の状況・文脈に合わせて，課題解決や状況との相互作用に必要な多様な部品知識が活性化し，新たに組み合わされたり，状況内のリソースとも組み合わさることで，課題解決（転移）につながるのです（たとえば，Schwartz et al., 2009; Wagner, 2010）。

　こうした理論的立場からいえば，転移を促す教育的支援は，単に先行課題の経験数を増やすだけでなく，先行課題を経験する状況・文脈の多様さを増すことが重要ということになります。それにより，将来直面する問題状況・文脈に応じられる幅広い部品知識や，その組合せ方を学ぶのです。経験を活かして状況の変化に柔軟に対応できる熟達者の適応性も，それまでの多様な状況・文脈の中での豊かな経験に育まれたものといえそうです。

2.3.7　熟達化に関わる要因

　技能学習や熟達化を促す要因は，技能の種類や熟達の程度によってもさまざまな違いがあります。その上で，より一般的・基礎的なものを本節ではいくつか紹介しました。たとえば，休憩のとり方（**集中学習**，**分散学習**など）や学習内容の分割の仕方（**全習法**，**分習法**など）は，効率的な学習に関わる要因になります。単に繰返し練習するのではなく，遂行結果や遂行内容の良否に関するフィードバック情報（KR や KP）をしっかり得ながら学習することも重要です。

エリクソンら（Ericsson et al., 1993）は，本節で紹介した研究以外にもチェス，将棋，スポーツ，楽器演奏，学問など，さまざまな分野における熟達化研究を概観し，**熟慮された練習**（deliberate practice）の重要性を指摘しました。学習者の技量や既有知識に合わせて，最適な難易度の課題が適切なタイミング・系統で提供され，指導者からの的確な指示や評価（診断）のもと，遂行内容・結果に関する有益なフィードバック情報を随時得ながら課題を反復するような練習です。一流の熟達者になるには，一般に 10 年を超える，熟慮された練習期間を要するともいわれています（熟達の **10 年ルール**）。

他にも，熟達者の遂行を手本とした**観察学習**，モデリング（2.2 節参照）の機会や，学習者が自身の遂行や経験・知識内容をどれだけ**自己モニタリング・省察**（reflection）し，改善できるかも熟達化に大きく影響します。さらに実際の実践状況の場で学習することの重要性や，多様な状況・文脈の経験の重要性も指摘されています。

2.3.8　学習観と熟達を促す要因・支援

熟達を促す要因や支援について考えたり理解する際には，依拠する学習観（学習理論）を意識することも大切です。たとえば行動主義の学習観では，条件づけの原理に基づいた行動の変容を学習とみなします。それゆえ，熟達化においても先述のような刺激・報酬の与え方や学習スケジュールといった外的条件で，効果的に行動変容を促す要因や支援に主眼が置かれます。一方，認知主義的な学習観では，本節でもふれたように，熟達化の過程に知識構造や情報処理といった認知過程の変化を想定します。たとえば，熟達過程では種々の情報を知識構造に取り込み，知識量を増大させつつ，学習が深まるにつれ多様な事態に適応できるよう知識構造が再構造化・最適化されたり，一部の情報処理の自動化・効率化が進む一方，意識的に制御できなかったことができるようになるなど柔軟性も増していくといった理論モデルなどが提唱されています（たとえば，Anderson et al., 1981; Karmiloff-Smith, 1992; Rumelhart & Norman, 1978）。こうした学習観に依拠した支援は，知識構造や認知過程がより豊かになり，洗練されることをねらったものになります。有用な情報を学習者が十分に得る機

会を設け，得た情報が既存の知識構造にうまく定着し，利用可能性が高まるような支援（情報の有意味化や，難易度，提示順序・タイミングの工夫など）や，学習者が自身の遂行や知識構造・認知過程を省察し改善することを促す支援などです。

　状況論的な見方では，転移の項でもふれたように，何かができるといったこと（技能）は遂行時の状況・文脈内のリソースとの関係（相互作用）で立ち現れてくるもので，事前に個人の中に確立されているものとはみなしません。技能は個人と外界に分かちもたれているというわけです。こうした視座から学習をとらえ直すと，何かができるようになるといった変化は，状況との関係から切り離したところでの，知識構造や認知過程の変化に帰属できない，状況との関係のとり方（関係のあり方）の変化に強調点が置かれます。

　たとえばレイヴとウェンガー（Lave & Wenger, 1991）は，実社会のさまざまな仕事（熟達化）の事例を分析し，学習を個人内に知識や技術を取り込むことではなく，**実践共同体への参加**の変容としてとらえる見方を提唱しました。仕事を遂行する場（状況）である実践共同体のさまざまなリソース（共同体メンバー，道具や作業内容，顧客，共同体の慣習，等々）との関係のとり方・あり方が豊かになることで，すなわち共同体への参加の深まりによって熟練の技能が発揮されるのです（図2.10）。そして技能が状況・文脈と切り離せないのなら，技能学習・熟達を促すには，本来の実践状況から乖離した練習状況での経験の蓄積ではなく，実際に意味のある正統な実践の場（状況）に，限定的であったとしても参加すること（**正統的周辺参加**：legitimate peripheral participation）が重要になります。

　またショーン（Schön, 1983）は，専門家が一般的な専門知識や理論の適用では対処できない状況の変化・特異性に，臨機応変に応じる（相互作用する）中でこそ，専門家の暗黙的で（言語化しづらい）巧みな技能が現れることを強調し，これを「**行為の中の知**（knowing-in-action）」とよびました。そして状況との相互作用の中で現れる「行為の中の知」を，実際に行為する中（相互作用の中）で省察し改善するのが「**行為の中の省察**（reflection-in-action）」です。行為の中の省察には，状況や行為・省察自体に関するある程度自覚的な振り返

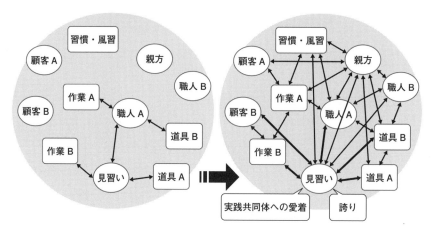

図 2.10　実践共同体への参加（関係のあり方）の変容（向井，2020）
実践共同体のリソースとの関係が豊かになることで，顧客の想いを斟酌しつつ，細工が得意な同僚と協同で道具を開発し，別の部署の職人の思いがけない一言をヒントにして，見事な製品を作り上げるといったことが可能になります。

りも含まれ，こうした省察によって技能はより洗練され，熟達が促されます。

2.4　多様な視点からとらえた学習

　以上の節でみたように，学習観（学習理論）を理解することが学習の促進要因や支援の趣旨（ねらい）を正確に理解し効果的に活用することにつながります。また別の見方をすると，学習の仕組みの理解や支援策の発展は，学習観の発展と密接な関係にあるといえます。

　本章で紹介した研究知見や理論をみても，学習は多様な視点からとらえられることがわかります。これまで学習観は多様な視点から問い直され，丁寧な検証を経て発展してきていますが，より以前からある学習観（行動主義的な学習理論など）は誤りで活用できないということではありませんし，最新の学習理論さえ知っていればよいわけでもありません。それぞれに強みがあります。こうした多様な学習観は普段はあまり意識されないかもしれませんが，教育においては依拠する学習観を顧みて，慎重に問い直しながら検証していくことが重

要です。それがひいては学習者への効果的な支援へとつながっていくことでしょう。

復 習 問 題

1. トールマンの学習理論とバンデューラの学習理論の共通点について説明してください。
2. 熟達化を促す要因にはどのようなものがあるか説明してください。
3. 行動主義的な学習観に基づく教育支援や，認知主義的な学習観に基づく教育支援にはどのようなものがあり，どういった点が異なるのか説明してください。

参 考 図 書

今田 寛（1996）．学習の心理学　培風館

　20世紀前半の行動主義全盛時代の学習心理学（学習理論）の知見だけでなく，そこから発展した20世紀後半の学習心理学の理論が，発展の経緯もわかるように丁寧に解説されています。特に20世紀後半に認知主義の台頭のあおりを受け，見過ごされがちになった重要な問題や理論を精確に学ぶことができます。

トールマン，E. C. 富田 達彦（訳）（1977）．新行動主義心理学——動物と人間における目的的行動——　清水弘文堂

　原著は100年近く前に書かれた専門書ですが，認知主義的な学習理論の萌芽の一つともいえるトールマンの新行動主義（目的的行動主義）学習理論の全体像を，理論の根拠となる豊富な実験結果と合わせて学ぶことができます。実証的・論理的で挑戦的な理論展開を味わうことができます。

バンデュラ，A. 原野 広太郎（監訳）（2012）．社会的学習理論——人間理解と教育の基礎——　オンデマンド版　金子書房

　条件づけからモデリング，自己制御（自己調整）学習，動機づけなど，学習に関わる広範な事象を説明する大きな学習理論である社会的学習理論が体系的に詳しくまとめられています。専門性の高い内容ですが，社会的学習理論の全体像をより深く学ぶためにおすすめの一冊です。

第3章 記憶

「どうにかしてもっと効率よく覚えられないかなあ？」「あの人はどうしてあんなに記憶力が良いんだろう……」「あれ？　ここに何を取りに来たんだっけ？」……。記憶にまつわるこうした疑問を，誰もが抱いたことがあるのではないでしょうか。学校の勉強など学習場面ではもちろんのこと，私たちの日常生活は常に「記憶」の機能に頼って生活しています。それだけに，記憶は私たち人間にとって重要な問題であり，魅力的な研究テーマでもあります。心理学の分野では，記憶に関して，これまで膨大な数の研究が行われてきました。ここでは，重要な研究を紹介しつつ，教育や学習について考える際に基礎となる記憶のメカニズムに迫ってみたいと思います。

3.1　記憶とは何か——符号化・貯蔵・検索というプロセス

　まず，心理学において，記憶という現象がどのようにとらえられているかについて説明したいと思います。次のような場面を想像してみてください。あなたは学生です。あるサークルに入り，そこで新しく出会ったメンバーたちと，互いに自己紹介をしました。その翌日，あなたは，メンバーのうちの一人と廊下でばったり会いました。そのときあなたは，その人の名前を，前の日の記憶を思い巡らせながら，一生懸命思い出します。「……そう，彼女の名前は『松本さん』だった！」

　記憶のプロセスは，次の3つの段階からなると考えることができます。1つ目は，上の例でいえば，自己紹介のときの**符号化**（または**記銘**；coding）の段階です。ここであなたは，聴覚的に入ってきたその人の名前と，視覚的に入ってきた彼女の顔の情報を，それぞれ覚えやすい**表象**（実物よりも単純化された記号やシンボルなどの心的イメージ）に変換して取り入れ，名前と顔の2つの

表象を結びつけます。2つ目は，自己紹介をしてから翌日その人と会うまでの間であり，**貯蔵**（または**保持**；storage）の段階です。あなたはこの期間，「松本さん」の名前と顔に対応する表象の情報を貯蔵していました。3つ目は，**検索**（または**想起**；retrieval/recall）の段階です。あなたは，翌日に彼女と再会したとき，貯蔵されている彼女の顔の表象を照合し，顔の情報に基づいて，記憶の貯蔵庫から彼女の名前を探し出しました。

　このように分解して考えることで，記憶に関する問題を理解しやすくなります。たとえば，再会したときに「松本さん」という名前を思い出せないとしたら，符号化の失敗（そもそも名前や顔の情報を適切な形で頭に残すことができていなかった），貯蔵の失敗（一度覚えたが忘れてしまった），検索の失敗（覚えているのに適切な手がかりがなく，今思い出せない）のいずれかの可能性があると考えられます。このうち，どの段階に問題があったのかを特定することによって，解決のための糸口や改善策を見出しやすくなるなど，実用にも役立てやすくなるのです。

3.1.1　記憶の貯蔵庫

　では，私たちの記憶の仕組みとは，どのようなものでしょうか。記憶の仕組みに関する理論として，アトキンソンとシフリン（Atkinson & Shiffrin, 1971）による**二重貯蔵モデル**（multi-store model）がよく知られています（図3.1）。この理論では，情報の保持時間の異なる複数の貯蔵庫からなる次のようなモデルを仮定しています。

　まず，私たちは，無意識的に環境からの情報を大量に取り込み，ごくわずかな時間だけ，その情報を**感覚登録器**（sensory resister）に保持します。たとえば，周囲を見渡すと，その空間にある多くのモノが目に入るでしょう。これは，視覚情報が感覚登録器に入ってきている状態です。ところが，目を瞑ると，視覚情報の多くは消え去ってしまうのではないでしょうか。これは，感覚登録器に取り入れられた視覚情報が，ごくわずかな時間だけ保持された後，消失してしまったことを意味しています。

　次に，感覚登録器に入ってきた大量の情報の中で，私たちが**注意**を向けた情

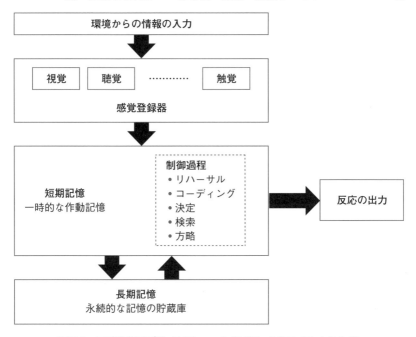

図 3.1　**二重貯蔵モデル**（Atkinson & Shiffrin, 1971 をもとに作成）

報だけが，**短期記憶**（short-term memory）の貯蔵庫に入ります。短期記憶は，情報を数秒から十数秒ほど，一時的に保持するシステムです。たとえば，私たちは，板書内容をノートに書き写したり，話を聞きながらメモをとったりするとき，数秒から十数秒の間，頭の中で情報を保持しています。しかし，書きとる前に，他のことに注意が向いたり別の作業が発生したりして一定時間が経過すると，一時的に頭の中に留めていた情報は消えてしまいます。ミラー（Miller, 1956）によれば，短期記憶に一時的に貯蔵できる情報の容量は7±2チャンク（5〜9項目）です。チャンクとは情報のまとまりの単位であり，その個人にとっての，ひとかたまりになった情報です。たとえば，「EHONKAMERAENPITSU」をランダムなアルファベットの羅列としてみなした場合，17チャンクの情報になり，一時的にすべてを保持することは難しいでしょう。しかし，これを「EHON（絵本）」「KAMERA（カメラ）」「ENPITSU（鉛筆）」というように，意味をもつまとまり3つを並べたものとしてみなせば，情報量は

3チャンクとなり，一時的に保持することは容易になります。

　短期記憶の情報を保持し続けたり**長期記憶**（long-term memory）へと送ったりするためには，リハーサル（rehearsal）が必要です。リハーサルとは，情報を反復することであり，単純に繰り返すだけの**維持リハーサル**（maintenance rehearsal）と，その情報をすでに知っている他の記憶と結びつける**精緻化リハーサル**（elaborative rehearsal）とがあります。リハーサルによって，いったん長期記憶へと転送された情報は，半永久的に保持されると考えられています。

　長期記憶に貯蔵されている記憶を呼び起こすためには，検索のための**手がかり**（cue）が必要です。たとえば，思い出そうとする内容と結びついている言葉や感覚的な刺激（たとえば，風景，音，匂い，触感など）が意識上（短期記憶）に置かれることで，対象となる知識が活性化され想起されると考えられています。

3.1.2　系列位置効果

　短期記憶と長期記憶がそれぞれ存在することの根拠となる現象として，**系列位置効果**（serial position curve）が知られています。系列位置効果の実験では，参加者は，たとえば，「いぬ」「めがね」「りんご」「かがみ」「とけい」……というように15〜20個程度の単語を一定の速度で順番に提示された後（直後）に，それらの単語を，提示順序に関係なく思い出せるだけ思い出すという**自由再生法**（free recall）によって記憶テストを行います。その結果，単語リストのうち，系列位置（提示される順番）の最初のほうにあった単語と最後のほうにあった単語の再生率が真ん中の単語よりも高くなります（系列位置曲線；図3.2）。これらはそれぞれ，**初頭効果**と**新近性効果**とよばれています。しかし，リストを最後まで提示した後に，10〜30秒程度の遅延時間（この間，実験参加者には，簡単な計算作業などが課されます）を設けて，その後に自由再生を求めると，リストの終末部の再生率は低下し，新近性効果が消失してしまいます。

　この実験の結果は，二重貯蔵モデルに基づいて，次のように解釈することが

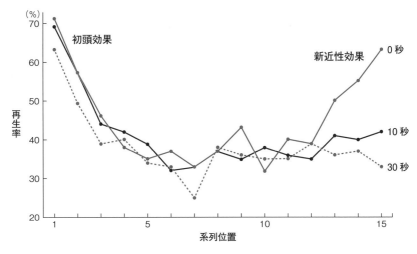

図3.2　**系列位置曲線**（Glanzer & Cunitz, 1966）

できます。まず，初頭効果については，最初のほうに提示された単語が，リハーサルされやすく長期記憶の貯蔵庫へと転送されたために生じたと考えられます。一方，新近性効果がみられる理由は，直後の自由再生時に，提示されて間もない単語が，まだ短期記憶の貯蔵庫に保持されているためと考えられます。それゆえに，10〜30秒の遅延時間を置いて自由再生を行う場合には，この間に短期記憶から情報が失われてしまい，新近性効果が消失すると考えることができるのです。系列位置効果はこのように，短期記憶と長期記憶という2つのシステムが存在するからこそみられる現象と考えられているのです。

3.1.3　短期記憶とワーキングメモリ

　私たちは，日常生活の中でしばしば，一時的に頭の中でいくつかの情報を保持しながら操作する，ということを行っています。たとえば，いくつかのメニューを思い浮かべてその中から食べたいものを決定したり，買い物をしながら商品の合計金額をおおよそ暗算したりするとき，私たちは外界からの情報や長期記憶から想起された情報を，一時的に心的な作業スペース（いわゆる，意識上）に置き，表象（心的イメージ）を動かしたり変形したりといった操作をし

ています。先ほど，短期記憶は情報を数秒から十数秒ほど一時的に保持する貯蔵庫と説明しましたが，近年では，それは単なる貯蔵庫というよりも，心的な作業空間として機能する重要なシステムとみなされることが増えてきました。このような意味合いで，短期記憶はワーキングメモリ（作動記憶；working memory）とよばれています。

3.1.4　ワーキングメモリのモデル

　ここで，一時的に頭の中で複数の課題を行うときのメカニズムを理解するために，簡単な課題をやってみましょう。メモや印をつけたりせずに，図中のドットがいくつあるか数を数えてみてください（図3.3）。単純な課題ですが，これを行うためには，少なくとも，どこまで数えたかを視空間の配置の中で覚えておくこと（視覚・空間的な課題）と，（心の中で声を出して「いち，に，さん，し……」と数えながら）ドットが何個目のものかを言語的な音韻として覚えておくこと（言語・音韻的な課題）の両方が必要です。

　このようなときに，ワーキングメモリがどのように働くかを説明する理論として，バッデリー（Baddeley, 1986）の提唱したモデルが知られています（図3.4）。このモデルでは，ワーキングメモリは，情報処理の中心的役割を担う**中央実行系**（central executive）と，少なくとも次の2つ以上のサブシステムか

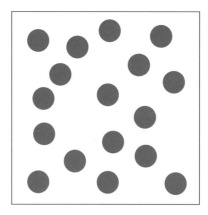

図3.3　ドットの数を数えてみよう

図3.4　**ワーキングメモリのモデル**（Baddeley, 1986）

ら構成されると仮定されています。サブシステムの一つは，**視・空間スケッチパッド**（visual-spatial sketchpad）であり，視覚的・空間的なイメージを操作したり保存したりする（例：思い浮かべた図形を変形させる）システムです。もう一つは，**音韻ループ**（phonological loop）であり，言語的な音韻や音声情報を操作したり保存したりするシステムです。各サブシステムにはそれぞれに容量の限界があります。たとえば，「ABCDEFG……」と声に出して言いながら，心の中で「いち，に，さん，し……」と数を数えるという課題を行うのは，音韻ループシステムを重複して使うことになるため，困難です。これらのサブシステムは同時に稼働できますが，私たちが心的な作業に割くことができる**認知資源**（cognitive resource；**処理資源**ともいわれます）は限りがあります。これはパソコンのメモリをイメージしてもらうとわかりやすいかもしれません。大きな処理容量を必要とするソフトを使ったり，複数のソフトを立ち上げると，動きがスムーズでなくなるのと同様に，「ドットを数える」課題もドットが増えるほど困難になりますし，たとえば●▲■の3種類が混在しそれぞれの個数を数えていくといった複雑なものになれば，もうお手上げかもしれません。日常生活でも，料理や運転やその他諸々の場面で，複数の課題を同時並行的に行うことは多く，その際，どの課題にどれだけの認知資源を割くかが適切にコントロールされることが必要です。この重要な役割を担うのが中央実行系です。

3.1.5　ワーキングメモリの個人差

　さて，このワーキングメモリには，さまざまな要因による個人差があります。その主要な要因の一つは年齢です。一般的に，ワーキングメモリの容量は，児

童期から青年期にかけて増大し，青年期に成人のレベルに到達することがわか
っています。

　ワーキングメモリを測定するために，いろいろな方法が用いられていますが，
たとえば，次のような課題はその一つです。下の数字を見た後，それを隠して，
逆の順番で（最後から）数字を思い出してください。

6　　1　　7　　4　　8

　いかがでしょうか。たった5つの数字ですが，そう簡単ではなかったのでは
ないでしょうか。こうした数列を提示し，どの長さの数列まで心的に操作して
間違えずに答えられるかを試していったとき，だいたい50％の割合で思い出
せる数列の長さを記憶スパンといいます。このような逆行の数列の記憶スパン
は，言語的な課題だけでなく，数列を並べ変えるという視空間的な心的作業を
含み，中央実行系の働きにも依存するため，ワーキングメモリの指標とされて
います。成人の場合，逆行の数列の記憶スパンは，4〜5です。

　ワーキングメモリの容量は一般的に，5〜11歳まで著しく増大し，その後も
成人と同じレベルに達する15歳まで，徐々に増えていきます。ただし，同年
齢の子どもであっても，実際のところ大きな個人差があります。たとえば，7
歳児の通常クラスの中にも，ワーキングメモリ・テストの成績は，一般的な4
歳児レベルに相当する人から10歳児レベルに相当する人まで，個人差の広が
りがあることがわかっています。

3.1.6　ワーキングメモリと学業成績

　ワーキングメモリの容量が子どもの学業成績を正確に予測するということが，
これまでに行われてきた多くの研究の結果としてわかってきています。ワーキ
ングメモリ容量が少ない子どもが学習上の困難を抱えるのは，学習状況が求め
るワーキングメモリの負荷によって処理能力を超えるために，十分な理解がで
きないままになったり，並列的な課題のいずれかを忘れてしまったり，課題を
やり遂げる前に投げ出してしまったりするためです。

　その根拠となるような研究は豊富にありますが，文章理解の観点から解明を

試みた研究は特に数多くあります。たとえば，三宅ら（Miyake et al., 1994）は，次のようなことを明らかにしています。私たちが文章を読むとき，しばしば，多義語（同音異義語）に遭遇します。このとき，ワーキングメモリ容量の大きい人は，多義語（例：「ボクシング選手」とも「ボクサー犬」とも受け取れる「boxer」）が文中に含まれたとき（例：「Since Ken really liked the boxer, ...」），複数の意味を心に留めながらその後の文を読み進めることができるので，その後に続く文章で多義語の意味が明確になる時点（例：「......, he took a bus the nearest pet store......」と読み進めると，ペットショップが出てきたところで，「ボクサー犬」であることがわかります）でも，読みのスピードはほとんど落ちません。一方で，容量の小さい人は，複数の意味のうち優位な意味（例：「ボクシング選手」）だけを保持しながら文を読み進めるため，後半の文章を読んだときに保持した意味が異なっていると，一度戻って読み直すことになり，読みのスピードが遅くなってしまうのです。

　こうした知見を踏まえれば，ワーキングメモリへの負荷量を適切にコントロールすることがいかに重要かがわかります。学校現場では，まだまだ一斉授業の形態が主流ですが，個人差を考慮すれば，同じスピードでの説明や演習の遂行は，ついていけない児童・生徒にとって大変苦痛な時間になり，つまずきや学習遅滞の問題につながっていることが予想できます。その意味で，ワーキングメモリ容量という観点を考慮に入れて個々の学びの充実を図る工夫は，学校教育における重要な課題といえるでしょう。

3.1.7　長期記憶の種類

　一口に長期記憶といっても，実は，さまざまな種類の記憶があります。以下では，一般的な記憶の分類について説明します。長期記憶に保持される情報は，一般的に，**宣言的記憶**（declarative/propositional memory）と**手続き的記憶**（procedural memory）に分類できます。宣言的記憶とは，たとえば「日本とイギリスの時差は 8 時間である」とか「私は昨晩，カレーライスを食べた」というような事実についての記憶あり，言葉で宣言したり意識的に説明したりできる情報です。一方，手続き的記憶とは，「自転車の乗り方」や「逆上がりの

コラム 3.1　ワーキングメモリに配慮した学習環境のデザイン　　松尾　剛

　本章で述べられていたように，ワーキングメモリの容量は子どもの学業成績を予測すると考えられています。たとえば，イングランドで 54 人の子どもを対象に行われた調査では，4 歳の時点で測定されたワーキングメモリの得点が，7 歳の時点での英語の学力（読解，作文，語の綴りなどのテストによって測定）を予測することが示されています（Gathercole et al., 2003）。また，ワーキングメモリは特別支援教育領域における子どもの学習支援を考えるための視点としても重要です。湯澤ら（2019）が 372 人の児童生徒（平均年齢 10 歳 8 カ月）を対象に行った調査から，学習障害（LD）に該当する困難を抱えた児童の言語性ワーキングメモリ得点が平均よりも有意に低く，自閉スペクトラム症（ASD）に該当する困難を抱えた児童では言語性ワーキングメモリ，視空間ワーキングメモリの得点が平均よりも有意に低いことなどが示されています。

　このように学業成績と強い関連をもつワーキングメモリは，学習環境をデザインする上で非常に有益な多くの示唆を与えてくれます。湯澤（2019）は，ワーキングメモリに弱さがある児童生徒に対する支援方略を 4 つの側面から整理しています。第 1 に「情報の整理」です。この支援には，情報の構造を簡潔に提示することや，情報を聴覚的側面，視覚的側面などの多様な形態で示すといった関わりが含まれます。第 2 に「情報の最適化」です。課題を細かいステップに区切ることや，指示を短くするといった情報量の調整が含まれます。その他にも，複数の情報を統合することや，課題遂行のための時間の調整なども含まれます。第 3 に「記憶のサポート」です。本章でも，処理水準モデルや情報の体制化の部分で述べられていたように，効果的に記憶するための方略を積極的に使うように促すことも，記憶のサポートに含まれる重要な支援です。また，授業の冒頭で前回の授業内容を振り返ることで，長期記憶にある重要な情報を検索し，新しく学ぶ内容との関連づけを促すことなども含まれます。その他にも IT 機器などの道具を活用することで，個人の認知的負荷を低減させることなども，記憶のサポートの側面における重要な関わりといえるで

しょう。最後に「注意のコントロール」です。複数の認知的な処理に認知資源を適切に配分することもワーキングメモリの重要な役割ですが，このようなことがうまくできないと，必要な情報に注意を向けることなども難しくなります。そのため，子どもに指示を出す際には，子どもがきちんと自分に注意を向けていることを確認した上で行うことや，必要な教材以外は机の中に片づけさせておくこと，課題に注意を向けるようにこまめに声掛けをすることなどの支援が重要となります。

　4〜15歳の児童・生徒を対象とした調査では，ワーキングメモリを測定するさまざまな指標の得点が，年齢とともに上昇していくことも示されています（Gathercole et al., 2014）。特に，学習に困難を抱える児童・生徒や幼い子どもたちと関わる際には，本章で学んだワーキングメモリの考え方に配慮しながら学習環境をデザインしていくことで，多くの参加者にとって学びやすい環境づくりが可能になると考えられます。

仕方」など，私たちが行動するときの手順についての情報であり，言葉だけで表現するのが難しい場合が多々あります。両者を対比するとすれば，宣言的記憶は「わかる」ための知識，手続き的記憶は「できる」ための知識です。

　宣言的記憶はさらに，**意味記憶**（semantic memory）と**エピソード記憶**（episodic memory）に分けることができます。意味記憶とは，辞書や百科事典に載っている，いわゆる私たちが「知識」とよぶような情報です。一方，エピソード記憶は，私たちの個人的な経験に関する情報であり，基本的に時間的・空間的文脈を伴う出来事についての記憶です。たとえば，みなさんは「リンゴ」に関して，「リンゴは赤い」とか「リンゴは果物の一つだ」といった具合に，「リンゴ」がどのようなものかについての一般的な情報（知識）をもっていると思います。これは意味記憶です。しかし，みなさんが「長野に行ったときに食べたリンゴが美味しかった」という個人的な過去経験をもっているとすれば，それはエピソード記憶ということになります。

3.1.8 活性化拡散モデル

　では，長期記憶はどのような形で貯蔵されているのでしょうか。この問いに挑んだコリンズとロフタス（Collins & Loftus, 1975）は，意味記憶に関する多くの実験結果に基づいて，活性化拡散モデルを提唱しました（図3.5）。このモデルは，脳の神経伝達メカニズムを模したもので，私たちが獲得した概念が脳内で学習経験に基づくネットワーク構造として保存されていることを想定しています。具体的には，次の法則をもって機能すると考えられています。

①1つの概念がそれぞれ1つのノードで表される（たとえば，「乗り物」「赤」などは「ノード」とよばれます）。

②意味的に関連のある概念ノード同士がリンクで結びつけられ，意味的関連性に基づくネットワーク構造を成している。

③ノード同士の結びつきは，その2つの概念の間の意味的関連が強いほど密接になる。

④ある概念が活性化することは，心的現象としては，その概念が私たちの意識

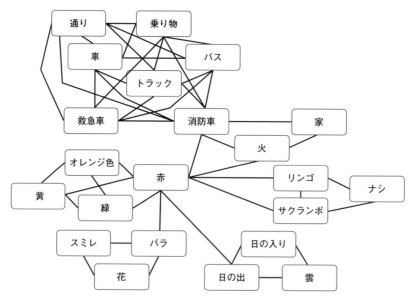

図3.5　活性化拡散モデルに基づく意味的ネットワーク（Collins & Loftus, 1975）

上に上ることを意味する。

⑤活性化はリンクを通じて，ノードからリンクされている別のノードに拡散していく。

⑥活性化によってあるノードが意識に上ってくるためには，活性化の度合いが一定の水準（閾値）を超える必要がある。

⑦複数のリンクを通して伝わってくる活性化は加算される。

　このモデルに従えば，たとえば，「赤」と聞くと，「赤」と意味的に関連する「リンゴ」や「バラ」のノードも活性化され（想起され）ます。そして，それらとリンクでつながっている「サクランボ」「洋ナシ」や「花」といったノードも活性化しやすい（想起されやすい）状態になる，と考えることができます。このことは，私たちが普段，何かを連想するときのことを思い起こしてみると，体験的にも理解しやすいのではないでしょうか。

3.1.9　プライミング効果

　活性化拡散モデルの根拠の一つとなっているのが，プライミングの実験です。プライミング効果（priming effect）とは，先行刺激（プライムとよばれる）の処理が後続刺激（ターゲットとよばれる）の処理に影響を及ぼす現象のことです。たとえば，メイヤーとシュヴァネヴェルト（Meyer & Schvaneveldt, 1971）の実験では，実験参加者に，意味的に関連のあるプライムとターゲットの組合せ（例：パン→バター）と無関連のプライムとターゲットの組合せ（例：看護師→バター）を準備し，プライムの後に提示されるターゲットが意味のある単語かどうかの判断を求める課題（ターゲットは「バター」のように意味のある単語が提示される場合と「タバー」のような意味のない単語が提示される場合とがあり，単語かどうかの判断を求められます）を行いました。すると，意味的に関連のある刺激の組合せを用いた場合のほうが，意味的に無関連の刺激を用いた場合よりも，判断に必要な反応時間が短くなることがわかりました。この結果は，プライムによって，「パン」のノードが活性化し，関連する「バター」のノードに活性拡散が広がっていたために，「バター」が提示されたときに認識する速度が高まった（反応時間が短くなった）と解釈できる

のです。

　活性化拡散モデルやプライミングの実験結果は，私たちの長期記憶（知識）
が，個々の情報がバラバラに貯蔵されているのではなく，その個人の学習経験
に基づきながら，互いに意味的に関連のあるもの同士がつながり合っているこ
とを示しています。実際，私たちが何かを学習するときに，新しい言葉や概念
を個別に暗記したとしても，それは日常生活で活用できる知識とはなりにくい
でしょう。それを活用・応用可能な知恵に昇華させるには，その他のいろいろ
な知識と結びついていることが大切です。教師が子どもたちに何かを教える際，
導入としてしばしば，身近な生活体験をイメージさせますが，これは，意味的
に関連づけられるような情報のネットワークをいったん活性化させ，そのネッ
トワークに新しい概念を結びつくよう促していると考えることができるのです。

3.2　忘却と検索

　私たちがいったん情報を長期記憶へと送り込んだとしても，時間が経つと忘
れ去られたり，覚えていても，必要なときにうまく思い出せなかったりするこ
とがあります。このような忘れるという現象は，いったいどのようにして起こ
るのでしょうか。

　忘却が起こる原因については，いろいろな説が提案されています。まず，一
度覚えたことでも，使われないまま時間が経つと，頭の中の記憶の痕跡がだん
だんと薄れ消えてしまうという考え方があります。これを，**自然崩壊説**（decay
theory）といいます。2つ目に，他のことを覚えることによって忘却が起こる
という考え方があり，これは**干渉説**（interference theory）とよばれています。
干渉には2つのパターンがあります。逆行干渉は，後に経験・学習した事柄の
記憶によって，前に経験した事柄の記憶が干渉を受けることであり，順行干渉
はその反対です。たくさんのことを覚えようとしたときに混乱したり覚えにく
かったりするのは，こうした干渉による忘却が起こっているからだと考えられ
ています。3つ目に，**検索失敗説**（retrieval failure theory）があります。その
情報が頭の中から完全に消え去っているわけではなく，適切な手がかりが与え

られないために，思い出すことができないという考え方です。4つ目として，人間は不快なことが意識に上がらないように，意識下に押し込めてしまうという説もあり，これは**抑圧説**（repression theory）とよばれています。このように，忘却の原因に関する多様な考え方がありますが，これらはどれが正しくてどれが間違っているという二項対立的なものではありません。いずれも忘却の現象の一側面あるいは一部分を説明しています。たとえば，抑圧は特殊な形の検索の失敗ととらえることもできます。より統合的な説明のためには，脳科学や生理学の知見も踏まえた，さらなる研究が必要です。

3.2.1 エビングハウスの忘却曲線

忘却の現象について調べた初期の研究として，もっとも有名なものの一つは**エビングハウスの忘却曲線**（forgetting curve）（図3.6）です。エビングハウス（Ebbinghaus, 1885）は，自分自身を被験者として実験を行い，人がどのように忘れていくのかという忘却の現象を明らかにしました。この実験では，文字をランダムに組み合わせた無意味綴り（意味をもたない文字の組合せ；たとえば，CZX，NWP，QSE など）のリストを完全に暗唱できるまで記憶し，その後，さまざまな時間間隔を空けてテストをしながら，時間の経過とともにどのくらい忘れられていくのかを調べました。その結果，保持率（節約率）は，

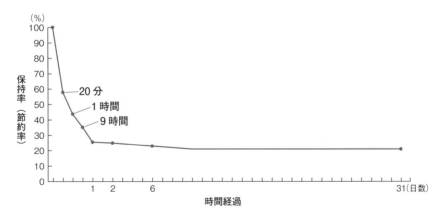

図 3.6　**エビングハウスの忘却曲線**（Ebbinghaus, 1885）

20分後には58%，1時間後には44%，1日後には26%，1カ月後には21%でした。つまり，私たちの忘却は学習後1日で急速に進み，その後は緩やかに進んでいくのです。

3.2.2　忘却と記憶の変容

　イギリスの心理学者バートレット（Bartlett, 1932）は，無意味綴りを用いた忘却の実験は，私たちの日常生活の中で起こる忘却の現象を反映していないと考えました。日常生活で私たちが覚えようとするのは，基本的に意味のある情報であり，無意味綴りのようなものとは大きく異なります。そこで，彼は，物語や絵画など，有意味な記銘材料を用いて忘却の様相を明らかにしようとしました。

　「幽霊たちの戦争」という物語（図3.7）を用いた実験では，実験参加者は物語を記憶させた後，一定の保持期間を置きながら，覚えている物語を繰返し報告させるという，**反復再生法**（serial reproduction）が用いられました。その結果，物語の再生量は時間が経過するほど，減少していくことが明らかになりました。ただし，より興味深いのは，物語の再生内容の質的な変化であり，変化のパターンにはいくつかの法則性があることがわかりました。たとえば，物語の細部やなじみの薄い事柄が省略されたり変わったりする，つじつまの合わない事柄は情報を加えて合理的な説明がなされたり順序が入れ替わったりする，というようなパターンです。バートレットは，これを**スキーマ**（schema）の働きによるものだと考えました。

　スキーマとは，自分の過去経験をもとにして構造化された認知的枠組みのことです。たとえば，私たちは，何度も繰り返される経験に基づいて，「部屋番号の最初の数字は階層を表す」という知識や，「最後に正義が勝つ」といった典型的な物語の枠組みを形成しています。そして，このようなスキーマをもっていることによって，たとえば，「305号室なら3階にあるだろう」と予想したり，多くの情報が盛り込まれた映画のストーリーでも整理して理解することができたりします。スキーマを介することで，複雑な情報処理を省略し，認知的な負荷を軽減できるため，これは人にとって適応的な機能と考えられますが，

　ある夜のこと，エグラックから来た2人の若者が，アザラシ狩りのために河をくだって
きた。そこにいるとき，霧も立ちこめ静かになってきた。すると，トキの声が聞こえ
てきたので，「軍団だろう」と考えた。かれらは岸辺に逃げ丸太のかげに隠れた。すると，
カヌーがやってきて，カイをこぐあわただしい音が聞こえてきた。一艘のカヌーが，か
れらのところにやってくるのが見えた。そのカヌーには5人の男が乗っていて，次のよ
うに言った。
　「何を考えているんだい。われわれは君たちをつれて行きたいんだ。われわれは，あい
つと戦うために河をのぼっているんだ」
　「矢は持っていないよ」と1人の若者が言った。
　「矢はカヌーの中にあるさ」と彼らは言った。
　「おれは一緒に行かない。殺されるかもしれない。おれの身内の者たちは，おれがどこ
にいるのか，わかりゃしないしね。だが君は」と，他の男に向かって彼は言った。「かれ
らと一緒に行っていい」
　こうして，若者の1人は行ったが，他の1人は家に帰った。
　そこで，戦士たちは河をさかのぼり，カラマの対岸の町に向かった。そうして，かれ
らは戦い始め，多くの者が殺された。しかし，ほどなく若者は，戦士の1人が次のよう
に言うのを聞いた。
　「急いで，家に帰ろう。あのインディアンは撃たれた」そこで彼は考えた。「あっ，か
れらは幽霊なのだ」かれは痛みを感じなかったけれども，他の戦士たちは，かれらが撃
たれていると言った。
　こうして，カヌーはエグラックに戻ってきて，この若者は岸にあがって家に行き，火
を起こした。そしてかれはみんなに話して聞かせて言った。「いいかい，おれは幽霊につ
いて，戦いに行ったんだ。仲間も大勢殺され，おれたちを襲った者も大勢殺された。か
れらは，おれが撃たれていると言ったが，おれは痛みを感じなかったんだ」
　かれは，すべてを話し終えると，静かになった。太陽が昇ったとき，彼は倒れた。何
か黒いものが口から出てきた。顔はひきつっていた，人々は跳びあがって叫んだ。
　かれは死んでいた。

図 3.7　「幽霊たちの戦争」(Bartlett, 1932 ; 山内訳, 2001)

バートレットの研究でみられたような，記憶の歪みを作り出すこともあります。
つまり，私たちは，主観的には過去の記憶を忠実に思い出しているように感じ
ていたとしても，実は自分がもっているスキーマに合わせて情報を取り込んで
いたり，思い出すときにスキーマに合うように情報を書き換えたりしているこ
とがあるのです。

3.2.3　検索と符号化

　さて，検索失敗説を含めて，長期記憶に一度転送されたものは，半永久的に
保持されるという考え方に基づけば，私たちは，膨大な記憶を蓄えることが可

能です。しかし，いくら知識をたくさん蓄えたとしても，必要なときにそれを
思い出すことができなければ意味がありません。私たちにとって検索は間違い
なく重要なプロセスですが，どうしたら必要な情報をうまく思い出すことがで
きるのでしょうか。3.1.1項で二重貯蔵モデルについて紹介した際に，検索の
ためには「手がかり」が必要と説明しましたが，より厳密にいえば，符号化の
最中に行われる操作や，符号化時と検索時の相互作用が，思い出せるかどうか
を左右する重要なカギになると考えられます。次項以降では，検索と符号化に
関する現象や研究を紹介します。

3.2.4 処理水準モデル

クレイクとロックハート（Craik & Lockhart, 1972）は，処理水準（levels of
processing）という概念を提案しました。この理論では，人の情報処理には，
形態的処理のような浅い水準の処理から，音韻的処理を経て，意味的処理のよ
うな深い水準の処理に至るまでの水準があり，処理水準が深くなるほど，記憶
痕跡が強固になり忘却も生じにくくなる，と考えます。

その根拠となっている実験の一つを紹介します。実験参加者はまず，たとえ
ば，表3.1のような質問のリスト（実際にはもっと多い）に「はい」「いいえ」
で答えていく課題を行います。これは3つの水準で単語を処理させるための課
題であり，リストには3つのパターンの質問があります。1つ目のパターンは
「次の単語は小文字かどうか」を尋ねる質問で，その単語に関する形態的な処
理をさせるための質問であり，表面上で（見ただけで）判断できます。2つ目

表3.1 **処理水準の実験で用いられたリストの例**（Craik & Lockhart, 1972）

		はい	いいえ
次の単語は小文字ですか	prince	☐	☐
次の単語は dog と同じ韻ですか	FOG	☐	☐
次の単語は動物の名前ですか	tiger	☐	☐
次の単語は大文字ですか	lamp	☐	☐
次の単語は pin と同じ韻ですか	style	☐	☐
次の単語は果物の名前ですか	BOTTLE	☐	☐

のパターンは，「単語が同じ韻を踏むかどうか」を尋ねる質問で，音韻的な処理をさせるための質問です。この場合，頭の中で発音してみることが必要になります。3つ目のパターンは，「単語が意味的に同じか」を尋ねる質問で，参加者は，単語の意味を処理しなければ判断ができないものです。この課題の後，再認テスト（その単語がリストにあったかどうかを尋ねる）を行うと，処理水準が深いほど（意味的処理→音韻的処理→形態的処理の順で），成績が良いことがわかりました。つまり，単純な形態的な処理や音韻的な処理と比べて，意味について吟味するような処理は，記憶をより強固にするということです。何かを学習するときに，あまり考えずにノートを写したり，暗唱して機械的に覚えこむよりも，その概念の意味について考えたり知っていることと関連づけたりすると，後で思い出しやすくなるということは，経験的にも理解しやすいのではないでしょうか。

3.2.5 情報の体制化

私たちが符号化するときに，覚える材料を体制化することによって，検索は容易になることがわかっています。**体制化**（organization）するとは，概念や形状の類似性などによって，カテゴリーやまとまりに整理することです。たとえば，「イタチ」「ピアノ」「消しゴム」「鉛筆」「キリン」「ギター」「ノート」「コアラ」「定規」という単語を覚えなければならないとしましょう。このとき，この順で一つひとつを符号化する（覚える）よりも，「動物」「楽器」「文具」という3つのカテゴリーを見出してカテゴリーごとに整理して符号化したほうが，より検索がしやすくなります。体制化することによって，私たちは，思い出そうとするときに，「楽器がもう一つあったはずだけど何だったかな」というように，自問しながら考えることができるからです。このように，名前や単語をたくさん覚えるときには，それらの情報を分類して符号化し，分類ごとに情報を検索すると，再生は一層容易になると考えられます。

3.2.6 文脈の影響

私たちは，ある事実やエピソードを符号化したときと同じ文脈（状況）に置

かれていることで，それを検索するのが容易になることがわかっています。た
とえば，ゴドンとバッデリー（Godden & Baddeley, 1975）は，スキューバ・
ダイビング・クラブの学生を実験参加者とした実験を行いました。この実験で，
参加者は水中条件（水中で単語リストを記銘する）と陸上条件（陸上で単語リ
ストを記銘する）とに分かれた上で単語を覚えた後，両方の環境的文脈の下で
再生テストを行いました。その結果，記銘時と再生時の環境的文脈が一致して
いる条件のほうが一致していない条件よりも再生成績が良いことが明らかにな
りました。つまり，水中で覚えた場合は水中で思い出しやすく，陸上で覚えた
場合は陸上で思い出しやすかったわけです。

　日常生活の中では思い出しにくい昔の友達の名前を，一緒に過ごした場所を
通ったら思い出した，というようなことはないでしょうか。これを逆手にとっ
て考えれば，何かを覚えるときには，できるだけ実際のテストやパフォーマン
スに臨む環境と類似した状況で覚えたほうが，活用できる知識になるというこ
とです。

　こうした「文脈」の効果は，私たちが日々抱く感情によっても作り出される
ことが知られています。楽しい気分，悲しい気分といった感情状態は，ある種
の「文脈」と考えることができます。アイクとメトカルフェ（Eich & Metcalfe,
1989）は，実験によって，たとえば悲しい気分に誘導されたときに記銘したも
のは，悲しい気分のときに思い出されやすくなることを示しました。このこと
は，実験参加者の感情状態（内的状態）が手がかりとなって，検索・想起を促
していると解釈できます。このように，ある事象の記憶についての記憶を検索
（想起）しようとした際，その記憶が最初に形成されたときと同じ感情の状態
であるとその記憶を思い出しやすくなることは，**気分状態依存効果**（mood
state dependent effects；または**感情一致効果**）とよばれています。

3.2.7　検索の干渉と不安

　ところで，感情の一致・不一致とは関係なく，否定的な感情が検索を妨げる
場合もあることが知られています。たとえば，次のような場面を想像してみて
ください。あなたは英語（外国語）のリスニング試験を受けます。これは進路

に関わる重要な試験です。緊張しているせいか，いつもは聞きとれるはずの最初のほうの問題がほとんどわからないまま，時間が過ぎていきます。「どうしよう……もしこれで点がとれなければ……」。次の設問に入っても，ネガティブな考えが頭をよぎります。「まずい，簡単なはずの問題を落としてしまった！」そんな思考が巡り，パニック状態です。2つ目の設問はそれほど難しくないにもかかわらず，最初の問題が解けなかったことが気になって，問題にも集中できません。そんなこんなで，その後もうまくいかなかったことを引きずってしまい，結局，この日の試験はボロボロでした。

　ここでは記憶に何が起きているのでしょうか。まず，最初の問題に答えられないことが不安を生み出しました。不安は，「志望している進路をあきらめさせられるかもしれない」とか「みんな，私のことを頭の悪いやつだと思うだろう」といった無関係な考えを呼び起こします。こうした考えが意識（ワーキングメモリ）にいっぱいになることで，問題に関係する情報の検索が阻害された，と考えられるのです。

3.2.8　記憶の再構成

　ここまで読んできた読者のみなさんは，記憶は，目の前で起こっている客観的事実があたかもビデオのように記録され，忠実に維持され，それを再生するように思い出されるもの，というようにイメージしたかもしれません。しかし，実際，記憶はビデオとは異なり，**構成的過程**（constructive process）によって形成され，かつ**再構成的過程**（reconstructive process）として思い出されるものと考えられています。構成的過程は，何らかの事象が外部情報として感覚登録器に入力され，知覚が生じて記憶が長期記憶として確立されるまでの間のプロセスを指します。このプロセスでは，私たちは，入力される五感からの情報をボトムアップ的に処理するだけでなく，認知的枠組みや予期などの影響を受け，トップダウン的にも処理しています。たとえば，同じテレビを見ていても，その個人の興味・関心や，そのときに活性化された認知的枠組みなどによって，何が知覚されるかは異なり，結果として，形成される記憶も異なります。つまり，個人の内部状況とも相互作用しながら，その場・その状況において立ち現

れてくる一連の表象が，記憶として成立していくのです。再構成的過程は，いったん何らかの記憶が形成された後の想起のプロセスを指します。ここでは，過去に構成的過程として成立した表象に大いに依存しながらも，思い出す際の手がかりや個人の内部状況との相互作用の中で，記憶が再構成されていると考えられます。3.2.2 項でもみたように，自分が推論した情報などが加えられ，再構成を繰り返しながら，記憶が変容していくことも少なくないのです。

3.3　その他のさまざまな記憶

　先に，一般的な長期記憶の分類を示しましたが，より近年では，その他にもさまざまな観点での分類や概念化が行われてきています。以下では，そのいくつかを紹介しておきたいと思います。

3.3.1　潜在記憶と顕在記憶

　私たちの記憶の中には，その記憶の保持や想起についての意識を伴わないにもかかわらず，自分自身の認知や行動に影響を与えているものがあります。このような記憶を**潜在記憶**（implicit memory）とよび，これに対して，想起の意識を伴う記憶を**顕在記憶**（explicit memory）とよびます。たとえば，「しん○○」という手がかり刺激を提示し，○○に何らかの文字を入れて，意味のある単語を完成させる課題（単語完成課題）というものがあります。答えは「しんゆう」でも「しんよう」でも意味のある単語になればよいのですが，あらかじめ「しんぶん」という文字を提示されていた（実験では，他の単語や文章に混ぜて，さりげなく提示しておきます）実験参加者は，「しんぶん」と回答する確率が高くなります。つまり，「しんぶん」という情報が入力されたという意識は伴わなくても，記憶システムに入ってきた情報を潜在的に保持しており，想起しやすい状態になっていた，と考えられるのです。

3.3.2　自伝的記憶

　長期記憶の中でも，自分の人生を振り返って想起する個人的経験の記憶は自

伝的記憶（autobiographical memory）とよばれています。たとえば，「私は昔から，勉強でも運動でも姉にかなわなかった。両親にほめられる姉をいつもうらやましく思っていた。だから，小学5年生のとき，絵画のコンクールで賞をとって家族みんなに『すごい』と言ってもらったときは本当にうれしくて，自信を取り戻したような気持ちになったし，それからますます絵を描くのが好きになった。」といった語りは自伝的記憶の一つです。自伝的記憶は，エピソード記憶を含みますが，単なるエピソードというよりは，「自分とは何者か」に関する情報と密接に関わるものであり，自己やアイデンティティ（自分とは何者か）の構成要素になり得る記憶です。

　自伝的記憶は，過去の出来事の正確な再現ではなく，思い出された段階で再構成された部分が大きいと考えられています。マーシュとトヴァスキー（Marsh & Tversky, 2004）は，大学生を対象に，日常生活の中で自伝的出来事がどのように語られるのかを調査しました。その結果，調査期間内（4週間）に繰返し語られた出来事のうちの49%が，状況に応じて内容が変化していたことがわかっています。

　自伝的記憶は，私たちが「自己」をどのように見るかについて重要な影響を及ぼします。たとえば，過去の「嫌な記憶」も，その意味づけや自己との関連づけを変えて再構成することで，「自己成長の糧となった記憶」へと変容することがあります。自伝的記憶は，このように，過去についての研究でありながら，現在の自分に大きな影響を与え続けるという点で，非常に興味深い記憶の一つといえるでしょう。

3.3.3 フラッシュバルブ記憶とトラウマ記憶

　衝撃的な事件を目撃したり，自分が事故に遭ったりした場合の記憶は，特殊な形態で保持されているのではないかと考えられています。このような記憶は，フラッシュバルブ記憶（flashbulb memory）やトラウマ記憶（traumatic memory）として知られています。このような衝撃的な記憶は，まるで写真（スナップショット）のように，詳細な部分に至るまで鮮明に長期間忘却されずに保持されていることが報告されています。特に，個人的に大きな衝撃を伴う記憶

は，場合によっては，PTSD（Post Traumatic Stress Disorder；心的外傷後ス
トレス障害）を引き起こし，フラッシュバックのような形で記憶が想起される
ことがあります。これは，起こったことの記憶が断片化された状態で，他の記
憶との間で関係づけがなされないまま保持されていて，何らかの手がかり刺激
によって，自分の意図とは関係なく活性化されてしまい，その制御が難しくな
るためと考えられています。

3.3.4 展望的記憶

　私たちは日常生活の中で，過去の出来事の記憶だけでなく，未来の出来事に
ついて展望し，それに備えることがあります。たとえば，「2週間後の締切ま
でに課題を提出する」「明日が誕生日の友人へ明日中にメールを送る」といっ
たとき，私たちは，将来行うべきことを覚えておきます。このように，将来の
特定の時点（まで）に実行すべき行為や活動の記憶を**展望的記憶**（prospective
memory）といいます。記憶というと過去の出来事の記憶をイメージしがちで
すが，実は，私たちの日常生活は，展望的記憶に支えられた行為や行動であふ
れていることがわかります。

　展望的記憶の研究では，「し忘れ」の原因やそれを防ぐ方法などが盛んに研
究されてきています。たとえば，小林・丸野（1992）は，2週間後の講義に持
ってくる物を4点（前期の資料，当日資料，三角定規，方眼紙）指示し，実際
に忘れずにそれらを持ってきたかがどのような要因によって規定されているか
を調べました。その結果，4つの物すべてに共通して，重要性の認知（それを
持ってくることをどの程度重要と考えたか）が影響を与えていました。ただし，
持ってくる物の種類によって，影響を与える要因に違いがあることもわかりま
した。たとえば，前期の資料の場合，重要性の認知に加えて，会話（2週間の
間に前期の資料について誰かとどの程度話したか）が多かった実験参加者のほ
うが忘れずに持ってきていました。一方で，当日資料の場合は，会話の頻度は
関係していませんでした。この結果の解釈として，前期の資料の場合，会話を
通じて資料についての情報交換や助け合う機会が生まれるなど，その物を持っ
てくるまでに必要な特定の行為（準備の手間）を促す要因によって「し忘れ」

が防ぎやすくなったためと考えることができます。

　近年では，高齢者の展望的記憶やその機能を促進する要因の解明を含め，展望的記憶の補助ツールの発見・開発につながる応用研究も盛んに進められてきています。

3.4　最 後 に

　本章では，記憶の仕組みに関する基礎的な概念やメカニズムについてみてきました。記憶の仕組みがいかに巧妙に私たちの学習や日常生活を支えているか，記憶とうまく付き合うことがいかに重要かといったことについて，考えを巡らせていただけたのではないでしょうか。なおも記憶の謎は多く残されているものの，ここまでに解明されてきた記憶の性質を理解することで，より効果的な学習や教育のための工夫が可能になると期待できます。そのためには，かつてバートレットが主張したように，自らが生きる日常生活の文脈に沿って，そのメカニズムを検証することが重要です。みなさんも「記憶」とどのように向き合い処理することが，効果的な学習や教育につながるのか，あるいはメンタルヘルスやウェルビーイングを促進するのか，それぞれの現実生活の中で，応用的な記憶研究を行ってみてはいかがでしょうか。

復 習 問 題

1. 長期記憶にはさまざまな種類のものがありました。(1) 意味記憶，(2) エピソード記憶，(3) 手続き的記憶，(4) 潜在的記憶，(5) 自伝的記憶，(6) 展望的記憶のそれぞれについて，①定義（簡潔な説明）と②具体例（自分の体験）を整理し一覧表にしましょう。
2. 本章で紹介した研究や現象に基づきながら，必要なときに思い出しやすく（検索・想起しやすく）するために，あなたが日常生活でできそうな工夫について説明してください。

参 考 図 書

森 敏昭・井上 毅・松井 孝雄 (1995). グラフィック認知心理学　サイエンス社

　記憶やその他の心理学実験を，多くの図表を使いながら具体的に説明する一冊です。

ギャザコール, S. E.・アロウェイ, T. P. 湯澤 正通・湯澤 美紀 (訳) (2009).
**　　ワーキングメモリと学習指導——教師のための実践ガイド——　北大路書房**

　ワーキングメモリの概念や基礎的な研究に基づきながら，教育上の実践的なガイドラインを整理しています。初学者にもわかりやすく書かれています。

服部 雅史・小島 治幸・北神 慎司 (2015). 基礎から学ぶ認知心理学——人間の認
**　　識の不思議——　有斐閣**

　図表や写真をふんだんに取り入れながら，重要な研究や実験を，丁寧に解説しています。心理学的な実験になじみがない人にも理解しやすい一冊です。

第4章

言語獲得

　子どもは 1 歳頃まで意味の通じる言葉を話すことがありません。しかし，1 歳半になると言葉の数が爆発的な勢いで増え始め，2 歳までに 500〜600 語，3 歳までに 1,000 語，5 歳までに 2,000〜2,500 語を獲得し，就学前には文法にも困らないようになっていきます。このような言語獲得はどのようなメカニズムで生じるのでしょうか？　本章では言語獲得のメカニズムを探るために，生まれたばかりの乳児が言葉を話しだすまでのプロセスを中心にみていきます。

4.1　学習理論以降の流れ

　第 1 章でみたように，行動主義の**学習理論**では人の行動を外界の刺激とそれへの連合学習で説明でき，それは言語についても同じであると考えていました。しかし子どもの周囲の環境に存在する言語刺激は断片的で，時に不完全なものだったりします。どの音声が何と結びつくのかを常に説明してもらえるわけではなく，そもそも連続して聞こえるはずの音声のどこを切り出して「単語」を識別すればよいのかも不明なはずです。このような状況下での言語習得は学習理論だけでは説明が難しそうです。

　チョムスキー（Chomsky, A. N.）は人には普遍文法という形で言語能力が生得的に備わっているとし，他の能力とは独立したモジュール構造の存在を仮定する生成言語学を提唱しました。いわばコンピュータ内部のプログラムのように，言語を含む人間の心の働きを，外界とは切り離された情報処理システムとしてとらえようとしたのです。

　しかし，人間の心の働きは私たちの身体という物理的制約や環境との相互作用である経験と密接に結びついているのであり，言語の獲得もまた外界に開か

れた大きなシステムの中でとらえていく必要が指摘されるようになります。子どもと大人（特に養育者）とのコミュニケーションは，子どもが言葉を理解し話し始める前から始まっています。そのことが言語獲得の基盤となっていくのです。

4.2 言葉のめばえ——前言語期の発達

4.2.1 言葉を育む環境

　生後約1年の間，子どもは大人に意味の伝わる言葉を話すことはなく，特に生後間もない乳児は空腹や眠気，体調不良等の不快な状況でせいぜい「泣く」ことしかできません。しかし周囲の大人たちは子どもの泣き声に乳児の欲求を認め，周囲の状況から手がかりを探し，「お腹すいたねぇ」「おむつ濡れたかなぁ」と乳児の気持ちを代弁するかのように優しく声をかけながら乳児の不快を取り除こうとします。

　このように乳児をあやすとき，人は自然に声を高く，抑揚を大きくとり，テンポをゆっくり，短い言葉を繰返し話します。このような話し方はCDS（Child-Directed speech；対子ども発話）とよばれており，文化差を問わず普遍的にみられること，乳児の注意を引きつける効果があることがわかっています。意図せずして，私たちは乳児の知覚的特性に合った接し方で子どもに向き合い，言葉のシャワーを浴びせていきます。

4.2.2 生まれつきの有能性

　運動機能という点では未成熟な状態で生まれてくる乳児ですが，胎児の頃から聴力は発達し，新生児は母親の声と他の女性の声の聞き分け（DeCasper & Fifer, 1980）や，子音 /l/ と /r/，/b/ と /p/ のような微妙な音の聞き分けができることがわかっています。これは生まれたばかりの子どもが世界中のどの言語の中で育ったとしても，その言語に対応できることを意味します。

　さらに人への志向性がみられ，新生児が人の顔の刺激を選好すること（Fantz, 1963；図4.1）や，他者の情動表出に巻き込まれるような形で他者の

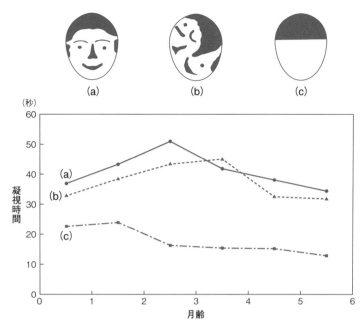

図 4.1　**人の顔およびその変形図形に対する乳児の注視時間**（Fantz, 1961）
縦軸は 3 つの図形のすべての可能な組合せの対を作り，それぞれ 2 分間提示した際の乳
児の平均注視時間です。生後 4 日の新生児でも，人の顔の刺激（a）を好んで注視するこ
とがわかります。

表情と同じような表情を作る共鳴動作（co-action）がみられること（Field et
al., 1982；図 4.2）が報告されています。生後間もない子どもが大人の顔をじ
っと見たり，表情を真似るような反応を示したりすることは大人の養育行動を
引き出すとともに，子どもが他者とのコミュニケーションを重ねていくことの
基盤になると考えることができます。
　ちなみに日本人にとっての /l/ と /r/ のような母語にない音の聞き分けにつ
いては，1 歳になる頃には識別ができなくなっていきます。これは子どもが生
後間もない時期から周りの人の言葉を聞き，母語で重要な発音の違いを聞き分
けられるように，聞き分ける力を最適化するためだと考えられています。大人
が話す音声のリズムやイントネーション，息をつぐ間合いなどから子どもは発
話を区切り，「ママ」や「ミルク」という音のまとまりはなじみがあるパター

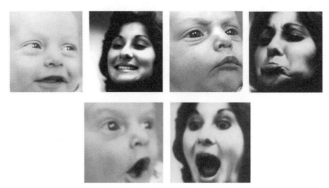

図 4.2　他者の表情と同じ表情をする新生児 (Field et al., 1982)

ンとして切り出すという**統計的学習**を行い，単語を見つけていくのです。

4.2.3　乳児の前言語的音声

　生後2カ月頃から，乳児の機嫌の良いときに「あーぁ」「くーぅ」といった声（**クーイング**（cooing））が自然に出てくるようになります。このとき養育者が乳児と対面して目を合わせタイミングよく声をかけると，さらにそれに対して乳児が「くーぅ」と発声する相互的なやりとりが続くことがあります。このような声のやりとりは**原会話**（proto-conversation）とよばれています。私たちが他者と会話をするときに，相手が話しているときは聞き手役として話すのをやめ，相手の発話が止まると自分が話し始めることが多いのですが，原会話もまたこのような**ターンテイキング構造**をもっています（Trevarthen, 1979）。したがって，大人のほうはこの段階で「赤ちゃんがもうおしゃべりを始めた」と感じたりするのですが，実はクーイングだけではまだ「言葉」に結びつきません。

　生後6〜8カ月頃になると「ババババ」「バブバブ」という**喃語**（babbling）が出現します。喉から息が漏れる音であるクーイングとは異なり，喃語は音節が複数あり，音節が子音＋母音の構造をもっている，という単語（意味語）の特徴を示します。たとえば「靴」という単語は「く・つ」という2つの音節からなり，各音節は「k＋u」「t＋u」という子音＋母音で構成されています。この

ような特徴から，喃語が言葉の種であると考えられています。

4.2.4 発声訓練としての笑いと身体の動き

　喃語のような複数音節の発声のためには「息を切って声を発する」ことが必要ですが，クーイングから喃語までの間に，乳児は「声をたてて笑う」ことでこの発声訓練を行っていると考えられます（正高，2001）。

　微笑は新生児にもみられますが，「ははは」と声をたてて笑うことができるようになるのは喉の形態が発達した4カ月からです。いわゆる「のどちんこ」の奥に空洞ができて初めて声帯の振動が声になります（図4.3）。4カ月頃の子どもはまだ横になった姿勢ですが，「はっはっは」と笑うときには呼吸の間隔を調整し下肢でリズムをとるかのようにリズミカルに宙を蹴ります。

　6〜7カ月で座位がとれるようになると，両手が自由に使えるようになります。身近な人の顔を判別できるようになり，大人があやすと子どもは声をたてて笑いながら手を振り回したり，玩具を床や机に叩きつけたりするしぐさ（バンギング（banging））をするようになります。笑いと手の運動の同期を繰り返す中で，子どもはより速いテンポでリズミカルに手を動かすようになり，「はははは……」とより細かい周期で息を切ることができるようになっていきます。

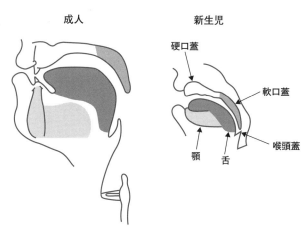

図4.3　成人と新生児の喉の形態の比較（正高，2001）

まさにこの頃に，「ババババ」という複数音節を用いる喃語が表出されるようになるのです。

4.2.5　声から言葉へ

　あやすと手を叩き，声をたてて笑う乳児の姿は全身で喜びを表現するかのようであり，そのことが大人からの働きかけをさらに促進します。この時期の子どもが発する喃語と，それに対する養育者のやりとりを**学習理論**（第1章参照）の観点で考えてみましょう。毎日密接なやりとりを繰り返す中で，養育者は子どもの発する些細な情報の違いまでも敏感に読みとれるようになります。たとえば「まんまんまん……」という喃語に対して，養育者は子どもの表情や身振り，周囲の状況などの非言語的な情報を手がかりとして「まんまですよ」と食事を与えたり，「ママですよ」と抱き上げたりします。子どもの欲求が養育者に伝わり，それが満たされることで「まんまんまん……」という子どもの喃語は**強化**されていきます。さらに，そのようなやりとりが何度も繰り返されることで，喃語の一部は定着していきます。定着した喃語は1歳頃に「まんま（食事）」や「ママ」という意味のある語（**初語**）になると考えられるのです。

4.3　共同注意と語の意味の理解

4.3.1　三項関係の成立

　生後8カ月頃になると這って移動することができるようになり，子どもの認識する世界も広がっていきます。9カ月から12カ月にかけて，**共同注意**（joint attention）が発現し，大人が外界の何に注意を向けているかを注意するようになります。つまり，生後しばらくは「自分」と「他者」，「自分」と「対象」の二項関係でのコミュニケーションだったのが，9カ月頃からは「自分」「他者」「対象」の三項関係でのコミュニケーションが成立していきます。

　まず，物を介した大人との相互作用を長い間続けるなどの協調行動が生後9カ月からみられます。岡本（1982）はT児（9カ月）の「冷蔵庫の扉を開くたびに母が『いけません』と言うのが面白く，さかんにくり返し，『いけません』

注意をチェックする
（生後 9 〜 12 か月）

協調行動
社会的障害物
物の提示

注意に追従する
（生後 11 〜 14 か月）

視線追従／指さし追従
指令的な指さし
社会的参照

注意を向けさせる
（生後 13 〜 15 か月）

模倣学習
宣言的な指さし
指示的な言語

図 4.4　三項関係コミュニケーションの発達（Tomasello, 1999 大堀ら訳 2006）
カッコ内はカーペンターら（Carpenter et al., 1998）の研究で約 80％の子どもが示した，
各共同注意行動の発現時期です。

と言われるたびによろこぶ」といった行動を報告しています。このやりとりで
「喜んで」いるのは子どもだけではありません。言語的には「いけません」と
言っている母のほうも，冷蔵庫を媒介とした子どもとのやりとりのパターンを
遊びとして共有し，互いに喜びを深めていくのです。

　三項関係でのコミュニケーションは次第に注意の対象を限定する方向で進み
ます（図 4.4）。大人の視線を追うことで大人が見ているところを見ようとす
る（視線追従），「あれ，取って！」というかのように，自分の欲しいモノがあ
るときや他者に何かさせたいときに対象を指さす（指令的な指さし（impera-
tive pointing））といった行動が 11 カ月からみられ，13 カ月からは大人の注意
を特定の対象に向けようとして指さす（宣言的な指さし（declarative point-
ing））ようになります。

　自分の興味をもったことを「聞いて，聞いて！」と親しい他者に伝え，「す
ごいよね！」と感情的な部分まで含めて共有したくなることは大人にもあるで
しょう。宣言的な指さしとはそういうことです。「わかってくれそう」な相手
に対して「わかってほしい」と思うこと，その意図を汲んで相手の期待に沿っ
た反応を返す親密な他者との関係性が，三項関係コミュニケーションの土台に
あるのです。

4.3.2　マークマンの認知的制約説

　では，子どもが言葉を学ぶ際に共同注意はどのように使われるのでしょうか。大人がイヌを指さして子どもに「わんわんだよ」と教える，そんな光景が思い浮かぶかもしれません。しかし，厳密に考えてみるとこれは案外と複雑な状況です。大人がある対象を指さして「わんわん」と言ったとき，その「わんわん」という語が指すのは「イヌ」というカテゴリー名かもしれないし，特定の「そのイヌ」の名前かもしれません。あるいは「しっぽ」や「足」「毛の色」などの部分のこととも考えられます。さまざまな可能性の中から，子どもは「わんわん」が何を意味するのかをどのように知るのでしょうか？

　このような問いに対し，マークマン（Markman, E. M.）は一連の研究から子どもの頭の中に**認知的制約**があると示しています。たとえば，子どもに名前を知らないモノ（金属製の氷ばさみ）を見せて"It's pewter."と言うと，3 歳児は木製の氷ばさみも pewter であると答えます（Markman & Wachtel, 1988）。日本人にはわかりづらい部分ですが，pewter に冠詞がついていないことから，英語圏の大人であれば（子どもでも，2 歳後半頃から）pewter はモノの名前ではなく，材料や色などの物質の性質と解釈するところです。そのような文法規則に反しているにもかかわらず，誰かがモノを指さして言葉を発した場合，子どもはまず指されたモノ全体のこととみなします。これが「事物全体制約」です。さらに，個別の名前ではなく同種のモノ一般に使えるカテゴリー名と考える「カテゴリー制約」，既知の言葉と新しく学ぶ言葉との意味関係を整理するために，1 つのモノには 1 つの名前だけがつくと考える「相互排他性制約」が示されています。このような制約から，子どもは話し手の意図する指示対象を正しく理解するというのです。

4.3.3　9 カ月革命と意図の理解

　一方，トマセロ（Tomasello, M.）は，共同注意行動の前提となる**意図理解**を重視しています。彼らの実験（Tomasello & Barton, 1994）では，大人が「トマを探す（find the toma)」と言って複数のバケツの中を探します。バケツから物を取り出しては顔をしかめてバケツに戻し，次のバケツを確認するとい

うことを続け，ある時点で（つまり，探しているものが見つかると）笑顔を見せ，探すのをやめます。先に紹介したマークマンの説明のように「ある言葉は指されたモノ全体とみなす」というルールを機械的に適用するならば，子どもは最初に取り出した物が「トマ」だと考えるはずです。しかし，2歳児は大人の意図を汲み笑顔を見せた物が「トマ」であると柔軟に理解することができました。

　この実験で，子どもは大人とのやりとりで共有する場（**共同注意フレーム**）において「探し物をする」という大人側の意図を理解し，一緒に探す対象（活動の目標物）が「トマ」とよばれることを理解しています。だからこそ，大人がある物に対して顔をしかめ，さらに探し物を続けるという行為が現在の活動の「目標」とどう結びつくのかを推察し，出てきた物が「トマ」か否かを推論できたと考えられます。

　子どもは9カ月頃に，社会的な世界についての理解の仕方（社会的認知）を大きく変え，他者を「自分と同じように意図をもつ主体」であると理解し，目標を達成するために行動を選択する存在であると考えるようになります（**9カ月革命**）。多様な共同注意行動による三項関係コミュニケーションの発現（**図4.4**）は，その表れとみなすことができます。

　子どもが言葉を習得する日常場面は，マークマンの実験場面が想定するように手がかりの乏しいものではないはずです。子どもは養育者と一緒にお風呂に入ったり，食事をとったりという定型の活動を日常的に何度も繰返し経験します。最初は養育者に世話をされるという形で活動に参加しながら，子どもは養育者の注意をモニターし，共同注意フレームの中で自分の目的や大人の目的を理解していきます。たとえば，乳児がスプーンを逆向きに握り机を叩けば養育者は慌てて取り上げ，文化的に「正しい」持ち方で食べ物の載ったスプーンを乳児の口に運ぶでしょう。乳児が自分でスプーンを「正しく」握り口に入れれば，養育者は笑顔を返します。そのようなやりとりの繰返しから，子どもはスプーンのどこを持ち，何のためにどう使うのかを学ぶのです。そのような土台の上で，子どもは「スプーン」という養育者の発する言葉が「食事をとる」という現在の活動の目的とどのように関連しているかを推測し，「スプーン」と

いう言葉の意味を理解していきます。

　実際に，「共同注意場面での活動に費やす時間」や「母親が子どもの注意の対象を追跡し言語化する傾向」が後の子どもの語彙数と関連する（Tomasello & Todd, 1983；Carpenter et al., 1998）ことがわかっています。子どもと共に活動し注意を共有する，身近な人との三項関係的なコミュニケーションが言葉の獲得にとって重要なのです。

4.4　コミュニケーションの道具から思考の道具へ

4.4.1　語の意味を作り出す子ども

　1歳前後の初語の出現から1歳半頃まで，子どもは一語だけをさまざまな状況で用いるようになります（**一語発話**）。たとえば「まんま」は「食事」という名詞としてだけでなく，「おなかがすいた」「もっと食べ物をちょうだい」など文章のようにも読みとれます。おそらくこの段階では，大人が文として「読みとって」いるだけです。大人は子どもの表情や身振りなどから感情的な要素も含め，その場で適切な意味を読みとり，対応していきます。

　さらにこの頃，**語の汎用**が生じます。たとえば，「イヌ」を「わんわん」と呼ぶようになった子どもがネコもウシもハトも「わんわん」と呼ぶというように，大人の考える意味よりも広い意味で使ったり，逆に特定のイヌだけを「わんわん」と狭い意味で使ったりします。不思議なことに，大人がイヌにしか「わんわん」と言わなくても語の汎用は生じますし，ハトを「わんわん」と呼ぶ子どもに大人が「ぽっぽだよ」と「正解」を教えてみたとしても，子どもがすぐに修正して新しい語を覚えるわけではありません。

　この現象を，ピアジェ（Piaget, J.）のいう**同化**と**調節**という概念で整理してみましょう。「わんわん」と言いながらハトを追いかける子どもは既知の「わんわん」というシェマ（知識の枠組み）に取り込む同化によって，新規のモノ（ハト）を理解しようとしていると考えられます。大人の言う「ぽっぽ」という新しいラベルはこのときの子どもに必要性を感じられるものではないため，採用されません。

　しかし,「わんわん」と呼びながら追いかけていたそのハトが子どもの頭上を飛んで逃げたことへの驚きから, 調節が必要になります。子どもが目を丸くしてハトを見送るそのタイミングで, 大人の「ぽっぽ」というラベルは採用されます。「わんわん」のシェマを単に「動くモノ」から「かつ, 飛ばないモノ」と修正した上で, 新規の「動く, かつ飛ぶモノ」としての「ぽっぽ」のシェマとそのラベルを言葉として獲得するのです。

　子どもは外から入力された音声刺激をオウムのようにそのまま覚えたり, 曖昧な言葉の意味を辞書で確認したりするのではありません。自らの身体を通して能動的に世界に関わり, 自分の既知の事柄と他者の声を結びつけ, 自分も真似して使ってみること, それに対する周囲の反応を確認することを通していつしか言葉を自在に使えるようになります。その習得の過程から, 言葉は「道具」の一つと考えることができます。私たちはハサミなどの道具の使い方を学

コラム 4.1　言葉の意味と音のつながり

　語の恣意性とは, 言葉の音と意味のつながりには必然性がない, ということです。たとえば同じ動物のことを, 日本語では「イヌ」, 英語では "dog" とよぶことから, 語の音声情報は意味（語が指示するもの）に対するラベルであり, 他に貼り替えが可能なものとして考えられてきました。

　しかし近年, 発声と意味を結ぶものとして身体感覚の影響が指摘されています。ラマチャンドラン（Ramachandran, 2003 山下訳 2005）によると, 「でこぼこしたアメーバーのような形の図形」と「ギザギザの図形」（図 4.5）を示し, どちらが「ブーバ」でどちらが「キキ」かを問うと, 98％の人がギザギザを「キキ」だと答えます。これは「キキ」という音を発するときの口腔筋の緊張とその音声からの聴覚, 視覚的なギザギザ, という複数の感覚モダリティが「クロス活性化」し, 抽象化されることによって生じると考えられます。

　同じように, 喃語の「まんまんまん……」が「ママ」や「まんま」に結びつくプロセスも説明できそうです。人が食べ物を口いっぱいに頬張るとき, 「あむ」と唇が

図4.5　ブーバ・キキ効果（Ramachandran, 2003 山下訳 2005）
この2つの図形について，98%の人は左が「ブーバ」で右が「キキ」だと答えます。

閉じ息は鼻に抜け，自然に m の音になります。授乳の際，乳児もこのような口の動きを経験したことでしょう。幼い子どもはスプーンを口から出し入れしながら「あっぷん」と言ったりします。「あっ」で口に含み，「ぷん」で出すのです。口の動きと音の響きが「ママ」や「スプーン」の意味に結びついているのかもしれません。

　岡本（1982）は，日誌的研究から子どもの外界の事物は子どもにとって最初「快―不快」という感情を引き起こすもの（情動物）であり，次第に行動を誘発する行動物，認識対象としての静観対象物になると指摘しています。授乳の際に養育者に抱かれる安心感や空腹から満たされる快の感情も，「情動物」としての「ママ」や「まんま」の意味に結びつくことでしょう。「あっぷん」と呼ばれるスプーンは，さらに「行動物」の側面も示しているようです。

　このように，子どもにとって言葉で表される対象は，大人が考えるような客観的な（静観対象物としての）「モノの名前」ではないのかもしれません。私たち大人にも共有可能だからこそ「意味が通じる」のであって，言葉の意味は子ども自身の感情的・行動的側面と密接に結びついていると考えられるのです。

ぶ際にも，熟達者の使い方を観察し，実際に使ってみること，思うようにうまく使えているか（たとえば，紙は切れているか）反応を確かめることによって習熟していくのであり，その過程は言葉についても同様なのです。

4.4.2　二語発話から多語文へ

　1歳半を過ぎた頃から，習得する語彙が爆発的な勢いで増加していく**語彙急増期**（vocabulary spurt）の時期を迎えます。ここでは，「わんわん」「まんま」のような名詞だけでなく，「バイバイ」「もっと」など人と関わるときに用いる語や食べ物を飲み込むときの「ゴックン」などの擬音語・擬態語が含まれます。

　遊びの場面では，象徴機能が発達してくることから，目の前に見えているわけではない他者の真似をする**延滞模倣**や，積み木を床に滑らせることで車に見立て，イメージの世界を楽しむ**象徴遊び**が頻繁にみられるようになります。日常でよく目にする道具の通常の使い方がわかり，大人がその道具にどのように関わっているかを知っているからこそ，別のモノ（たとえば，積み木）を耳に押し当てて「もしもし」と電話をかけるふりをしているのです。

　「でんわ」という言葉の意味を問われたときに私たちが思い浮かべるのは，具体的な（たとえば，傷のついた自分の）電話機というよりは，抽象化されたイメージとしての「電話機」であったり，「電話をかけるときの一連の行為のパターン」であったりします。子どもにとっての延滞模倣や象徴遊びはまさにそのような抽象化のプロセスと考えることができます。

　1歳半から2歳前頃にかけては，**二語発話**がみられるようになります。日本語では「バスきた」のように助詞が抜け落ちることが多くなりますが，その順序が母語の語順に従っていることから，二語文は文法理解の現れであると考えることができます。また，「ボール，ぽーん」「電車，ばいばーい」のように，ボールを投げる，電車に手を振るなどの特定の動作を伴っていることもあります。さらに，物には名前があるということがわかり，「これナニ？」と盛んに質問するようになります。何度も同じことを質問する場合もありますが，これは同じ回答が得られることで自分の知識を確認するため，さらには質問—回答という大人とのやりとりを楽しんでいるためと考えられます。

　発話語数が増え，子どもと養育者の言語的なやりとりが安定してくると，大人のほうも子どもの発話を引き出そうと「今日はどこに行ったんだっけ？」と会話のきっかけになる質問をしたり，「どーぶつえん」という子どもの返答に「動物園に行ったね」と繰り返したり，さらに「動物園で何を見たんだっけ？」

と具体的な情報を引き出そうとしたりといった働きかけを積極的に行うように
なります。このようなやりとりを繰り返す中で子どもは文法や語彙についての
知識を更新し，「パパと動物園に行って，キリンとゾウを見た。」のように文法
規則に沿った語の使用ができるようになっていきます。

4.4.3　外言から内言への移行

　3 歳を過ぎると，基本的な運動能力が育ち，食事や排泄などの生活面の自立
が進みます。「ぼく・わたし」などの人称代名詞，「こ・そ・あ・ど」の指示代
名詞，「思う・考える」などの心的動詞を使って自分の経験を話すなど，話し
言葉の基礎ができ，身近な大人とのやりとりには困らないほどになります。

　この頃から，子どもは言葉をコミュニケーションの道具としてだけでなく，
思考の道具としても用いるようになります。ヴィゴツキー（Vygotsky, L. S.）は，
他者とコミュニケーションするための言葉を**外言**，思考の道具としての言葉を
内言とし，子どもの独り言は内言が獲得される過渡期に現れると述べています。
子どもの独り言は難しい課題に取り組んでいるときに多くなりますが，このと
きの言葉は他者に向かっての発言ではなく，子ども自身の思考を深めるための
言葉が声になってしまうものと考えることができます。独り言は 5 歳頃までに
多くなり，6 歳頃から減少していきますが，これは 6 歳頃には声に出さなくて
も考えることができるようになるためと思われます。

　3 歳児が一人熱心にブロックで遊びながら，「ここを……こうして……」と
つぶやいているとき，子どもの頭の中では以前他者と一緒にブロックで遊んだ
ときのことが再現されていると推察できます。初めてブロックに接したとき，
子どもは凹凸を組み合わせて形を作るというブロックの仕組みを知らず，うま
く扱うことができません。自分よりブロックをうまく扱える他者の様子を観察
したり，「ブロックで○○を作りたい」という子どもの意図を共有した年長者
から「これを，ここにくっつけるんだよ」と具体的な方法を目の前で教えても
らったりします。他者との共同注意フレームの中で目的を共有する他者と横に
並び，自分でもブロックを操作してみるという実践的行為を通して，子どもは
「どこに注意するのか」「次の手順は何か」という点も含めて他者との活動を**内**

化（internalization）していきます。もともとは社会的機能（**精神間機能**）で
あったものが，個人の内的思考（**精神内機能**）になっていくのです。

4.4.4 一次的ことばから二次的ことばへ

　4〜5歳になると基本的な生活習慣が身につき，生活に必要な行動のほとん
どを一人でできるようになります。友達と会話を楽しんだり，言葉を使って駆
け引きをしたりするようにもなります。4歳頃から「しりとり遊び」ができる
ようになりますが，これは「靴」が「く・つ」という2つの音節から成り立つ
ことを語の意味とは分けて認識できるようになるためです。語を「く・つ」と
個々の音に区切って発音したり，「つ……つみき」と個々の語を組み合わせて
語を作ったりということは日本語の場合，かな文字の理解の基礎となります。
　これまでみてきたように，幼児期の言葉は具体的な生活の場の中で，家族や
友達など親しい人とのやりとりを通して獲得していくものです。そのため，こ
の段階での子どもの言葉はそれらの親しい人に意味が通じるものであればよい
ことになります（**一次的ことば**）。子どもの表情や口調などその場の文脈から
の手がかりも，聞き手が子どもの発する言葉の意味を推測することの手がかり
となります。しかし，小学校からの学校教育の中では，誰に対しても共通して
誤解なく伝わるような言葉の使用が強調され，「学習」という形で読み書きや
大勢の前での発表の仕方を学んでいきます。このため，個人的な言葉の使い方
を離れ，辞書的な使い方を習得していくことになります（**二次的ことば**；**表
4.1**）。二次的ことばへの働きかけによって子どもの世界はさらに広がっていき
ます。遠くにいる友人に手紙を書いたり，書物を通して異なる時代の人物の思

表4.1　**一次的ことばと二次的ことばの特徴**（岡本，1985）

コミュニケーションの形態	一次的ことば	二次的ことば
状況	具体的現実的場面	現実を離れた場面
成立の文脈	ことばプラス状況文脈	ことばの文脈
対象	少数の親しい特定者	不特定の一般者
展開	会話式の相互交渉	一方的自己設計
媒介	話しことば	話しことば・書きことば

索にふれたりなど，「今・ここ」を越えたより多くの人との意思の疎通を行うことができるようになっていきます。さらに，そこで出会った言葉を通して自らの思考を深めていくのです。

4.5　文学的・抽象的な表現の理解

　言語学者のレイコフ（Lakoff, 1987 池上・川上訳 1993）は，「人生は旅である」といった文学的な比喩の理解にも，私たちが人として共有する「身体的な経験」が基盤となっていることを指摘しています。「人生」という抽象的な概念も具体的な「旅」と重ねて考えることで理解しやすくなりますが，その理解の根底にあるのは，玩具をつかむという目的のためにハイハイで移動し，その目的を達成する，といった生後間もない時期からの身体的経験と考えられます。

　一方で，身体運動的発達は認知的発達と絡み合いながら感情の発達に影響を及ぼすことがわかっています。「怖さ」という感情が表れるためには，深さや高さを知覚する認知能力とともに，這うという身体運動能力の発達やそれに伴い転ぶ，深みにはまるなどといったさまざまな出来事を経験することが結びついているのです。

　これらを踏まえると，「人生は旅である」という比喩に含まれる感情的な側面，たとえば「喜びとともに困難も待ち受けている」ということまでを私たちが理解できることの背景には，ハイハイで目的地にたどり着き玩具をつかむまでの間にわくわくしたり，障害物にぶつかり痛くて泣いたりといった多くの人が共通して経験するような身体的経験や，その過程で引き出された感情という要素が含まれていると考えることができます。日々積み重ねる子どもの些細な経験から，いつしか文学的な表現を味わう力が育っていくのです。

コラム 4.2　言語「獲得」？　言語「習得」？

　哲学者のバフチン（Bakhtin, 1979 新谷ら訳 1988）は言葉の獲得について，「言葉の中の言葉は，なかば他者の言葉である。それが〈自分の〉言葉となるのは，話者がその言葉の中に自分の志向とアクセントを住まわせ，言葉を支配し，言葉を自分の意味と表現の志向性に吸収した時である」と述べています。このバフチンの考えを踏まえ，ワーチ（Wertsch, 1998 佐藤ら訳 2002）は，本章 4.4.3 項で紹介したヴィゴツキーの「内化」の概念を習得（mastery）と占有（appropriation）の 2 つに分けて考えることを提唱しました。習得は「媒介手段をすらすらと使用するために『方法を知る（knowing how)』こと」ですが，**占有**はバフチンのいうように「他者に属する何かあるものを取り入れ，それを自分のものとする過程」です。

　たとえば大人が第 2 外国語を学びある程度の単語や文法を扱えるようになれば，それは「習得」でしょう。しかし，子どもにとっての母語はそのレベルにとどまりません。自らの身体を通して能動的に世界と関わる中で，他者の声に自分なりの意味を見出し，感情で色を塗り，言葉を通して自分や自分を取り巻く世界に対する認識を変えていきます。母語の使用に困らなくなった大人としては，言葉のない時代にどうやって「考えて」いたのか，わからないくらいです。もともとは自分の外にあった他者の声から，子どもは言葉を自分とは不可分のものにまで「占有」し「獲得」していくのです。

復習問題

1. 子どもが言語を獲得する背後で，関連している要因を挙げてください。
2. それらの要因が子どもに及ぼす影響について説明してください。
3. 言語と思考にはどのような関連があるのかについて説明してください。

参考図書

岡本 夏木（1982）．子どもとことば　岩波書店

　言葉を発する前の段階からの子どもの追跡的研究をもとに，子どもの発達という広い視野から言語獲得の過程を説明しています。子どもの言葉を単に不十分で未熟なものとしてとらえるのではなく，子ども自身の感情や体験を表す創造的なものとしてとらえる視点で描かれています。

ラマチャンドラン，V．S．山下 篤子（訳）（2005）．脳のなかの幽霊，ふたたび ──見えてきた心のしくみ── 角川書店

　脳科学者としての立場から，数字に色を感じるといったような共感覚や，アート，本章コラムで紹介したブーバ・キキ効果など，多彩な切り口で脳の不思議や言語について迫っています。一般向けに書かれた本なので，初学者にもおすすめです。

佐伯 胖（編）（2007）．共感──育ち合う保育のなかで── ミネルヴァ書房

　「共に」という関係論的視点から，「個人の能力」にとらわれない発達観を提案しています。乳児同士の関わりや自閉傾向のある子どもを通して考える「共感」など，保育や言語の分野に限らず，子どもの発達に興味がある方におすすめです。

　フランスの哲学者パスカルの著書『パンセ』（Pascal, 1669 前田・由木訳 2018）に「人間はひとくきの葦にすぎない。自然のなかで最も弱いものである。だが，それは考える葦である」という一文があります。この一文は，端的に言えば，「人は自然の中では小さな存在であるが，考えることができる存在である」ということになります。考える＝思考になりますが，人は常に何かしら考えています。それは，「天気が良いからどこかに遊びに行こう。どこがよいだろうか」といったような軽いものから，「人はなぜ生きているのだろうか」といったような深淵なものまであるでしょう。また，問題が生じたらその解決のために考えることは必至ですし，まだ見たことのないものを生み出すためには，当然考えなければ無理でしょう。さらに言えば，たぶんこうなんじゃないかと推測したり，考えた結果の良し悪しを評価することも，結局は，「考える」ということなのです。とにかく人は考えます。思考します。

5.1　問題解決

　思考には，何らかの具体的な課題が目標として与えられている場合に方向性をもって意図的に行われる思考と，空想など，方向性のない，とりとめのない思考の2つがあります。前者は，目標づけられた思考といわれ，後者は，目標づけられない思考といわれます。パスカルの『パンセ』に記されているように，「考える」というときは，目標づけられた思考となり，心理学では問題解決という文脈で研究されています。

　問題解決研究において，問題は，「達成すべき目標があるものの，すぐにはその目標を達成できない状態」とされています。また，問題には，良定義問題と不良定義問題の2つがあります（Kahney, 1986）。良定義問題は，①現在の

状態はどのようなものなのか（初期状態），②問題が解決した状態はどのような
ものなのか（目標状態），③目標を達成するために使用できる手段（オペレー
ター）とそれを使う際の制約条件はどのようなものなのか，という3つの情
報がすべて明確になっているものです。これには算数の計算問題などがあては
まります。計算においては，解答を得ていない初期状態から，その問題に合っ
た計算式（オペレーター）を駆使して解答を得るという目標状態までが明確で
す。一方の不良定義問題は，上記の情報のいずれかが曖昧な問題で，国語の作
文などがあてはまります。国語の作文も，まだ何も書いていないといった初期
状態は存在しますが，目標状態は何でしょうか。ただ文字が書いてあればよい
というわけではないでしょうし，よりよい作文を作るためにはどのようにすれ
ばよいのかというオペレーターも不明瞭で，一義的に決まっているわけでもあ
りません。ただ，良定義問題であれ不良定義問題であれ，満足していない現在
の状態（初期状態）がある場合に，それをより満足できる状態（目標状態）に
変えていこうとする心理的活動や，そういった活動を実行しようとする活動が
生じます。こういった活動が，問題解決となります。

5.1.1　ヒューリスティックとアルゴリズム

　問題解決の仕方にはヒューリスティックとアルゴリズムがあります。ヒュー
リスティックは，必ず成功するとは限らないけれどもうまくいけば解決に要す
る時間や手間を減少させられる手続きのことを指します。もう少し言えば，こ
れまでの経験や知識を利用して効率的に問題を解決していこうとする際の手続
きになります。一方，アルゴリズムは，その手続きに従えば必ず問題を解決さ
せられる手続きのことを指します。アルゴリズムで問題解決を行えば必ず問題
を解決できます。しかし，アルゴリズムで問題解決しようとしても時間や手間
がかなりかかって現実的ではない場合や，そもそもアルゴリズムが存在しない
場合があります。そのため，問題解決は主にヒューリスティックを用いて行わ
れることになります。

　ヒューリスティックとアルゴリズムによる問題解決の仕方の違いを，「設定
した4桁のパスワードを忘れて開けられなくなった自転車の鍵を開ける」とい

った問題解決場面を例に説明しましょう。ヒューリスティックは，これまでの経験をもとに問題解決していくので，この場合，まずは，誕生日など，これまでパスワードとして設定したことがある番号から試してみることがあてはまります。自転車の鍵のパスワードもこれまでと同じように設定していたならばすぐに開けることはできるでしょう。しかし，もしこれまでと違うように設定していたならば開けるのに時間がかかってしまいますし，結局はパスワードがわからず開けられないかもしれません。

　では，必ず問題解決できるアルゴリズムの場合はどうでしょうか。アルゴリズムでこの問題に取り組むというのは，0000 から 9999 まで順番に試してみる方法をとるということです。この方法で鍵を開けようとすれば，どこかで必ず正解の番号にあたり，鍵を開けることができます。ただ，正解の番号が 9999 の場合では，鍵を開ける（問題解決）までにかなりの時間がかかってしまうことになります。

5.1.2　問題解決に影響を与える先行経験——機能的固着・構え・中心転換

　問題解決に影響を与えるものの一つに，**機能的固着**を挙げることができます。機能的固着とは，ある事物を用いてきたこれまでの経験によって，その事物のそれ以外の用い方を発想しづらくなってしまうことです。ドゥンカー（Duncker, 1945）は，「机の上に置いてあるものを使って，机にろうが垂れないようにろうそくを壁に固定する方法を考える」という問題を参加者に与えました。机の上には，**図 5.1** のように，ろうそくのほかにマッチや画鋲が置かれていました。ここでの正解は，**図 5.2** のように，画鋲の入っていた箱を画鋲で壁に固定してろうそく台として使用するというものでしたが，ドゥンカー（Duncker, 1945）の研究では正解者はいませんでした。ただ，箱を空にして置いておいた場合は正解者が出てきました。このことは，箱を「物を入れる物」として用いてきたこれまでの経験により，箱を「台」として用いる，という発想が妨げられていたことを示しています。問題解決においては，ヒューリスティックのように，これまでの経験がプラスに働く場合もあれば，ネガティブに働く場合もあるということです。

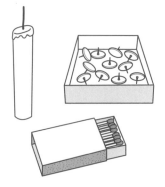

図 5.1　ろうそく問題（Duncker, 1945）

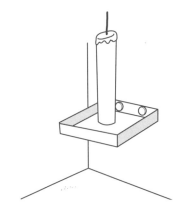

図 5.2　ろうそく問題の正解（Duncker, 1945）

　これまでの経験が問題解決にネガティブに働く別の例として，**構え**も挙げられます。構えは，1つの視点に固執して視点の転換ができないことを指します。その結果，機能的固着と同様に新しい発想が妨げられてしまいます。こういった構えがみられやすい問題として，ルーチンスの水瓶問題があります。ルーチンス（Luchins, 1942）は，研究参加者に**表 5.1**のような問題を渡し，与えられた空の水瓶を使用して必要な水量を得る方法を考えさせました。例題とした問題1を除いたすべての問題は B－2C－A で解けます。しかし，問題7は，A－C がもっとも簡単な解法となり，問題8は A＋C がもっとも簡単な解法となります。ルーチンス（Luchins, 1942）は，これらの問題を1から順番に解かせると，ほとんどの参加者が，問題7，8でも B－2C－A を用いることを見出して

表5.1　**水瓶問題** (Luchins, 1942)

問題	水量を測るために与えられた空の水瓶に入る水量			必要な水量
	A	B	C	
1	29	3		20
2	21	127	3	100
3	14	163	25	99
4	18	43	10	5
5	9	42	6	21
6	20	59	4	31
7	23	49	3	20
8	15	39	3	18

います。つまり，問題2から6の5つの問題を解く中で構えが形成され，より簡単な解法があることに気づけなかったのです。ある意味，問題解決が阻害されてしまったといえます。

　同じような解法で解ける問題をいくつか続けてやる中で構えが形成され，問題解決が阻害されてしまうと述べましたが，これまでの経験を利用して問題を解くことは情報処理の負担を軽減してくれるという点で意味があります。たとえば，水瓶の問題で多くの参加者がB-2C-Aを使用し続けたのは，その解法で問題を解くことができ，他の解法を考えるといった情報処理を行う必要がなかったためといえます。構えがうまく作用する分には効率的に問題を解決していけるのです。こういった，現在の問題とこれまでに経験してきた問題解決状況とを照らし合わせながら効率的に問題解決していこうとする人の心的過程を，ワイスバーグ（Weisberg, 1980）は図5.3のように図示しています。

　また，問題からいったん離れ，休んだり，別の問題に取り組むことによって，それまで固執していた視点から離れられます。その結果，形成されていた構えが消失し，問題解決が促進されることがあります。これは**中心転換**が生じたことを示しています。ドゥンカー（Duncker, 1945）のろうそく問題において，画鋲が入っていた箱を，箱ではなく台として認識できるようになったのは，中心転換によって，問題を構成する枠組みや構造に対する見方がとらえ直され，別の構造として再構造化されたためなのです。

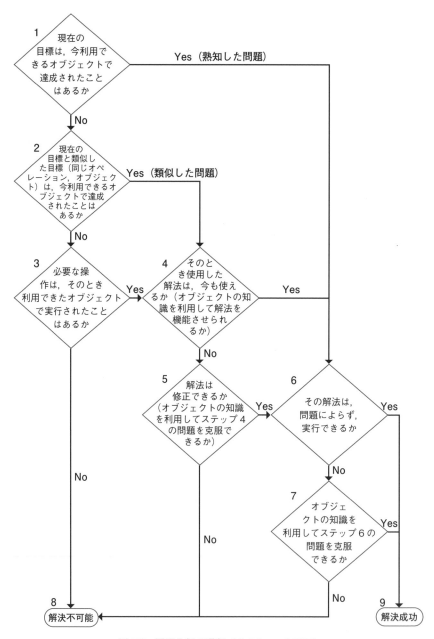

図 5.3　**問題分析の過程**（Weisberg, 1980）

5.2　創造的思考

　芸術作品は創造性によって生み出されますし，芸術作品までいかないとしても，日々の暮らしを快適にするちょっとした工夫も創造性によって生み出されます。こういった創造性に関わる能力として，ギルフォード（Guilford, 1959）は，①問題に対する敏感さ（問題点や改善策を敏感に読みとる能力），②流暢性（多くのアイデアを次々と生み出す能力），③柔軟性（特定の解決方法にこだわることなく，多方面にわたって解決方法を求める能力），④独創性（非凡なアイデアを生み出す能力），⑤再構成（ある概念を一度分解した後に，再構成・再定義する能力），⑥綿密さ（細かい点にまで注意を払って完成させる能力），といった6つの能力を挙げています。**創造的思考**は，こういった，幅広い立場から問題をとらえ，さまざまに関連づけたり，他人が思いつくことの少ないユニークなアイデアを生み出すような思考となります。

5.2.1　創造的思考の過程

　創造的思考の過程は，ワラス（Wallas, 1926）によって，以下の4つの段階として示されています。

①**準備期**……解決すべき問題を設定し，その問題に関連するさまざまな情報を収集していく時期。

②**孵化期**……収集した情報を頭の中で温め，考えが熟成されるのを待つ時期。

③**啓示期**……突如としてひらめきが生じ，アイデアが得られる時期。

④**検証期**……得られたアイデアを評価・吟味する時期。

　準備期は，問題に対してあらゆる側面から思考を重ねていく時期で，5.5節で説明する**批判的思考**が必要となります。また，問題がすぐに解決されないことから，問題解決への取組みをいったんやめ，休息や気分転換を図っていると，突然ひらめきが生じることがあります。これが啓示期ですが，この現象は，先述したように，構えがなくなる中で，中心転換が生じ，問題の枠組みや構造に対する見方がとらえ直されたためと考えられます。

5.2.2 拡散的思考と収束的思考

　ギルフォード（Guilford, 1956）は，思考を**拡散的思考**と**収束的思考**の 2 つ
に分け，創造性の中核に拡散的思考があると考えました。拡散的思考は，わず
かな情報を手がかりとしてその中で考えられるさまざまな可能性を想定してい
く思考です。拡散的思考により柔軟性や独創性がもたらされ，創造的になりま
す。一方，収束的思考は，すでにもっている多くの知識を手がかりとして論理
的な考えに従って 1 つの解答を導き出していく思考です。収束的思考を使用し
ても，柔軟性や独創性がもたらされることはありません。しかし，収束的思考
も創造的思考においては必要な思考となります。先述した創造的思考の 4 つの
段階のうち，孵化期と啓示期では拡散的思考が活用されて新たな考えが創出さ
れます。そして，検証期において，収束的思考を活用しながら，その考えを吟
味していくことになるのです。

　トレーニングによって身体的能力を向上させることができるように，拡散的
思考を訓練することで，創造性に関わる能力である柔軟性や独創性なども向上
させることができます（Davis, 2006）。たとえば，創造性検査で行われる結果
テストのように，この世界からネズミがいなくなったらどうなるだろうか，な
ど，あり得ない状況について考えてみたり，用途テストのように，レンガなど
のありふれた物の本来の使い方とは異なる使い方をたくさん考えてみたりする
ことで創造性は高まります。創造性を高める方法は，他にも，複数の参加者と
一緒に，他の参加者のアイデアへの批判や評価は保留してアイデアを多く出し
合い，出されたアイデアを組み合わせていく**ブレインストーミング**や，テーマ
に関連した情報を一つひとつのカードに書き出し，類似していると考えられる
カードを集め，それぞれのカード群の関係性に従って各カードを平面に配置し
て全体構造を把握していく **KJ 法**などがあります。

5.3　推　　論

　「このもつ鍋屋は酢もつが美味しいからもつ鍋も美味しいだろう」といった
ように，既知の情報や仮定から結論を導き出す思考の働きを**推論**といいます。

推論とはいわば，根拠となる事柄（前提）から，主張する事柄（結論）を導く思考過程です。前提から結論を導く過程を導出といい，導出の仕方の違いにより，推論は大きく演繹的推論と帰納的推論に分けられます。

5.3.1　演繹的推論

　演繹的推論とは，一般にあてはまる情報（前提）を，ある個別の対象にあてはめて結論を導く推論のことです。「すべての人はいつか死ぬ」（一般）という前提から「ソクテラスはいつか死ぬ」（個別・特殊）といった結論を導くものです。前提が正しければ，必ず正しい結論が導かれます。

　演繹的推論において，「日曜日は休日である」という前提から「日曜日は休日以外ではない」といった結論を導くように，前提が1つだけの場合は直接推論といわれます。また，2つの前提から結論を導き出していくのは間接推論となり，特に，三段論法的推論といわれます。たとえば，①今日は日曜日である，②日曜日は休日である，という2つの前提から，「今日は休日である」といった結論を導くものです。この例のように，「もし」とか「または」とかの条件がついていない場合は定言三段論法といわれますが，前提に「もし〜なら」といった条件がついている場合は条件三段論法または仮言三段論法といわれます。①もし今日が休日なら，大学に行かない，②もし大学に行かないなら，花見に行く，という前提から，「もし今日が休日なら，花見に行く」といった結論を導くというものです。

5.3.2　帰納的推論

　演繹的推論とは逆に，個別の具体的事例に基づいて一般にあてはまる結論（仮説）を導く推論を帰納的推論といいます。たとえば，「あっちのブルドッグもこっちのダックスフントもワンと鳴く」といった具体的事例から「すべてのイヌはワンと鳴く」というように，仮説としての結論を導くような推論です。帰納的推論は，事例を増やせば増やすほど確からしさは高まりますが，反証される可能性がなくなるわけではありません。上の事例を例にとると，全世界のイヌがくまなく調べられたわけではないため，世界のどこかにワンと鳴かない

イヌがいる可能性がなくなることはありません。つまり，演繹的推論の結論は真か偽のどちらかになりますが，帰納的推論の場合は，その結論が真であると言い切れることはなく，あくまで仮説となります。ただ，結論として普遍的事実を述べるためにすべての事例を列挙することはできます。そして，この場合の推論は完全帰納といわれます。しかし，すべての事例を列挙することは不可能な場合のほうが多いため，通常は，上で説明したような，限られた事例から結論を導く不完全帰納が行われます。

　帰納的推論は，先述したように，すべての事例を列挙せずに一般的結論を導くものであるため，一般的結論を導く際に論理的な飛躍が生じることがあります。ただ，そういった飛躍があるにしても，帰納的推論は，知識や概念の獲得において重要な働きをしてくれます。たとえば，幼児は知識が限られており，日常的な観察や経験から新奇事例について推測していくことが必要となります。幼児は，近所で見たブルドッグやダックスフントといった具体的な少数の事例から一般化を行い，それらをイヌとカテゴリー化し，ネコやタヌキとは異なるものとするようにしながらイヌの概念を獲得しているのです。

5.3.3　人の思考の特性──確証バイアス・実用的推論スキーマ

　人が行う推論は必ずしも論理的なものではありません。このことは4枚カード問題（Wason, 1966）とよばれる問題からわかります。4枚カード問題は図5.4に示したような問題です。この問題に，多くの人が「Aと4を裏返す」と答えます。規則の正誤を確かめるためには「母音の裏が偶数である」のを確かめる必要があるため，Aを裏返すというのは正解となります。ただ，4を裏返すというのは不正解となります。4のような偶数の裏が母音であろうと子音であろうと規則の正誤には関係ないからです。しかし，7のような奇数の裏が母音の場合は規則が誤っていることになります。そのため，この問題では，Aと7を裏返すという解答が正解になります。

　この簡単そうな問題を多くの人が誤ってしまうのは，人の思考に一定の傾向があるためです。たとえば，**確証バイアス**といった，ある仮説を検証しようとする際に，その仮説に合う証拠ばかりを集め，仮説に合わない証拠は無視する

ここに4枚のカードがあります。カードの片面にはアルファベット，もう片面には数字が描かれていて，「カードの片面のアルファベットが母音であれば，もう片面の数字は偶数である」という規則があるとします。この規則が正しいか誤っているかを確認するためには，どのカードを裏返す必要があると思いますか。

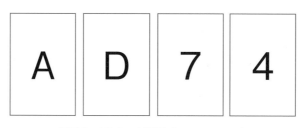

図5.4　**4枚カード問題**（Wason, 1966）

といった傾向があります。確証バイアスは，自分がすでにもっている知識や仮説と一致するような情報を過度に重視したりする傾向です。こういった傾向により，人は，「偶数の裏は母音である」ことを確かめようと4を裏返そうとするのです。言い換えると，人は，7を裏返して「奇数の裏は母音ではない」ことを確かめる，といった反証を探すことによって論理の正しさを確かめることを苦手としているのです。また，こういった自分の仮説に合う証拠ばかりを集め，仮説に合わない証拠は無視するといった思考の傾向をもっているがゆえに，日常生活の中で，ステレオタイプや偏見が助長されてしまうのでしょう。

　ただ，図5.5のような問題（封筒問題）になると，4枚カード問題と問題の構造は同じにもかかわらず，正解しやすくなります（Cheng & Holyoak, 1985）。この問題の正解は，封印されている封筒と10セント切手が貼られている封筒です。4枚カード問題の4と同様に，20セント切手が貼られている封筒を裏返す，という人はあまりいません。この現象に関して，チェンとホリオーク（Cheng & Holyoak, 1985）は，**実用的推論スキーマ理論**を提唱しています。実用的推論スキーマとは，日常生活における経験を通じて獲得された推論のための実用的な規則やスキーマのことで，許可や義務といった実用的なレベルの知識のことを指します。チェンとホリオーク（Cheng & Holyoak, 1985）は，封筒問題で正解しやすくなったのは，問題の内容が違反者を見つけるという義務的なシナリオになっており，許可スキーマが働きやすくなったため，と考えて

あなたはある国で働いている郵便局員です。あなたの仕事は，手紙を調べて郵便料金を確認することです。この国の規則では「封筒が封印されている場合は，20 セント切手が貼られていなければならない」ということになっています。この規則が守られているかどうかを確認するためには，どの封筒を裏返す必要があると思いますか。

なお，この規則の根拠は，ほとんど封印されている私的な郵便物からの利益を増やすことです。封印された手紙は私的な郵便とされ，封印されていない手紙よりも多くの郵便料金が必要になるということです。

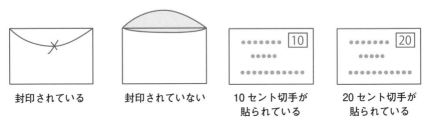

| 封印されている | 封印されていない | 10 セント切手が
貼られている | 20 セント切手が
貼られている |

図 5.5　封筒問題（Cheng & Holyoak, 1985）

いるのです。なお，許可スキーマには，以下の 4 つがあります。

①もし行為をするのであれば，前提条件を満たさなくてはならない。

②もし行為をしないのであれば，前提条件を満たす必要はない。

③もし前提条件を満たせば，行為をしてもよい。

④もし前提条件を満たしていないのであれば，行為をしてはならない。

　このように，許可スキーマとは「人が何らかの行為をするためには何らかの前提条件を満たしておく必要があり，その前提条件が満たされていない場合はその行為をしてはならない」という知識です。この許可スキーマが封筒問題では働きやすくなったために，前提条件を満たさずに行為をしているケースがないかに注意を払いやすくなり，10 セント切手が貼られた封筒を裏返す必要があると正解しやすくなったのです。

5.4 類　　推

　問題解決は，類推によっても促進されます。類推とは，これまでと似てはいるが別の状態に遭遇したときに，これまでの情報を応用するように既知の類似した経験を未知の問題にあてはめて考えることです。たとえば，すでに知って

いる水の流れ方を利用しながら電気の流れ方を理解していこうとすることなど
をあげることができます。ゲントナー（Gentner, 1989）の構造写像理論におい
ては，現在直面している未知の問題をターゲット領域，すでに経験して知って
いる既存の知識領域をベース領域とよんでいます。また，類推の一般的なプロ
セスとして，①ターゲットとなる新しい領域が提示されたときに，そのターゲ
ット情報を読みとって特徴を抽出する，②ターゲットに類似し，ベースとなる
既知の領域を記憶から検索する，③ベース領域とターゲット領域の要素間を対
応づけてターゲットを理解する，といった一連の過程が考えられています
（Gentner, 1989）。このとき，ベースとターゲットの双方の領域が類似している
か否かの判断プロセスを類似性判断，ベースとターゲット間の要素の対応づけ
を写像といいます。つまり，類推は，ベース領域とターゲット領域間の類似性
に基づく推論といえます。

　類似性に関しては，ギックとホリオーク（Gick & Holyoak, 1980）により，
ベース領域とターゲット領域に含まれている具体的な内容同士の類似性である
表面的類似性と，ベース領域とターゲット領域を構成する抽象的な構造同士の
類似性である構造的類似性の2つに分けられています。類推によって問題解決
していくためには，表面的類似性ではなく，構造的類似性といった，問題解決
に関わる本質的な類似性に着目することが必要となります。しかし，問題を理
解したり解決したりするために用いられる知識の多くが問題の文脈や表面的意
味に依存しており，構造的類似性しかもっていない問題の場合はその類似性に
なかなか気づくことができません（Polson & Jeffries, 1982）。たとえば，チー
ら（Chi et al., 1981）は，物理学の熟達者と初心者に，さまざまな物理学の問
題を分類させた後，その分類基準を尋ねています。その結果，熟達者は問題を
「エネルギー保存の法則を取り扱った問題」などと，本質的な原理や法則によ
って分類していました。一方の初心者は，「斜面上のブロックを取り扱った問
題」などと，問題の表面的な特徴に基づいて分類していました（第2章の図
2.7 を参照してください）。領域間の構造的類似性に気づき，適切に類推を行
っていくためには，熟達者のように，さまざまな問題をその問題構造に注意し
ながら解いていく中で，表面的類似性に影響されない，抽象化された問題構造

に関する知識を獲得していくことが必要となるのです。

5.5　批判的思考

　問題解決によって解が得られても，それが適切なものでなければ意味があり
ません。正しい解を得るためには，利用する情報を正しく読みとる必要があり，
そのためには批判的思考を用いることになります。**批判的思考**とは，客観性や
普遍性といった規準に基づき，自他の考えを評価していく合理的な思考です。
他者の考えを評価するということから，ディスカッションなどでも使用されま
す。また，自分の考えも評価するように，批判的思考は，自身の思考過程につ
いて意識的に吟味する省察的な思考でもあります。なお，批判的思考で使用さ
れる批判とは，日常的に使われるような，相手を非難するということではあり
ません。

5.5.1　批判的思考の過程

　楠見（2010）は，批判的思考の過程を，図5.6のような構成要素とプロセス
からなっているとしています。批判的思考は，図5.6に示されているように，
認知的側面と態度的側面に分けられ，認知的側面は，さらに認知レベルとメタ
認知レベルの2つに分けられます（メタ認知の詳細については第6章を参照し
てください）。批判的に考えた結果を発言するなどの批判的思考行動が行われ
るにあたり，まずは，認知レベルで自分の置かれている文脈はどういったもの
なのか，などとそのときの状況が解釈されます。そして，その解釈に従ってメ
タ認知的コントロールが行われ，批判的思考の使用判断が行われます。その結
果，批判的思考の使用が必要と判断されると，状況と自身の能力に適合した批
判的思考スキルが選択，適用されることになります。
　選択，適用される批判的思考スキルは，図5.6にあるように，主に3つあり
ます。1つ目は「明確化」です。明確化では，情報の主張を支える根拠はある
のか，単なる推測ではないのか，といったことが分析されたり，曖昧な語句の
定義が行われたりします。2つ目は「情報の基盤の検討」です。情報の基盤の

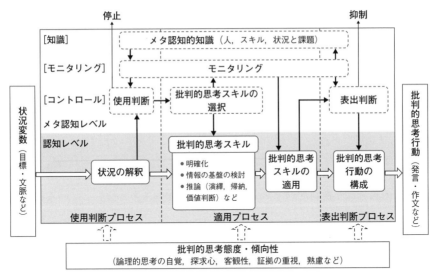

図 5.6　**批判的思考の構成要素**（楠見，2010）

(注) 白矢印は認知レベルにおける批判的思考プロセスを示し，黒矢印は認知レベルとメタ認知レベルの関連を示す。

検討では，情報を発した人物が大学教授などの信頼のおける者であるのか，など，情報源である他者の信頼性が判断されたり，情報はどのような方法で得られたのかなどが確認されることになります。ここでは，メディアリテラシーや科学リテラシーが重要な役割を果たすことになります。3つ目は「推論」で，正しい結論を導くために，先述した演繹的推論や帰納的推論が行われます。なお，こういった批判的思考スキルを明示的に教えていくことで，拡散的思考と同様に，批判的思考を向上させていくことが可能です。また，向上させていくことが現代の情報化社会では必要となってきています。

　批判的思考スキルが選択，適用された後は，それにより導かれた結果を表出するか否かの判断が行われ，表出しても問題ないと判断された場合は，批判的思考行動が構成され，状況に合わせて効果的に実行されることになります。批判的思考行動の表出の判断であったり，批判的思考の過程の最初の段階である状況の解釈といった，批判的思考のすべての過程は，メタ認知的知識に基づいてモニタリングされ，適切に行われているかどうかが判断されます。このよう

に，メタ認知の働きにより，状況に応じた批判的思考スキルが選択され，その結果を表出するか否かが判断される過程は，他者とのコミュニケーションなどにおいては重要な過程となります。批判的になる必要がない状況で相手の言動を批判するということは，いたずらに相手の心を傷つけることになってしまうためです。つまり，批判的思考は，状況に応じて実行される必要があるものということなのです。

5.5.2　批判的思考態度

　批判的思考は，批判的思考スキルといった認知的スキルをもっているだけでは十分に発揮されません。たとえば，自分では判断せずに他者の判断に従うという傾向をもっている人は，批判的思考スキルをもっていたとしても，それを自ら行使しようとはしないでしょう。批判的思考を発揮させていくためには，主観にとらわれずに偏りなく情報を集め，その情報に基づき，客観的に判断していこうとする，といった態度も必要となってくるのです。こういった批判的思考態度として，エニス（Ennis, 1987）は，①明確な主張や理由を求める，②信頼できる情報源を利用する，③状況全体を考慮する，④複数の選択肢を探す，⑤開かれた心をもつ，⑥証拠や理由に立脚した態度をとる，という 6 つの態度を挙げています。批判的思考の発揮には，他にも，そもそも批判的に考えることの重要性に気づき，そのように考えたいのか否かといった傾向性などが関わっているとされています。

コラム 5.1　批判的思考を育む　　松尾　剛

　急激に変化する時代の中で，多様な人々と協働しながらさまざまな社会的変化を乗り越え，豊かな人生を切り拓き，持続可能な社会の作り手となるための資質や能力を育成することがこれからの学校教育に求められています（中央教育審議会，2021）。本章で紹介された，不良定義問題に取り組む力，創造的思考や批判的思考のための態度やスキルといったものは，その資質や能力の重要な一要素といえるでしょう。

　では，これらの思考力を高めるためには，どのような教え方が効果的なのでしょうか。ここでは，特に批判的思考の育成に注目して考えてみたいと思います。エニス（Ennis, 1989）は，批判的思考を教育するためのアプローチを 4 種類に分類しました。ジェネラル（General）アプローチでは，批判的思考のスキルや態度そのものが教育の目的となっており，地域や国の政治問題，学校の食堂の問題など，教科で教えられる内容とは独立した教材を用いて批判的思考の教育が行われます。教科の学習とは別に，批判的思考を学ぶための授業の時間を設定して教育を行うといった方法は，このアプローチに近いと思われます。それに対して，インフュージョン（Infusion）アプローチやイマージョン（Immersion）アプローチという方法では，既存の教科内容を教える中で生徒が批判的に考えることが促されます。インフュージョンアプローチでは，批判的思考の一般原則が明示的に教えられますが，イマージョンアプローチでは，そのような思考の一般原則は明示されません。たとえば，中山ら（2020）は，疑問をもち追求する力などを含む，6 側面の理科における批判的思考力を児童に示し，それらの批判的思考力を働かせることを絶えず意識しながら，理科の「燃焼の仕組み」という単元における実験に取り組むことを通じて，批判的思考力を育成する授業実践を行っています。このような取組みは，インフュージョンアプローチに近いものだと思われます。ジェネラルアプローチとインフュージョンアプローチやイマージョンアプローチを組み合わせた方法が，混合（Mixed）アプローチです。混合アプローチでは，学習者は教科に特化した形で批判的思考の指導を受けながら，同時に，別のコースで批判的思考の一般原則を教えることを目的とした

授業を受けることになります。批判的思考力の育成を目的とした介入研究の効果に関するメタ分析（Abrami et al., 2008）の結果では，エニスが分類した上記の 4 つのアプローチのうち，混合アプローチの効果がもっとも高く，イマージョンアプローチの効果がもっとも低いことが示されています。また，協同学習の有無による介入効果の違いを検討したところ，協同学習を取り入れた介入のほうが効果は高くなるものの，その効果の大きさは比較的小さなものであることも示されています。この結果から，道田（2013）は，イマージョン的なアプローチを用いる際にも，批判的思考そのものを主題として学ぶ時間を設けたり，批判的思考の原則を明示したりするといったように，多様な教育方法が模索されるのがよいだろうと述べています。批判的思考とは，どのようなもので，いつ，どこで，どのように用いるのかといったことを明示的に知る過程と，それらを意味のある文脈の中で実際に使ってみる過程を往還しながら学んでいくことが重要だと考えられます。

復 習 問 題

1. 何らかの問題を設定し，その問題をヒューリスティックとアルゴリズムのそれぞれの問題解決のやり方で解決する方法を考えてみましょう。

2. 1で設定した問題に対して，拡散的思考を使用して，できるだけ多くの解決法を考えてみましょう（「自転車の鍵を開ける」という問題に対しては，自転車屋に持っていって開けてもらう，開けるというよりも鍵を壊す，などの解決法が考えられます）。また，30分後ぐらいにも同じように考えてみて，別の解決法にも気づきやすくなったか確認してみましょう。

3. 自分の普段の思考の特性を振り返ってみましょう。そして，そこに思い込みなどの思考の偏りがないかを批判的思考を用いてチェックしてみましょう。

参 考 図 書

市川 伸一（編）（1996）．思考　東京大学出版会

　本書で思考をテーマに取り上げたのは本章だけですが，この書籍はタイトルからわかるように，一冊を通して思考を取り上げています。その分，本章で扱った思考のさまざまな側面がより詳細に扱われています。本章の各節で気になった点があれば読んでみてはいかがでしょうか。

楠見 孝・道田 泰司（編）（2015）．批判的思考——21世紀を生きぬくリテラシーの　基盤——　新曜社

　問題解決，創造的思考，推論を本章で取り上げましたが，文中でもふれたように，これらの思考の根底に批判的思考がないとその結果は有益なものとはなりません。問題解決や創造的思考などを行った結果を有益なものとするためにも，この書籍で批判的思考について詳しく知ることは大事だと思います。問題解決や創造的思考との関係も取り扱った良書です。

第 6 章

メタ認知と学習方略

　本を読んでいて知らない言葉が多く出てきて，内容を十分に理解できなかったとき，あなたはどうしていますか。少し前に戻ってもう一度読んでみるでしょうか。それとも，ゆっくり読んでいけばそのうちわかるだろうと読み進めるでしょうか。このように本を読むときには，文章を読むだけでなく，読んでいる内容を理解しているかをチェックしたり，その状態に応じて読み方を変えたりしています。本を読むときだけでなく，文章を書いたり，誰かと会話をしたりするときも同じようなことをしています。こういった自分自身の認知（読んだり，書いたり，覚えたり，考えたり，見たり，聞いたり，など）について知ることや知ったことに基づいて自分自身の行動を調節することをメタ認知（metacognition）とよびます。一般に，メタ認知を働かせて学習すると自律した学びができるといわれています。そこで，この章ではメタ認知が学習場面でどのように働いているのかを例に挙げながら，自律した良い学び手になる方法を考えていきます。

6.1　メタ認知を働かせる

6.1.1　メタ認知とは

　メタ認知（metacognition）は，自分自身の認知を認知すること，と定義されます。メタという言葉はラテン語やギリシャ語に由来する英語の接頭語で，「越えて」や「より上位のレベル」という意味をもちます。認知とは，見る，覚える，考える，読む，書く，話す，などの人間が行う知的な活動全般のことをいいます。つまり，自分の知的活動を俯瞰的に高いところから自分で認知していることがメタ認知です（図 6.1）。

　メタ認知には，自分の認知を認知の対象にして，それを制御するという操作的側面と，対象の認知について知っていることという知識的側面があります。

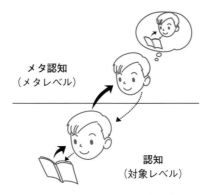

図6.1　メタ認知のイメージモデル
メタ認知は自分を客体視して，自分の状態を評価し，必要であれば自分の行動を変えていきます。メタ認知の対象になる認知は対象レベルとよばれます。認知を評価し修正するのはメタレベルで行われます。メタレベルは対象レベルの上位に位置づけられます。

　メタ認知の操作的な側面のことを，**メタ認知的経験**（metacognitive experience）とよびます。メタ認知的経験には自分の状態を評価するモニタリングと，その評価の結果を踏まえて自分の行動を変容させるコントロールの2つの過程が含まれます。「読む」という認知を例にすると，読んでいる内容を理解できているか，どこを読んでいるのか，など自分の状態を知る認知過程は**メタ認知的モニタリング**（metacognitive monitoring）とよばれ，そのモニタリング結果を踏まえて，もう一度読み直す，ゆっくり読む，単語を調べる，といった読み方を調節する認知過程は**メタ認知的コントロール**（metacognitive control）とよばれます。

　一方，メタ認知の知識的な側面のことを**メタ認知的知識**（metacognitive knowledge）とよびます。これは，対象となる認知に関して知っていることであり，主にメタ認知的経験を実行するために活用される知識です。代表的なものは方略知識で，これは方法に関する知識です。たとえば，先ほどの例のように本を読んでいてあまり理解できていないという状態になったら，「もう一度読む」「ゆっくり読む」や「単語を調べて読む」などの読み方をします。この読みの方法についての知識が方略知識です。

　メタ認知的経験やメタ認知的知識はそれぞれバラバラに働いているのではな

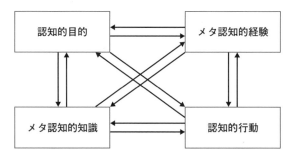

図 6.2　認知的モニタリングのモデル（Flavell, 1979, 1981）
認知的活動にメタ認知的経験やメタ認知的知識が相互に関係するだけでなく，認知活動の
目的に応じて 3 つのコンポーネントが影響を受けることを表しています。

く，対象となる認知活動の目的を達成するために連動して機能しています。つ
まり，認知活動の目的によって制御の仕方も変わります。これについてフレイ
ヴェル（Flavell, 1979, 1981）は，認知とメタ認知が相互に影響を与え合う関係
に，認知活動の目的を考慮した認知的モニタリングのモデルを示しました（図
6.2）。たとえば，同じ読むという認知でも，「ただ音読する」という目的と
「理解しながら読む」という目的とでは読み方が異なります。図 6.2 に沿って
考えると，「ただ音読する（認知活動の目的）」場合は，正しく読んで声に出す
（認知的行動）ために，音読中に行を飛ばしていないか，漢字を正しく読めて
いるかをチェックし（メタ認知的経験：モニタリング），読めていないならも
っている方略知識（メタ認知的知識）を使ってもう一度正しい場所を読み直し
たり，漢字の正しい読み方を調べたりなどの修正（メタ認知的経験：コントロ
ール）を行って認知活動の目的を達成しようとします。一方で，「理解しなが
ら読む」（認知活動の目的）場合は，文章の意味を理解できているかをチェッ
クし（メタ認知的経験：モニタリング），理解できていないならもっている方
略知識（メタ認知的知識）を使って，単語の意味を調べたり，文章の前後関係
を整理したり，大事なところに線を引いたりなど（メタ認知的経験：コントロ
ール）を行い，読みを進めて認知活動の目的を達成します。
　このように，メタ認知は認知活動の目的を自分自身で達成するために認知活
動を調整していく上で不可欠な機能といえます。同時に，メタ認知の働かせ方

は認知活動の目的によるといえます。

6.1.2　メタ認知的モニタリングとメタ認知的コントロールの関係

　メタ認知的経験は、メタ認知的モニタリングとメタ認知的コントロールの 2 つの過程で構成されます。情報の流れという観点からみると、図 6.3 に示すように、認知レベルの情報がメタ認知レベルに送られて評価されることがメタ認知的モニタリングであり、メタ認知レベルから認知レベルに情報を送って、認知活動をそのまま維持したり変更したりすることがメタ認知的コントロールです。つまり、対象となる認知活動に関する情報が認知レベルとメタ認知レベルの間を循環的に巡りながら認知活動が制御されます。

　具体的なメタ認知的経験による認知活動の制御過程をみてみましょう。ネルソンとナレンズ（Nelson & Narens, 1990）は、記憶の 3 つの認知過程とメタ認知的経験の対応関係を整理しました（図 6.4）。図の中央に、「記銘（覚える）」「保持（覚えておく）」「想起（思い出す）」の記憶の認知過程が配置されており、その上部にメタ認知的モニタリングの例が、その下部にメタ認知的コントロールの例が示されています。

　たとえば、ある項目群を記憶しておいて後で思い出すという活動の場合、記銘の過程では EOL（Ease of Learning；学習のしやすさ）や JOL（Judge of

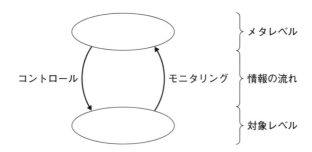

図 6.3　メタ認知的経験における情報の流れ（Nelson & Narens, 1990）
認知活動（対象レベル）の情報がメタ認知（メタレベル）に送られる過程はメタ認知的モニタリングです。メタ認知から対象レベルに情報が送られて認知活動を調整する（変えずに維持するを含めて）過程をメタ認知的コントロールといいます。

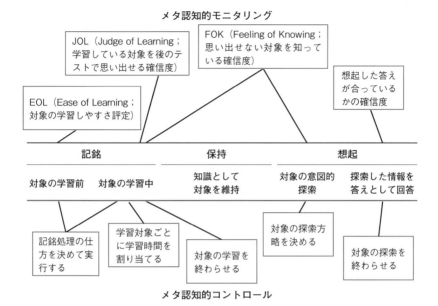

図 6.4　ネルソンとナレンズの記憶過程におけるメタ認知の枠組み
(Nelson & Narens, 1990)
中央横に記憶の記銘・保持・想起の過程を配置し、その過程で行われるメタ認知的モニタリングを図の上部に、メタ認知的コントロールを図の下部に配置しています。

Learning；学習した項目の想起可能性)，FOK（Feeling of Knowing；思い出せないけれど知っている感覚）といった判断がメタ認知的モニタリングとして行われます。それらのモニタリングは記銘時の行動を決定するメタ認知的コントロールのために使われます。具体的には、すでに覚えているものよりまだ完全に覚えていないものから優先して学習しようとするなど、ただやみくもに覚えようとするのではなく、項目の選別や学習する順番や学習時間の配分などプラン（活動の計画）を立てて学習し、学習中には、ある項目の JOL に基づいて、その項目の学習を終わらせたり継続させたりします。

　想起時のメタ認知的モニタリングとメタ認知的コントロールの関係は、テストを受けている場面を想像するとわかりやすいでしょう。問われたことに対する答えを思い出せたときに、自信をもってその答えが正しいと思える場合もあれば、あまり自信がない場合もあるでしょう。この自信がメタ認知的モニタリ

ングです。もし自信が高ければ，思い出した答えを回答するでしょう。低けれ
ば，その他の答えを想起し続けることでしょう。また，答えを思い出せない場
合，FOK が高ければ知っているという強い確信がある状態なので，答えに関
する関連情報を思い出そうとします。答えをどこで知ったか，どんな特徴があ
ったか，といった関連情報を手がかりにして思い出そうとするメタ認知的コン
トロールを行います。

6.1.3　メタ認知的知識の分類

　図 6.4 は，記憶するという認知活動の全般にわたって，メタ認知的モニタリ
ングやメタ認知的コントロールが往還的に働くことによってメタ認知的制御を
していることを示しています。しかし，記銘中のメタ認知的モニタリングによ
って定着度（JOL）が十分でないと判断した項目がわかっても，記銘の仕方
（覚え方や学習の仕方）を知らなければ学習定着度を上げていくようなメタ認
知的コントロールができません。つまり，どんなにメタ認知的モニタリングが
正確でも，どんなにメタ認知的コントロールを上手に実行する能力をもってい
たとしても，覚え方や学習の仕方などに関するメタ認知的知識がなければコン
トロールが上手にできないといえます。

　フレイヴェル（Flavell, 1981）は，メタ認知的知識を「方略知識」「課題に関
する知識」「人に関する知識」の 3 つに分類しました。

　方略知識とは，認知活動の方法に関する知識です。記憶という認知活動なら
ば覚え方に，読むという認知活動ならば読み方に対応します。たとえば，ある
短歌を暗唱しようとする場合，みなさんならどのように覚えますか。繰返し声
に出す方法，繰返し紙に書いていく方法，短歌の意味を理解して映像的なイメ
ージをもつ方法，などさまざまな方略が考えられますが，自分にとってなじみ
のある方法を採用すると思います。その方法がまさに方略であり，それを知識
として所持していることで，認知活動の状況に応じて適切な方略知識を想起し
て，実行に移していくことができます。仮に，方略知識がまったくなければ認
知活動の状況そのものを正確に把握できていても，その状況を解決することが
できません。方略知識をもっていることで実際に認知活動をすることができる

のです。したがって，方略知識が多いほど状況に応じた方略の選定が可能になります。豊かな方略知識をもつことは，認知活動を円滑に進めていく上でとても大切なのです。

ただし，方略知識をもっているだけでは上手に実行できるとは限りません。方略をどういう機会や状況で使うものなのかといった条件知識も必要であり，上手に運用していくための経験知のようなものがなくては方略を知識としてもっているだけにとどまります。方略知識を本当の意味で自分のものにするためには，手続き記憶（知識）を獲得するような実体験を伴う繰返し経験が必要といえます。

次に，**課題に関する知識**とは，認知活動の対象となっている課題について知っていることです。たとえば，「日本語の文章を読むときにすべてひらがなだと読みにくい」や「記憶課題においてはすべてを正しく再生する問題よりも選択肢の中から正答を選ぶ問題のほうが簡単だ」といったものです。また，入学試験や資格試験などの過去問の知識も課題に関する知識の一つです。課題について知っていることが多いと，認知活動を始める前のメタ認知制御であるプランニング（行動計画）がより適切なものとなるでしょう。プランニングは認知活動の内容や目標，その活動に使える時間などを考慮して自分の行動を前もって計画することであり，その計画がより適切であるならば，認知活動が計画からズレていないかをモニタリングし，計画に沿うようにコントロールすることで認知活動の目的を達成しやすくなります。

最後に，**人に関する知識**とは，ある認知活動を一般的な人間が行う際の性質についての知識や，その認知活動に対する自分自身の性質や特定の他者の性質に関する知識のことです。たとえば，記憶することについて，「人間は一般的に一度に 10 個以上のことを覚えることはできない」というのは，多くの人間にあてはまる性質についての知識です。また，「私は昔より記憶力が悪くなった」は自分自身に関する知識です。そして，「○○さんはすぐに人の顔と名前を覚えられる」は特定の他者に関する知識です。

自分自身に関する知識は，プランニングの内容や活動中の行動調節の内容に影響を及ぼします。たとえば，難易度に差がないような 2 つの課題がある場合，

自分自身は課題Aより課題Bのほうが得意だという知識があると，2つの課題のうちどちらかを選ぶように言われれば，課題Bを選択する人が多くなるでしょう。

　他者に関する知識や人間一般に関する知識は，他者との相対評価や他者とのやりとりを含む行動の自己調整の際に使われます。たとえば，〇〇さんはとても数学が得意で成績も良いという知識をもっていれば，〇〇さんより数学のテストの点数が低くても落ち込まないでしょうし，数学の問題が理解できなければ〇〇さんに尋ねるという行動をとることもできます。

6.2　メタ認知を使って良い学び手になる

　これまでみてきたように，メタ認知を働かせることで目標に向かって自律的に行動することができます。この節では「学習する・学ぶ」活動を例に挙げて，メタ認知を活用して，自律的に学習活動を進めることに注目します。目指す状態に向けて自ら学んでいくことを自己調整学習（self-regulated learning）とよびます。自己調整学習の枠組みに沿って良い学び手（good learner）となる方法を考えていきましょう。

6.2.1　自己調整学習の一般モデル

　自己調整学習に関する認知モデルはいくつかありますが，ここではウィンとハドウィン（Winne & Hadwin, 1998）の4段階モデルに基づいて自己調整学習の認知過程をみていきましょう。図6.5に示すようにさまざまな要素が自己調整学習に関与していますが，中核の認知過程は「操作」「成果」「遂行」で構成される認知レベルの3過程と，「コントロール」「モニタリング」で構成されるメタ認知レベルの2過程です。つまり，メタ認知的制御が自己調整学習の中核であることを示しています。

　このモデルの「操作結果（products）」の枠に注目します。ここに4段階が示されています。段階1は課題の明確化です。取り組む課題では何が求められているのか，目標とする状態は何なのかを明確にすることが自己調整の開始段

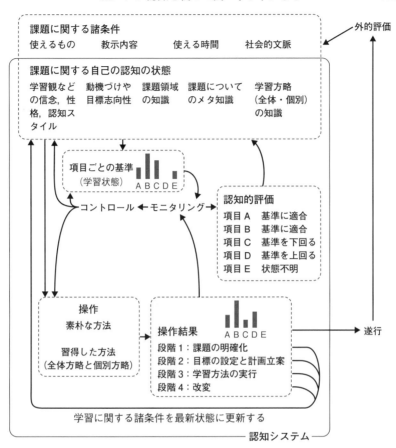

図6.5　自己調整学習の4段階モデル（Winne & Hadwin, 1998）

4段階とは，①課題の明確化，②目標の設定と計画立案，③学習方法の実行，④改変，です。

階にすべきことです。何となく「勉強する」「覚える」「理解する」という考え
だと制御する対象が不明確で，何をモニタリングして何をコントロールするか
が曖昧になってしまいます。取り組む課題が明確になれば，次は段階2の目標
の設定と計画立案です。認知条件に含まれるメタ認知的知識や課題条件に含ま
れる利用可能なリソースの情報を踏まえて，下位目標を含む最終目標達成のた
めの実行プランを立てます。プランを立てた後は，そのプランに含まれる目標
達成のための具体的な方策を決め，実際にプランおよび具体的方策を実行し学

習活動を進めます（段階3）。段階4では，プラン実行に基づく成果がモニタリングされ，段階2で定められた目標基準との比較や認知的な評価が行われます。

　この一般モデルでは学習活動の進行に伴って状況が変更され，変更に伴ってプランを再作成して実行する再帰的なプロセスが表現されていることが特徴的です。学習活動が進めば，学習状態（たとえばJOL）が変化したり，使える時間が少なくなったり，課題遂行への意欲が高くなったり低くなったり，他者からの外的フィードバックを得たりなど，学習者を取り巻く状況はダイナミックに変化します。良い学び手はこの状況の変化に応じて学習活動を調整していきます。つまり，図6.4でみたような記憶過程だけの局所的なメタ認知的制御だけでなく，学習時間の配分，自分自身の動機づけの調整，他者への援助要請の可否，などの学習に関わるあらゆる指標をモニタリングし，最終的な目標に向けて行動の自己調整をしていく包括的なメタ認知的制御が良い学び手には必要といえます。

6.2.2　さまざまな学習方略

　学習状況を認識し，課題の定義ができても，現在の学習状態を目標とする学習状態に近づける方法を知らなければ状況は変わりません。また，方法を知っていてもあまり効果的でない方法しか知らないと時間ばかりかかったり，学習活動に対する自己効力感（自分が思った通りにできている感覚）が下がったりして，学習意欲が低くなってしまうこともあります。つまり，学び方の知識である学習方略をもっていることが学習目標達成には欠かせません。ここでは，学習目標に達するための方法である学習方略について説明します。学習方略にはさまざまなものがあり，大きく認知方略，メタ認知方略，外的リソース方略の3つに分類されます。以下ではその分類ごとにみていきます。

　まず，**認知方略**は学習に含まれる認知活動の遂行に使う方略です。認知活動が「記憶」ならば記憶方略，認知活動が「読む」ならば読解方略とよばれます。たとえば，記憶方略には，リハーサル方略，体制化方略，精緻化方略，イメージ化方略，などがあります。これらはいずれも記憶するための方法に関する知

識です。記憶材料（覚えようとするもの）の特徴や目標の内容，方略使用時の認知的な処理の深さ，方略使用の習熟度などによって効果は変わります。

これらの方略は生得的にもっているものではありませんから，獲得していく必要があります。この本を読んでいるみなさんはさまざまな記憶方略をもっていると思いますが，世の中の全員がそうであるとは限りません。特に，就学前の子どもや小学校低学年の児童にとっては，自ら記憶方略を考え出すことはかなり難しいものです。これを覚えなさいと言われても「覚える」ということ自体が理解できなかったり，ずっと見ていれば覚えていると思っていたりします。単純に繰り返すだけのリハーサル方略ですら自分では考え出すことができません。したがって，親や教師，兄や姉といった自分より記憶することが得意な人から方略を教えてもらったり，その方略を使っているところを観察学習したりする必要があります。

次に，**メタ認知方略**です。これは，認知活動そのものではなく，認知活動をしている自分の状態を把握したり，方向づけたりして，認知活動の経験を知識化し次の活動に活かせるように学習者としての自分を向上させる方法のことです。自分の状態を把握する方略は，いわばメタ認知的モニタリングの方法です。これは，学習内容に関する自己テストをしたり，学習内容を文章にしたり，図式化したりすることで自分の内なる認知状態を外在化させる方法です。意識的に行うことで自分の状態を把握しやすくなり，その後のメタ認知的コントロールを効果的なものにします。また，学習前のプランニングや学習中の再プランニングもメタ認知方略の一つです。学習課題を理解し，最終的に到達する目標状態や中間の下位目標を決めたり，学習課題のどれをどのくらい取り組むのか，どの認知方略を使っていくのかなどを決めたりすることで自分自身を方向づけます。さらに，自分の学習活動を活動が終わった後で振り返って評価し，活動の内容や結果から教訓を得ようとすることもメタ認知方略です。いわば，自分の経験や気づきを知識化することです。たとえば，学習活動の経験から学習課題に関する知識（課題 A は予想よりも時間がかかった，この方略を使うと簡単だった，など）や学習者としての自分の知識（意外と見落としが多いからもう一度見直したほうがよい，家より図書館で勉強するほうが集中できた，な

ど）を得ることで，同様の学習課題における自分自身の学習の仕方を向上させ
ることができます。

　最後に，**外的リソース方略**です。これは，自分以外のリソース（認知資源）
を活用する方法のことです。学習者は学習課題（目標）の遂行（達成）のため
に外側のリソースも活用します。学習していてまったく理解できないことや知
らないことが出てきた場合，自分自身では解決できません。その場合，自分の
外側のリソースである図書館，インターネットといった設備や道具を活用して
情報を調べたり，友人や教師といった他者に情報提供や直接的な教授を求めた
りします。こういった方法を外的リソース方略とよびます。特に他者への援助
要請は適切に行うことで学習過程が円滑に進み，学習課題に関する知識が構造
化されたり，新たな方略知識を獲得する機会になったりします。しかし，学習
課題の答えだけ教えてもらったり，自分ではほとんど考えずに教わった通りに
活動したりするような他者依存的な援助要請を繰り返していると学習者として
自立できなくなってきます。あるいは，他者への援助要請という外的リソース
方略の知識をもっているにもかかわらず，適切なタイミングで実行することが
できず学習が不十分なままになってしまうこともあります。

6.2.3　学習の主体である自己認識の大切さ

　自己調整学習では，メタ認知を働かせて制御するのもされるのも自分自身で
すから，自分が自分のことをどのようにとらえているかで制御の仕方も変わり
ます。ここでは学習観と知能観という自己認識が学習に及ぼす影響を考えてみ
ましょう。

　学習観とは学習についての考え方や態度であり，メタ認知的知識といえます。
たとえば，「学習とは記憶することである」という考え方を強くもっている人
は，学習するときによく理解できなくてもとりあえず記憶することを活動の中
心におくでしょう。一方で，「学習とは理解することである」という考え方で
あれば，記憶することよりもまずは理解しようと試みるでしょう。つまり，学
習観は学習活動のプランニングや方略選択に影響しています。

　植木（2002）は，学習観を「学習量志向」「方略志向」「環境志向」の3つに

分類しました。学習量志向の学習観は，学習量が多いほど学習が成立するという考え方です。方略志向の学習観は，学習方略によって学習成績が変わるという考え方なので，学習が思ったように進まないときには学習量を増やすより学習方法を変えていくでしょう。環境志向の学習観は，学習の成立に自分以外の要素である施設や機器・設備，人的資源が影響を及ぼすという考えで，可能な限り学習環境を良くすることで学習成績を高くしようとします。特に，「方略志向」の学習観は「認知主義的な学習観」ともよばれ，理解を志向するために既有知識と関連づけるといった深い学びを行う傾向があり，学業成績も高いことが知られています（植阪ら，2006）。

　ただし，これら3つの学習観は3つのうちどれか1つしかもたないというものではありません。「方法も大切だし，学習量も大切，できれば良い環境のほうがよい」という学習観をもっていても，何を重要視するかによって学習の仕方の個人差が生まれます。あるいは，ある状況下において何を重視するかによっても学習の仕方の個人差が生まれます。学習の仕方の個人差を生み出すものの一つとして学習観があり，どのような学習観をもっているかは，それまでの学習経験（エピソード）に基づいているといえます。

　次に，**知能観**とは知的能力についての考え方や態度であり，これもメタ認知的知識といえます。ドゥエック（Dweck, 1986）は知能観を知的能力についての素朴理論（naive theory）として整理し，大きく2つの理論とそれに基づくマインドセット（心の構え）があることを示しました。一つは実体理論（entity theory）に基づく固定マインドセット（fixed mindset）であり，もう一つは増加理論（incremental theory）に基づく成長マインドセット（growth mindset）です。前者と後者では，知的能力の可変性の信念が異なっているため，知的能力が関係する学業的な失敗や困難の意味づけ方が異なり，その後の行動調整の仕方が変わってきます。前者は，知的能力の高い低いが生まれつき決まっていて，それはほとんど変わらないと思っており，知的能力を必要とする学習課題で失敗が続いたり，思ったような結果がでなかったりした場合には，その原因を自分の知的能力の低さに帰属して，メタ認知を活用して自らの行動を調整するという努力をしようとはしなくなります。一方で，後者は知的能力

は変わらないものではなく，自分の努力次第で変わっていくと思っており，同じ状況を自分の知的能力ではなく自分の取組み方や取り組んだ量に原因を求めて，メタ認知を働かせながら自ら努力し続けることができます。つまり，学習観も学習活動のプランニングや方略選択に，さらには動機づけにも影響しています。

　このように，自分自身が学習や知能をどのようにとらえているかによって学習の進め方や評価の仕方が異なることを踏まえると，良い学び手になるには単にメタ認知的な行動調整が優れているだけでなく，学ぶことについての自分自身の考え方を適切にもっていることが大切であることがわかります。したがって，学ぶことに苦手感覚がある場合には，認知やメタ認知がうまく働いていないのではなく，学習観や知能観によってうまく働かせられなくなっていることがあります。

6.3　メタ認知を磨く

6.3.1　メタ認知は主観的

　メタ認知を，自分の状態を客観的に評価することと誤解してしまうことがあります。確かに，図 6.1 にあるように自分自身を俯瞰的に見ることを，一般的な表現で「客観的」という言葉を使うことがあります。しかし，今までみてきたように，メタ認知は自分の認知を自分自身で評価し操作する認知過程ですから完全に主観的なのです。

　たとえば，学習の程度を評価するメタ認知的モニタリングである JOL は，学習中や学習直後に評価する直後 JOL よりも，しばらく時間を空けてから評価した遅延 JOL のほうが正確であることが知られています。学習中や学習直後に評価した場合，評価対象が長期記憶に転送され保持されていなくても，作動記憶上に保持されていることが多いため，学習者は覚えている（思い出せる）という評価をします。そのため，長期記憶から想起することが求められるテストでは覚えていると評価したにもかかわらず思い出せないのです。しかし，テストと同じように学習後にしばらく時間を空けてから評価する遅延 JOL は

長期記憶から想起できたか否かを評価するため，テストの成績をより正確に予測できます。

　つまり，メタ認知的モニタリングは客観的で常に正確というわけではないこと，そして，正確でない情報に基づいてメタ認知的コントロールをしても目標状態には近づかないことがわかります。このような仕組みを知っていれば学習計画の立て方が変わります。

　たとえば，30個の英単語テストがあるとしましょう。日本語を手がかりに英単語を想起したり，英単語を手がかりに日本語を想起したりするようなテストです。英語は苦手で英語学習の背景知識は不足していると仮定します。目標はできるだけ高得点を目指すとします。どのような学習方略を使うかも問題になりますが，ここでは低次だが一定の効果が見込まれる記銘処理である「繰返し書く」を使うとします。ある英単語の学習をどこで止めるのかはテストで思い出せると判断できるまでです。すなわち，学習している途中で「もう大丈夫」と思うことができれば学習を止めます。しかし，この学習中に学習を止めるという判断に使われるメタ認知的モニタリングは直後JOLなので不正確です。学習中や学習直後の認知的なオンライン状態で判断すると，特に記憶に関するものはエラーが生じやすいのです。したがって，より正確に学習状態をモニタリングするためには，認知的なオフライン状態で判断するとよいのです。

　具体的には，30項目をだいたい大丈夫というところまでまず学習します。この判断は基本的にあてにならないので仮判断とします。学習後に別のことを行って作動記憶から記憶していた内容を除きます。休憩として読書をしたり動画を見たり，あるいは別のテストの勉強をしてもいいでしょう。学習後からしばらく時間を空けた後に，すでに学習した30項目のテストをします。これは遅延JOLをしているのと同じですので，このテストで思い出せた項目は長期記憶に転送して想起できているので再学習の必要はないでしょう。思い出せなかった項目は長期記憶に転送できていないことが判明しましたから，これを再学習の対象として，先ほどと同様にだいたい大丈夫と判断できるまで学習します。そして，また時間を空けて再度テストをします。これを繰り返していくことで，学習目標を効果的自律的に達成することができます。オンライン状態で

のメタ認知的モニタリングに頼るのではなく，オフライン状態でのメタ認知的モニタリング（テスト）を活用するとうまくいくということを知識としてもっておくことは，良い学び手になるために必要なことでしょう。

6.3.2　実行することが大切

　図6.5で示したように，自己調整学習では読んだり覚えたりといった局所的なメタ認知的制御だけでなく，学習課題の分析，学習目標の設定とプランニング，学習環境の状態，学習者としての自分自身の分析や評価，といった学習活動全体に及ぶ包括的なメタ認知的制御が機能しています。つまり，メタ認知的制御が自己調整学習の中心的な役割を果たしているため，メタ認知的制御に習熟するようになれば自分自身で学習していくことも上手になりそうです。

　メタ認知的制御を習熟させていくには，メタ認知の対象である認知活動を実行することが大切です。なぜなら，実行することで自分自身のメタ認知的制御が効果的だったのかを評価することができ，それに基づいてさらに制御するという重層的な体験によって認知活動に関するメタ認知的知識を増やし，メタ認知的経験の適切な運用ができるようになっていくからです。

　自分の状態を正確にモニタリングし，それを踏まえて最適な行動のプランニングをしても，実行しなければ絵に描いた餅です。完璧な学習計画を立てても，その計画に基づいて学習をしなければ何も変化しません。認知活動を実行することによって初めて変化が生じ，その変化に基づく次のメタ認知的調整が生じます。つまり，モニタリングやプランニングなどのメタ認知を働かせることは大切ですが，それをすることが目的になってしまうと本末転倒なのです。モニタリングやプランニングなどの評価や計画をどれだけ正確に丁寧に時間をかけて実施しても，実行が伴わなければ認知活動の目標には一歩も近づきません。したがって，自己調整学習に習熟していくためには，課題に関する知識や方略知識といった情報をもっていることと同様に，実際に行動に移していくという動機づけ過程も大切です。

6.3.3 メタ認知的制御における他者の役割

　メタ認知を働かせる，すなわち，自分の状態をできるだけ正しく評価して，自分の目指す方向へ自分の行動を変えていくことを最初から満足にできるわけではありません。親や先生といった他者に自分の状態を評価してもらい，どのようにするのかを教えてもらい，その行動の実行も援助してもらうところから始まります（丸野，1989）。それらの経験は，将来的に自分一人でメタ認知を働かせて自己調整をしていくための学習機会なのです。そして，メタ認知的制御の習熟過程でも他者が大きな役割を果たしています。

　たとえば，子どもが本を読んだり算数の問題を解いたり，調べたことをまとめたりする学習課題を親や先生と対話しながら解決していく過程では，子どもが認知レベルの活動を，親や先生がメタ認知レベルの活動を行っていることが多いです。子どもが特に問題なく認知活動をしている際は親や先生は見守っており，何らかの問題が生じたときに，子どもに考えることを促したり，どう考えたり取り組んだりするとよいのかヒントを出したり，お手本を示したり，うまくできないところを補助したりといった援助によって子どもが学習課題を達成できるようにします。ここで注目したいのは，援助をしているときに，親や先生は無口であることは少なく，子どもの考えを尋ねたり，自分の行動の解説をしたり，子どもの行動を勇気づけたりなど，言語活動が行われている点です。また，子どももただ他者からの働きかけに応じるのではなく，対話の主体として参加し，親や先生の振る舞いを見ています。つまり，子どもは学習課題の遂行において親や先生からの他者制御を受け入れる過程で，親や先生との対話内容や行動を自己制御の方法として獲得していきます。他者に制御され（支えられ）ながら自分自身でやってみた経験，すなわち，そこで行われた対話内容や行動をメタ認知的知識とし，自分自身の行動調整に応用していくようになります。

　他者と協同的な活動の中で行われる対話には評価の視点や評価の仕方，行動遂行時の注意点やコツなどが含まれています。その協同的活動と対話をエピソードとして記憶していることによって，自分一人で同様の課題に取り組むとき，対話を思い出し，その対話で使われた言葉で自己を調整できるようになるので

す。つまり，メタ認知は自己内での情報の循環として表現されることが多いですが（図6.1や図6.2），メタ認知を獲得したり，よりよいものにしたりしていくためには，自己の内に閉じずに，他者との協同的活動が不可欠といえるでしょう。

　このような他者との協同的活動を用いた教授学習方法に，相互教授法や認知カウンセリングがあります。**相互教授法**（reciprocal teaching）とは「文章を読む」という活動をペアで協同的に行うことにより初心者の「読みのメタ認知的制御」を習熟させることをねらうもので，パリンサーら（たとえば，Palincsar & Brown, 1984）が継続的に実践し研究しました。教師の援助のもとで，中学1年生が文章を要約したり，質問を考えたりする活動を認知的な行動とメタ認知的な行動に分けて担当することで，「読みのメタ認知的制御」に習熟し，読解力が介入直後だけでなく持続的に向上することを明らかにしました。この協同的活動では，通常ならば1人でする認知レベルとメタ認知レベルの自己内対話を2人で役割を分けて実施しています。そうすることで，自己内対話が二者間の対話として表れ，どのように認知活動を評価したか，なぜそのように評価したか，その評価を踏まえてメタ認知的コントロールをどうするか，なぜそうするのかを一緒に考えたり，教わったりなどのやりとりをすることが「読みのメタ認知的制御」を向上させます。単に教師から「読み方」の知識を伝えられた場合と比べれば，他者との協同的な問題解決過程を通して自ら方略知識を用いた体験や付随するメタ認知的制御に似た対話エピソードをもつことで，「読み方」の知識を思い出しやすく利用しやすい状態にします。

　認知カウンセリングは，市川（1993）が提唱した個別に行う学習指導方法です。学習課題の達成に困難をもつ児童や生徒とカウンセラーが協同して学習課題を解決していく経験を通して，児童や生徒が学習者として自立していくことを目指します。カウンセラーは単に学習課題の解き方を教えるのではなく，児童や生徒と対話をしながら，学習課題が解決できなかった理由は何か，どうすれば解決できるのか，同じように解決できなかった人に教えるにはどうするか，一連の対話的やりとりで学んだことは何か，といったことを段階的に考える活動をしていきます。この対話的やりとりは，相互教授法と同様に児童や生徒の

問題解決の方略知識の獲得に貢献します。さらに認知カウンセリングは単なる問題解決方略や認知方略だけでなく，児童や生徒がもつ学習観の（再）構築にもつなげることが可能であり，自立した学習者になるための有効な援助方法といえます。

6.4 ま と め

　メタ認知は，自分がなりたい状態に自分でなっていくためにはなくてはならない機能です。それは個人が環境に適応し自立していくための根源的な力ともいえます。この章では主に学習場面におけるメタ認知を扱いました。学習場面では特にメタ認知を働かせて学習方略を活用していくほうが成果を上げます。ぜひ，学習場面では意識的にメタ認知を働かせてみてください。そして，メタ認知を育むには自分の内に閉じるのではなく他者との協同活動が有効であることを踏まえて，自分のメタ認知を習熟させると同時に，仲間のメタ認知の習熟に貢献する互恵的な学習活動を行うことをおすすめします。

　一方で，メタ認知は学習場面に特化したものではなく，領域一般的なものでもあります。場面によって使用するメタ認知的知識が異なるだけです。コミュニケーション場面や購買場面など，日頃の自分の行動をメタ認知の枠組みにあてはめて考えてみてください。人間の行動におけるメタ認知がいかに一般的か，そして私たちが絶えず自己調整することで自立した生活を送っていることがわかると思います。

コラム 6.1　他者との間に分かちもたれるメタ認知　　松尾　剛

　本章では，メタ認知という心の働きについて紹介しました。何らかの認知的な課題に取り組みながら，同時に自分自身の認知的な状態をモニタリングし，必要に応じてコントロールする……何だか，とても大変なことのように思えてきました。私たちの認知資源には限りがありますから（第3章のワーキングメモリの説明を思い出してください），新しい課題に取り組む際などには，メタ認知をうまく働かせることは非常に困難なことのように思えてきます。ここで少し視点を変えてみましょう。私たちは，本書の第3〜6章にかけて紹介してきたような認知の働きを，個人の中に閉じた過程として考えがちな気がします。もちろん，そのような認知の働きは個人の中で生じる過程なのですが，同時に，他者との間に分かちもたれながら実現する過程でもあるということです。三宅（Miyake, 1986）は，ミシンによって縫い目が作られる仕組みを2人で話し合うプロセスを分析しました。その結果から，自分の理解を自分で批判的に考え直すことは非常にまれである一方で，他者からの批判を受ける機会は多く，自分よりも理解している人，自分とは異なる考えをもっている人から批判を受けることによって，批判を受けた人の理解の検証が促され，さらなる探究のきっかけとなることで，理解が発展していくという過程を示しています。ミシンの問題について考える人＝認知する人，と，その理解をモニターする人＝メタ認知する人，といえるような役割分担が自然に生じており，そのような2人が協同することによって，自分の理解をモニターしながら不十分な点をさらに検討し続けるといったメタ認知が実現しているといえるのではないでしょうか。

　このように他者との間に分かちもたれながら，メタ認知が実現するという様子は，教室での学びにおいてもしばしば目にすることができます。本章で紹介した相互教授法もその一例といえるでしょう。以下に示したのは，立石・松尾（2018）で紹介されている，小学2年生の国語の授業における子どもたちのやりとりです。子どもたちは登場人物が手紙をもらって「ああ」と言う場面について，この発言をどのように音読するとよいか，ということを話し合っています。

児童1：あの，ため息，1の場面のAちゃんが言ったように，ため息をつけるように，あの，言った，言ったらいいと思います。

教　師：ため息をつくようなね，あの，1の場面のとき？

児童2：質問があります。

教　師：はい，2さん。

児童2：この前は，「あぁ」って一度も，1の場面のときに，そこは悲しい場面だったから，息を吐くようにってAちゃんは言ったけど，今はうれしくて，お手紙をもらって，あの，書いたんだよって，僕がお手紙出したんだものって聞いて，うれしい気持ちだから。この前，出したのは，悲しい，一度ももらったことない，だけど，今は，ため息はあんまりつかないんじゃないですか？

児童1：うーんと……ため息をつくように，明るく元気に読んだらいいと思います。

教　師：1くんはじゃあ，ため息は……。

児童3：悲しいため息のほうじゃない。

教　師：あぁのほうじゃなくって，うれしいって気持ちを伝えたいのかな？

　このやりとりでは，以前読んだ場面と同じように，ため息をつくように読めばいいという考えが出されるのですが，児童2がその考えに対して批判的な質問を行っています。三宅（Miyake, 1986）と同様に，その批判的な質問をきっかけとして，児童1がこの考えを振り返り，同じため息でも，悲しい気持ちのときに出るため息ではなくて，うれしい気持ちや感動した気持ちのときにでるため息である，というように自分の意見を精緻化しています。他の子どもたちとのやりとりを通じて，自分の考えを，もっと正確に伝えなければならないというメタ認知的モニタリングが促され，その結果として自分の意見をより詳しく説明し直すというメタ認知的コントロールが生じているといえるのではないでしょうか。

　このように，メタ認知という活動を個人の認知過程としてだけでなく，社会的に分かちもたれながら実現している過程として考えてみると，それは小学校の低学年

の子どもたちの間でも成立し得るものであることがわかります。ヴィゴツキー（Vygotsky, 1935）の**発達の最近接領域**という概念では，子どもの知的発達の水準を，自力で問題解決できる発達水準と，他者からの援助や協同によって達成可能になる発達水準の2つの視点から理解しようとします。そして，後者の発達水準と前者の発達水準の間の領域は，子どもの潜在的な発達の可能性を表していると考えられています。このように，他者との間に分かちもたれながらメタ認知的な思考の営みが実現することは，その後に子どもたちが独力でメタ認知を働かせることができるようになるための基盤になり得ると考えられます。子どもたちの多様な考えが生まれるような活動や発問の準備，自分の考えを自由に話すことができ，他の人の考えに対する批判的な質問をすることや，そういった質問を受けることが，学びを深めるために重要なことであると認め合える学級風土の醸成，そして，上の例にみられるように，子どもの発言を全体に確認しながら進めていくような関わりといったものが，メタ認知を育む学習環境デザインの重要な要素として教師に求められるのではないでしょうか。

コラム 6.2　予習の効果　　生田淳一

予習は効果的ですが，その背景の一つとして知られるのは，先行オーガナイザーです。これは，前もって学習に必要なスキーマ（これを先行オーガナイザーとよびます）を与えておいたほうがよいという研究結果に基づいています。たとえば，花のつくりについて学ぶ授業で，先行オーガナイザーがある授業では，「めしべ，おしべ，花びら，がくは，中側から順に並んでいる」というスキーマを初めに与えたほうが，後で知らされるよりも学習内容についての理解が進むというのです。多くの授業は「まとめ」として，後で知らされることが多いのではないでしょうか。予習は，効果的な学習方略であることが指摘されているにもかかわらず，学校での実践は少ないといえます。予習型の学習は塾の専売特許のように扱われている印象があり，特に小・中学校ではあまり実践されることがないようです。

「うちの学校，学級では，家庭学習による予習は難しい。宿題さえやってこないのだから」と考える立場の方も少なくないでしょう。予習研究の第一人者である篠ヶ谷圭太氏によると，「授業と連動していない学習方略は選択されない」ということです。予習したことが授業につながっていたり，予習での学びに基づいた学習活動があったり，予習することで授業をより理解できたと実感することが必要で，そうでない場合，その学習方略は選択されなくなるのです。つまり，「家庭学習と授業が連動する必要がある」ということになりますが，それがなされていないので，結局「学習者は課題をしてこない」という結果になるのだろうと考えられます。宿題も，ドリル学習や音読といった学習習慣の定着を主眼にしたものが多く，学習者からすると授業との連動性を感じづらいものになっているといえます。毎日決められた量をこなすことが重要で，学習者はその質について問うことや考えることは少なく，そのためノートを埋める作業になっている場合も少なくないでしょう。そうだとすると，宿題の出し方にも課題がありそうです。

今後の授業改善では，家庭学習（予習や宿題など）を含めた学習過程の再構築が求められると考えられます。これまでの授業実践では，「本時」授業について，導入・展開・まとめのそれぞれの学習過程についての工夫はかなり検討されていると

いえます。一方で，家庭学習も含めた学習過程の再構築は進んでいないといえます。これからの時代は，ICTを活用することで，同期の学習環境（リアルタイム）と非同期の学習環境（オンデマンド）が提供できるようになりました。そのため，家庭学習を含めた学習過程の再構築がますます求められるようになるでしょう。たとえば，資料動画を視聴して，先行オーガナイザーを得た上で，授業では話し合いからスタートするといった学習過程が容易に実現できるようになるのです（いわゆる反転学習といわれるような学習スタイルです）。また，ドリル学習についてもAIがサポートしてくれる時代がやってきます。クラス全員が量と質が一律の課題に等しく取り組むこれまでの宿題から，一人ひとりの学習状況に個別にベストマッチした宿題へ。学校教育の教授学習過程は，家庭学習を含めた学習過程の再構築によってさらに進化していくことでしょう。

復 習 問 題

1. メタ認知的経験について具体的な例を示して説明してください。

2. 認知的方略，メタ認知的方略，外的リソース方略のそれぞれについて具体的な例を示して説明してください。

3. 学習を自己調整できる良い学び手になったり育てたりするための方法と，その理由を説明してください。

参 考 図 書

三宮 真智子（2018）．メタ認知で〈学ぶ力〉を高める──認知心理学が解き明かす
　　効果的学習法──　北大路書房

　20のトピックでメタ認知を平易な文章で説明する前半といかにメタ認知を活用するかという視点でトピックに関連する具体的方法を紹介する後半で構成されています。初学者向け。

ダンロスキー，J.・メトカルフェ，J. 湯川 良三・金城 光・清水 寛之（訳）（2010）．
　　メタ認知──基礎と応用──　北大路書房

　メタ認知研究の歴史，メタ認知過程の基礎的な研究に加えて，教育や司法の場面でのメタ認知研究の応用や児童期と高齢期のメタ認知を扱った本です。ハンドブック的な使い方も可能です。中級者向け。

自己調整学習研究会（編）（2012）．自己調整学習──理論と実践の新たな展開へ
　　──　北大路書房

　自己調整学習に含まれる諸側面に関する理論の整理と，学校教育などの実践場面における自己調整学習の研究成果を紹介した本です。学習の自己調整について，メタ認知だけでなく動機づけや学業的な援助要請などの視点からも理解できます。中級者向け。

第7章 動機づけ

　日常場面では，やる気が起きない，何かをやり始めても長続きしない，という経験をすることがあります。一方で，やる気に満ちあふれて，時間が経つのを忘れるぐらい何かに没頭することもあります。どちらも，「ある行動を起こし，それを持続させるプロセス」に関する問題であるといえます。この問題は，学術研究では「動機づけ」という用語で概念化され研究されています。本章では，まず，動機づけという概念の説明を行い，次に，動機づけの心理的メカニズムに関する理論やモデルを紹介します。それらの理論やモデルを理解することで，あなた自身や他者の「動機づけ」の問題にアプローチする際の視点ができると思います。ぜひ，自身の経験や日常生活と関連づけながら学習してみてください。なお本章では，紙数の都合で各理論やモデルに関する実証研究の詳細までは記述できていません。適宜文献情報を提示しますので，発展的な学習の際に活用してください。

7.1　動機づけという概念を理解する

7.1.1　動機づけの定義

　動機づけという用語の意味は，その英語表記である motivation の語源をたどるとみえてきます。motivation は，motive と，ation，からなります（Webster's Third New International Dictionary, 1981）。motive は，日本語では動機を意味し，具体的には，「人を行動に駆り立てる，人の中にある何か（need＝欲求，idea＝考え，organic state＝心身の状態，emotion＝感情など）」を指します。たとえば，「◇◇が食べたい」「将来○○になりたい」「□□さんと仲良くなりたい」といった気持ちが当人をある行動に駆り立てるとき，それは動機とみなせるでしょう。一方，ation は，action（＝活動，行動，行為）または process（＝プロセス，過程）のことを指します。このようにみていくと，motivation，

つまり，動機づけとは，「ある動機から，行動が生じている状態（プロセス）」を指す用語であるといえます。

　学術研究では，動機づけは「行為が起こり，活性化され，維持され，方向づけられ，終結する現象」と定義されます（鹿毛，2013）。研究の関心は，行為が生起し，方向づけられ，維持されるプロセスに関する心理的メカニズムを解明することにあり，現在も国内外で多くの研究が展開されています。

　なお，動機づけに類する日常用語として「意欲，やる気」がありますが，両者の違いはどう理解したらよいのでしょうか。意欲とやる気は，ほぼ同じ意味を表しています。つまり，意欲は「積極的に何かをしようと思う気持ち」，やる気は「物事を積極的に進めようとする気持ち」と説明されます（『広辞苑第 7 版』）。動機づけと，「意欲，やる気」の違いに関して，桜井（2017）は，意欲は勉強や仕事といったどちらかといえば知的な行動に使うことが多いのに対して，動機づけは喉が渇いたからジュースを飲む，誰かと話したくなったから相手を探すというように，より広い範囲の行動に使われる点を指摘しています。鹿毛（2013）は，意欲はその語感にプラスの価値を含む日常用語であるのに対して，動機づけは価値中立的な学術用語であり，行動一般が出現するメカニズムを問題にしていると指摘しています。これらの指摘からは，動機づけは，「意欲，やる気」が対象とするような行動だけでなく，私たちのより広い範囲の行動を対象にする用語であるといえます。

7.1.2　自分や他者の動機づけをとらえる際の考え方

　日常場面で，あなた自身や他者の動機づけ，つまり，「ある動機から行動が生じている状態（プロセス）」をとらえる際の 2 つの考え方を紹介します。

　1 つ目は，「エネルギー」と「方向」という観点からとらえる考え方です（たとえば，桜井，2017）。エネルギーとは，行動を推進する力の強さのことです。方向とは，その行動が目指す目標のことです。たとえば，A さんは，「定期テストで点数をとるために（＝方向），1 日に 3 時間勉強した（＝エネルギー）」。B さんは，「内容を長期的に定着させるために（＝方向），3 時間を 3 日間に分けて 1 時間ずつ勉強した（＝エネルギー）」というような例です。エネ

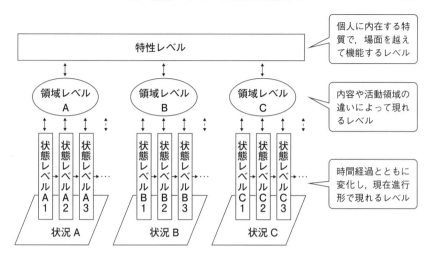

図7.1　**動機づけを「特性レベル」ー「領域レベル」ー「状態レベル」という3水準でとらえる**
（鹿毛，2013をもとに作成）

ルギーは主に行動の量的側面を指すのに対して，方向は行動の質的側面を指しています。エネルギーという観点では同じようにみえる行動も，方向も含めてとらえることで，まったく異なる行動として理解できる可能性があるといえます。

　2つ目は，「特性レベル」ー「領域レベル」ー「状態レベル」，という観点からとらえる考え方です（図7.1）（たとえば，鹿毛，2013）。特性レベルとは，動機づけを，特定の場面や領域を越えた一般的な個人のパーソナリティとしてとらえることを指します。たとえば，「Aさんは何にでも意欲的な人だ」というようなとらえ方です。領域レベルとは，動機づけを，ある分野や領域の内容に即してとらえることを指します。たとえば，「Aさんは算数には意欲的だけど，体育には消極的だな」というようなとらえ方です。状態レベルとは，動機づけを，時間経過とともに現在進行形で変化する水準でとらえることを指します。たとえば，「Aさんは授業の最初のほうは消極的だったけど，クイズが提示されたときはとても意欲的だった」というようなとらえ方です。動機づけをどのレベルでとらえるかによって，その内容が大きく変わる可能性があるといえま

す。

7.1.3　動機の形成に影響する要因

　動機づけが発動するきっかけとなる「動機」は，個人内の要因と個人外の要因によってダイナミックに形成されると考えられています（たとえば，上淵，2019a; 鹿毛，2013）。次の例をもとに考えてみましょう。

　Aさんは，英語を話せるようになりたいという気持ちが強く（＝個人内要因：欲求），英語を話せると将来の仕事に役立つと考えています（＝個人内要因：認知）。Aさんは，親友のBさんから英会話のお試しレッスンがあることを知らされて（＝個人外要因：環境），うれしい気持ちになり（＝個人内要因：感情），レッスンに参加しようと思いました（＝動機の形成）。

　個人内の要因としては，欲求，感情，認知があるとされています。欲求は，食欲や承認欲求などの用語で表されるような，「〜したい（〜されたい）」といった身体的・心理的な状態を表します。感情は，「うれしい」「恥ずかしい」「不安だ」といった内的な状態を表します。認知は，当人の認知内容，具体的には，価値（たとえば，役立ちそう），目標（たとえば，前よりもうまくなるぞ），期待（たとえば，レッスンに参加すれば英会話力が身につくだろう），信念（たとえば，能力は練習のやり方次第でどんどん伸ばせる）などを指します。なお，欲求と感情については，その線引きは厳密には困難という考え方もあり，両者を統合して考える立場もあります（たとえば，上淵，2019a）。

　一方，個人外の要因である環境は，個人内の要因である欲求，感情，認知に影響を及ぼすことを通して動機の形成に関与していると考えられています。たとえば先の例で，Aさんに英会話のお試しレッスンがあることを知らせたのが親友のBさんではなく，見ず知らずの人であった場合や，直前に信頼する先生から「英会話よりもまずは文法の勉強をしてみたら？」と言われていた場合には，うれしい気持ちはあまり喚起されず（＝個人内要因：感情），レッスンに参加しようという動機は形成されなかったかもしれません。

　このようにみていくと，あなた自身や他者の「動機づけ」の問題にアプローチする際には，当人の欲求，感情，認知に働きかけるという視点と，当人を取

り巻く環境に働きかけるという視点をもつことが重要になるといえます。その具体的な考え方を私たちに教えてくれるのが，動機づけの心理的メカニズムに関する理論やモデルです。以下では，それらを概説していきます。

7.1.4 動機づけの理論やモデル

動機づけの心理的メカニズムに関する理論やモデルは，それが，動機の形成に影響する個人内の要因（欲求，感情，認知）のどれに着目しているかという観点から整理されます。たとえば鹿毛（2013）は，各理論やモデルを，認知，欲求，感情，という3つの観点で整理しています。上淵（2019a）は，欲求と感情を統合する立場に立ち，感情と認知という2つの観点で整理しています。ただし，これらの整理は便宜的なもので，実際には複数の観点を有する理論やモデルもあります。

以下では，2000年代以降の動機づけの3大理論とよばれる，自己決定理論，期待価値理論，達成目標理論（上淵，2019a）と，それらに関連する諸理論を中心に概説していきます。以下で取り上げる理論やモデルは，鹿毛（2013）の枠組みでいう，欲求と認知にそれぞれ整理されています。よって，以下の構成は，7.2節「欲求という観点から動機づけを説明する理論・モデル」，7.3節「認知という観点から動機づけを説明する理論・モデル」とします。なお，個人内要因である感情や，個人外要因である環境が動機の形成にどのように影響するかについての詳細は本章では取り上げていませんので，鹿毛（2013）で確認してください。

7.2 欲求という観点から動機づけを説明する理論・モデル

私たちの中にある欲求が，私たちを特定の行動に駆り立てる心理的エネルギーになることがあります。たとえば，「お腹を満たしたい」「仲良くなりたい」「勝ちたい」「知りたい」「ほめられたい（叱られたくない）」という欲求が，「買い物に行く」「友達と遊ぶ」「友達と勝負する」「勉強する」「掃除をする」といった行動を起こす一因になるというような例です。

　以下では，行動を活性化して方向づける原因として「欲求」という個人内要因を仮定し，動機づけの心理的メカニズムを説明する理論・モデルをみていきます。

7.2.1　欲求を分類してとらえる考え方

　具体的な理論やモデルを説明する前に，まず，私たちの中にあるさまざまな欲求を分類してとらえる考え方を2つ紹介します。

　1つ目は，欲求を基本的欲求（1次的欲求）と社会的欲求（2次的欲求）に分けてとらえる考え方です。**基本的欲求**は生まれつきもっている欲求を指し，**社会的欲求**は経験や学習によって後天的に獲得される欲求を指します。基本的欲求には，生理的欲求（食べたい，眠りたいなど，生きるために必要な欲求），種保存欲求（性や母性の欲求など，種の保存のために必要な欲求），内発的欲求（好奇心など，よりよく生きるために必要な欲求）があるとされます。一方，社会的欲求には，達成欲求（優れた水準で物事を成し遂げたいという欲求）や，親和欲求（良好な人間関係を築きたいという欲求），愛情欲求（人と愛し愛される関係になりたいという欲求），承認欲求（他者に認めてもらいたいという欲求），自己実現への欲求（社会の中で自分の良さを活かして生きていきたいという欲求）などがあるとされています。

　2つ目は，欲求を階層的にとらえる考え方です（**表7.1**）。これはマズロー

表7.1　**欲求階層説**（Maslow, 1970；黒田，2012をもとに作成）

より高次 ↑	成長欲求	**自己実現への欲求**（自分の潜在的可能性を最大限生かそうとする欲求）
	欠乏欲求	**承認や尊敬への欲求**（尊敬を受けようとしたり，自尊心を満たそうとしたりする欲求）
		所属集団や愛情への欲求（集団の一員であると認められたり，愛情を得ようとしたりする欲求）
		安全への欲求（恐れや危険から身を守り，安心を得ようとする欲求）
より低次 ↓		**生理的欲求**（飢えや渇きなど，生理的欲求を満たそうとする欲求）

（Maslow, 1970）によって提唱された考え方で，**欲求階層説**とよばれます。欲求階層説では，生きる上で基盤となる欲求（生理的欲求など）が満たされてこそ，より高次な社会的欲求を満たそうとする意欲が生じることが強調されます。つまり，階層の底辺に生理的欲求を，頂点に自己実現への欲求を位置づけて，上位の欲求は下位の欲求を満たすことによって追求が可能になると考えているのです。なお，生理的欲求から承認や尊敬への欲求までは，自分に欠けているものを満たそうとする欲求なので，欠乏欲求とよばれます。それに対して，自己実現への欲求は，自分の可能性をできるだけ広げたいという欲求なので，成長欲求とよばれます。

7.2.2　達成動機づけ理論

　上述したように，社会的欲求の一つに，達成欲求（優れた水準で物事を成し遂げたいという欲求）があります。みなさんも，「何かにチャレンジしてそれを成し遂げたい！」「良い成績をとりたい！」といった，達成へと向けられた気持ちを抱いて行動した経験があるのではないでしょうか。

　アトキンソン（たとえば，Atkinson, 1964）は，達成欲求によって生じる行動のメカニズムを期待価値理論に基づいて理論化しました（**達成動機づけ理論**；理論の詳細と実証研究については，奈須（1995）や鹿毛（2013）などで確認できます）。アトキンソンは，達成に向けた動機づけの強さは，「その人のもつ達成動機（性格的なもの）」と，「成功できそうかという見込み（主観的成功確率＝期待）」と，「成功することの自分にとっての価値（ここでいう価値は，認知的な内容ではなく，感情的な内容，たとえば，成功時に感じられる喜びや誇りを指しています）」によって決まるという発想で，その強さを求めるための計算式を提唱しました。その計算式を展開すると，最終的には**図7.2**の式で動機づけの強さを求めることができます。

　彼の理論のポイントは，大きく次の2点にあります。1つ目は，当人の中で，成功動機（成功したいという気持ち）が，失敗回避動機（失敗するのは嫌だという気持ち）を上回れば，達成に向けた行動が始発するとしている点です。逆に，もし失敗回避動機が成功動機を上回れば，行動が抑制されたりその状況を

$$\begin{array}{l} \text{達成に向けた} \\ \text{動機づけの強さ} \end{array} = \frac{(成功動機ー失敗回避動機) \times}{\{成功の主観的確率 \times (1ー成功の主観的確率)\}}$$

図 7.2　達成に向けた動機づけの強さを求めるための計算式
(Atkinson, 1964 ; 奈須, 1995 をもとに作成)

避けようとしたりすると考えているのです。このことは, 図 7.2 の(成功動機
ー失敗回避動機)の値の符号の正または負で表されています。2 つ目は, 達成
動機(つまり, 図 7.2 の(成功動機ー失敗回避動機)の値)が一定だとすると,
計算式の値が最大になるのは, 成功の主観的確率(0 から 1 の値をとる)が
0.5 のときであるという点です。このことは, 成功動機が失敗回避動機を上回
る場合には, 成功するか失敗するかが五分五分だと思うときに, 達成に向けた
行動の強さが最大になることを意味しています。一方で, 失敗回避動機が成功
動機を上回る場合には, 成功するか失敗するかが五分五分だと思うときに, 達
成に向けた行動を控える傾向が最大になることを意味しています。

　さて私たちは, アトキンソンの理論からどのような教訓を得ることができる
でしょうか。たとえば彼の理論は, ある個人の達成行動を促すためには, 当人
自身や当人が属する集団(家族, 学級, 部活など)の中で, 失敗をポジティブ
にとらえて, 物事に向き合う姿勢を大事にすることの重要性を示しているかも
しれません。また, 課題の難易度に注意を向け, それが簡単すぎたり難しすぎ
たりする場合は, 調整する必要があることを示しているかもしれません。

7.2.3　内発的動機づけと外発的動機づけ

　動機づけの質的側面をとらえる枠組みとして, 内発的動機づけと外発的動機
づけという用語が使用されることがあります。歴史的にみると, **外発的動機づ
け**という概念は, 「快は欲して, 不快は避けたい」という欲求によって行動が
生じるという考え方(動因理論)をもとに提唱されました(たとえば, 鹿毛,
2013)。その当時は, 「アメとムチ(賞罰)」によって生じる行動というように,
私たちの行動の他律的な側面を指す概念として理解されていました。ですが,
私たちの行動は, 常に他律的に生じるわけではなく, やりたい!知りたい!と

表7.2 **勉強する理由**（外山，2011をもとに作成）

①おもしろくて楽しいから
②新しいことを知りたいから
③先生や親に叱られるから
④先生や親にほめられるから
⑤勉強ができないと恥ずかしいから
⑥良い成績をとりたいから
⑦自分の夢や目標のために必要だから
⑧良い高校や大学に入りたいから
⑨自分の能力を高めたいから
⑩知識を得ることで幸せになれるから

いうような欲求によって自律的に生じることもあります。そのような行動を指す概念として**内発的動機づけ**が提唱されました。

内発的動機づけと外発的動機づけは，「目的―手段」という枠組みで理解することができます（たとえば，上淵，2019a）。つまり両者は，その活動をすること自体が「目的」になっているのか，それとも，その活動は別の目的の「手段」なのか，で区別できます。たとえば，**表7.2**には勉強する理由が10個挙げられていますが，それら10個はそれぞれ，内発的動機づけと外発的動機づけのどちらに分類することができるでしょうか。ある活動（ここでは勉強）そのものを「目的」として位置づけることができる状態が内発的動機づけであることを踏まえると，①「おもしろくて楽しいから」と，②「新しいことを知りたいから」の2つが，それに該当するといえます。残りの③～⑩は，「手段」としてある活動（ここでは勉強）に取り組んでいる状態であるとみなせるため，外発的動機づけに該当するといえるでしょう。具体的には，③は「叱られないようにすること」，④は「ほめられること」，⑤は「恥ずかしい思いをしないこと」，⑥は「良い成績をとること」，⑦は「夢や目標をかなえること」，⑧は「良い高校や大学に入ること」，⑨は「自分の能力を高めること」，⑩は「知識を得て幸せになること」が目的になっており，勉強はそれらを達成するための手段であるとみなせます。

内発的動機づけと外発的動機づけは，自己決定理論の下位理論（認知的評価理論と，有機的統合理論）と関連させて理解することで，この考え方を私たち

が日常場面でどう活かせるかがみえてきます。以下では，その点について概説していきます。

1. 内発的動機づけをより深く理解する——認知的評価理論をもとに

　内発的動機づけが，社会的要因（たとえば，お金や物などのご褒美，肯定的な言葉がけ，罰など）の影響を受けてどのように変化するかを説明する理論として，**認知的評価理論**があります（この理論および実証研究の詳細については，鹿毛（1995，2013），西村（2019）などで確認できます）。内発的動機づけに基づいた行動は，好奇心や興味，関心によってもたらされるため，自発的，積極的な行動，持続的な行動として現れやすいという特徴があります。その一方で，社会的要因による影響も受けやすいと考えられています。

　認知的評価理論では，社会的要因が個人の「自律性を阻害するかどうか」，また，個人の「有能感を高めるかどうか」，という観点から，内発的動機づけの変化の説明を試みています。ここでいう自律性は，自身の行動を自分で決定している感覚を，有能感は自身の能力や才能を示すことができているという感覚を指します。たとえば，掃除に対して内発的動機づけで取り組んでいる（つまり，自分がやりたくてやっていて，充足感や満足感を得ている）子どもに，周囲の大人がご褒美としてお小遣いをあげた場合を考えてみましょう。もしこのお小遣いが，その子どもの自律性を阻害すれば，掃除に対する内発的動機づけが低下する可能性があります（この例のように，社会的要因が内発的動機づけを低下させる現象は，**アンダーマイニング効果**とよばれます）。一方で，周囲の大人がご褒美ではなくほめ言葉として，「前よりも細かいところまで掃除ができるようになってきたね」と言った場合を考えてみましょう。もしその言葉が，子どもの自律性の感覚を損なうことなく，有能感を高めれば，内発的動機づけは高まる可能性があります（この例のように，社会的環境が内発的動機づけを高める現象は**エンハンシング効果**とよばれます）。つまりこの理論では，当人（ここでは子ども）が社会的要因を，どのように認識，解釈するかが，当人の内発的動機づけを弱めたり強めたりすることにつながると考えているのです。たとえば，先の例では，ご褒美としてお小遣いをもらうことによって掃除への内発的動機づけが高まる子どももいるかもしれません。その個人差は，お

小遣いが，子どもの自律性と有能感に対してどのような意味をもたらしたかによって生じると考えているのです。

　この理論から，私たちはどのような教訓を得ることができるでしょうか。たとえば，内発的動機づけで取り組んでいる行動に対しては，どう関わるのがよいでしょうか。より意欲的に取り組んでほしいとの思いや，ねぎらいの気持ちを込めて，物的もしくは言語的な報酬を積極的に与えるのがよいでしょうか。それとも，当人が自分の意思で行動できる環境や（＝自律性），充足感や満足感を感じられる環境（＝有能感）を引き続き保証しながら，温かく見守るのがよいでしょうか。また，当人の内発的動機づけを引き出したいときには，どう関わるのがよいでしょうか。その場合は，まずは，当人の中で，自律性の感覚が喚起されるような関わりが有効かもしれません。具体的な方法の一つに，「自分で決定させる」があります。ピンク（Pink, 2009）は，次の4つの側面で，当人の自律性の感覚を呼び起こすことができると指摘しています。その4つとは，Task＝課題（たとえば，何をするか），Time＝時間（たとえば，いつ取り組むか），Technique＝手法（たとえば，どのようなやり方でするか），Team＝チーム（たとえば，誰と一緒にするか），です。選択肢を複数提示し選ばせる等の方法を用いれば，低年齢の子どもとの関わりの中でも実践できる可能性があります。なお，これとは逆に当人を統制するような関わりは，当人の自律性の感覚を損ねる可能性があるため，慎重に用いる必要があると考えられています。

2. 外発的動機づけをより深く理解する——有機的統合理論をもとに

　外発的動機づけをより精緻にとらえるための理論として，**有機的統合理論**があります（この理論および実証研究の詳細ついては，鹿毛（2013），西村（2019），外山（2011）などで確認できます）。上述したように，表7.2の③〜⑩は，勉強することが別の「目的」の「手段」になっているという点で，外発的動機づけとしてとらえることができます。しかし，一口に外発的動機づけといっても，その内容はさまざまです。

　有機的統合理論では，その行動がどのくらい自律的（自己決定的）に生じているのかという自律性の程度によって，外発的動機づけを4つの段階に分けて

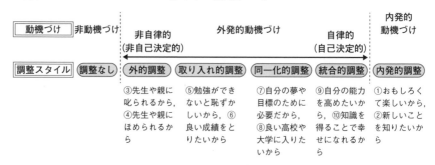

図7.3　外発的動機づけを有機的統合理論をもとにとらえる考え方
（外山，2011をもとに作成）

この図は，外発的動機づけを，非動機づけと内発的動機づけとの関係を含めて，相対的な自律性の程度によってとらえ直した図です。調整スタイルとは，活動の理由に相当するもので，その理由の内容によって，当該の活動の価値をどの程度自分のものにしているかを判定できます。

います（図7.3）。まず，もっとも他律的な外発的動機づけは**外的調整**とよばれます。これは，報酬の獲得や罰の回避，または社会的な規則などの外的な要求に基づく動機づけを指します。やや自律的な次の段階は，**取り入れ的調整**とよばれます。これは，自我拡張や他者比較による自己価値の維持，罪や恥の感覚の回避などに基づく動機づけを指し，消極的であるものの，その行動の価値を部分的に取り入れているという特徴をもちます。さらに自律化が進んだ段階が，**同一化的調整**とよばれます。これは，活動の価値を自分のものとして受け入れている状態を表す動機づけを指します。もっとも自律的な外発的動機づけの段階は，**統合的調整**とよばれます。これは同一化的調整が自己の中に完全に吸収され，自分がもっている他の価値や欲求と相互に矛盾することなく折り合いがついているような，調和的な状態，すなわち首尾一貫した自己の感覚を指します。なおこの理論では，外発的動機づけの統合的調整よりも内発的動機づけのほうが自律性の程度の高い動機づけとして，外発的動機づけの自律化プロセスと独立して位置づけられています（図7.3）。また，図7.3の左端には自律性がまったく存在しない状態として，非動機づけが位置づけられています。これは，動機づけが生じていない状態です。つまり，行動が生じていないか，生じていたとしても本人に行動しようという意図がないような状態を指します。

外発的動機づけの 4 つの段階（**図7.3**）については，自律性が高いほど，学業達成や精神的健康との関連が強くなると考えられています。

それを踏まえると，外発的動機づけの自律化を促進するという視点をもち，自分や他者の動機づけの問題を考えることが有効かもしれません。外発的動機づけの自律化を促すには，当人がもつ 3 つの心理的欲求，つまり，自律性欲求，有能感欲求，関係性欲求，を充足させることが重要と考えられています。先述したように，自律性欲求と有能感欲求は，自身の行動を自分で決定したいという欲求と，自身の能力や才能を示したいという欲求を指します。関係性欲求とは，他者と良好な関係を形成し，重要な他者からケアされたり，またその他者のために何か貢献したいという欲求です。これら 3 つの欲求の充足に向けた働きかけやサポートを進めることで，当人の動機づけをより自律性が高い段階へと移行できると考えられています。たとえば，当人のことを気遣い（＝関係性），当人が自分で決定できる余地を保証し（＝自律性），進歩や成長を実感できるようにする（＝有能感）関わりを行うなどの方法が考えられます。

7.3　認知という観点から動機づけを説明する理論・モデル

私たちの認知内容（意識，認識，信念など）や認知プロセス（推論，判断など）が，行動の生起や強さ，持続性に影響を及ぼすことがあります。たとえば，「英語を勉強すると将来の仕事に役立つ」「この課題は，やり遂げられそうだ」と考えている人と，「英語を勉強しても無駄だ」「この課題はやり遂げられそうにない」と考えている人では，自主的に勉強や課題に取り組むか否かという点や，取り組む時間や期間などに違いがあるかもしれません。

以下では，行動を活性化して方向づける原因として「認知」という個人内要因を仮定し，動機づけの心理的メカニズムを説明する理論・モデルをみていきます。

7.3.1　期待価値理論

期待価値理論とは，私たちの動機づけを，期待と価値の側面からとらえよう

とする理論の総称です（たとえば，上淵，2019a）。ここでいう期待とは，主観的に認知された成功の見込みを意味します。たとえば，「できそうだ」「どうせできない」といった認識を指します。一方，価値とは，当該の課題や活動に対する主観的な魅力や望ましさを指します。たとえば，「やる意味がある」「やっても無駄だ」といった認識を指します。

　この理論のポイントは，動機づけを期待と価値の 2 つの側面からとらえている点にあります。つまり，期待と価値のどちらか一方だけでは不十分であり，両者がそろってこそ動機づけが導かれると考えているのです。たとえば，「できそうだ（＝期待）」と感じていても「やっても無駄だ（＝価値）」と認識していたり，「やる意味がある（＝価値）」と認識していても「どうせできない（＝期待）」と感じている場合には，行動が起こりにくくなると考えているのです。

　以下では，期待と価値ついて，より詳しく説明していきます。

1. 動機づけにおける「期待」の役割

　期待という概念は，バンデューラ（Bandura, 1977）によって，結果期待と効力期待に分けて概念化されています（図 7.4）。**結果期待**とは，ある行動が特定の結果を生じさせるであろうという予測のことをいいます。たとえば，「毎日 1 時間英会話の勉強を続ければ，英会話の力が身につくだろう」というような内容です。これは，「ある行動に特定の結果が随伴しているという認識（＝随伴性認知）」のことを指します。そのため，自分の行動が期待した結果につながるという随伴性を感じることができないと，学習性無力感に陥る可能性があると考えられています（学習性無力感とは，自分が行動しても結果が伴わないという経験を繰り返すと，「自分にはできない（能力がない）」という無力感を学習してしまう状態のことをいいます）。一方で，**効力期待**とは，「自分がその行動をとることができるかどうか」といった自身の能力に関する期待のこ

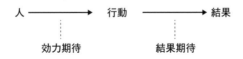

図 7.4　効力期待と結果期待の関係（Bandura, 1977 をもとに作成）

表7.3 効力期待（自己効力）に影響する4つの情報源（鹿毛，2013をもとに作成）

情報源	内容
①行為的情報	実際に課題を遂行することを通して成功体験をすると自己効力が高まる一方で，失敗体験によって自己効力が低まる。
②代理的情報	他者による課題の遂行を観察することによって「自分にもできそうだ／無理だ」などと感じ，自己効力が変化する。
③言語的説得の情報	他者からの言葉による説得や自己暗示などが自己効力に影響を及ぼす。
④情動的喚起の情報	ドキドキする，不安になるといった身体的，生理的反応の知覚が自己効力に影響を及ぼす。

とをいいます。上の例では，「毎日1時間，英会話の勉強を続けることができるかどうかについての確信」を指します。この効力期待は，自己効力感やセルフエフィカシーともよばれます。

　動機づけには，結果期待と効力期待の両方が影響すると考えられていますが，どれだけ結果期待を認識していたとしても，効力期待がなければ行動自体が生じない可能性があります。

　では，効力期待をもてるようにするにはどうしたらよいのでしょうか。効力期待は，表7.3に示す4つの情報源に基づいて変化すると考えられています（たとえば，鹿毛，2013）。この4つの中でも，①行為的情報がもっとも強力な情報源であるといわれます。この観点から効力期待を高める方法としては，目標を具体的に設定し，日々の結果を可視化する（たとえばグラフ化する）ことで，当人が「徐々にうまくできるようになってきている」という感覚を得られるようにする方法などがあります。小さな成功体験を日々蓄積することが，効力期待を高める上で重要な役割を果たすと考えられています。また，②代理的情報については，何でもうまく完璧にこなすモデルを観察するよりも，つまずきながらも何とか達成するモデルを観察するほうが効果的だとされます。このことは，私たちが物事に取り組むときの前提として，「どんなことでも，うまくなる過程では，困難に直面したり失敗したりすることが自然なことである」という認識をもつことの重要性を示唆しているように思われます。

2. 動機づけにおける「価値」の役割

表7.4　**課題価値の下位要素**（Eccles & Wigfield, 1985；解良・中谷, 2016 をもとに作成）

下位要素	内容
興味価値	その課題をすることの楽しさやおもしろさに関する認知を指す（たとえば，数学の授業は楽しい，など）。
獲得価値	当該の課題における取組みおよび成功が望ましい自己像の獲得につながるという認知を指す（たとえば，数学をよく理解することで，自分が成長できると思う，など）。
利用価値	狭義には将来のキャリア上の有用性の認知を指す（たとえば，数学で学ぶ内容は，将来の仕事に役立つ，など）。近年は，利用価値をより広くとらえ，日常生活の中での有用性という観点でも扱われている。
コスト	個人が課題を遂行する際に認知する負担感を指す。具体的な内容として，①成功のために必要とする努力量に関する負担感を指す「努力コスト」（たとえば，数学をよく理解するためには，かなりの努力が必要になる，など），②当該の活動とは異なる，別の価値づけている活動に費やすことができる時間的なロスを指す「機会コスト」（たとえば，数学を勉強することで，自分の趣味に費やす時間が少なくなる，など），③恥などの失敗したときの心理的なデメリットを指す「心理コスト」（たとえば，数学をよく理解できなかったら，みじめな気持ちになりそう，など）がある。

　エクレスとウィグフィールド（Eccles & Wigfield, 1985）は，**課題価値**という概念を提唱し，ある課題に対する価値を質的にとらえる枠組みを提示しました。課題価値は，**表7.4** に示すように 4 つに分類されます。上から 3 番目までの，興味価値，獲得価値，利用価値はポジティブな価値ですが，4 番目のコストはネガティブな価値です。彼らは，ある課題への価値づけは，ポジティブな価値とネガティブな価値とが調整される形で相対的に認知されると考えているのです。たとえば，どれだけその課題に対して楽しさやおもしろさを感じていても（＝興味価値），その課題をすることで，大事な友達との食事の時間をとれなくなるのであれば（＝機会コスト），その課題への価値づけは相対的に低くなるかもしれません。彼らの概念は，動機づけの問題にアプローチする際には，当人の中でポジティブな価値をもてるようにする一方で，ネガティブな価値をいかに低減できるかという視点が重要になることを示しているといえます。

　なお，エクレスとウィグフィールドは，彼らが提唱した期待価値モデルの中で上述した 4 種類の価値を想定していますが，彼らのモデルは単に期待と価値が達成に向けた行動につながるというモデルではないことを付記しておきます。

彼らのモデルは，文化環境や社会化の担い手（たとえば，親）の影響を受けて
個人の認識（信念）が発達し，それが期待や価値を形成し達成に向けた行動に
つながる，という壮大なモデルとして提案されています（たとえば，鹿毛，
2013；上淵，2019a）。

7.3.2　達成目標理論

　私たちがもつ目標という観点から，動機づけを理解しようとする立場があり
ます。私たちは，ある課題や対象に対してさまざまな目標をもつことができま
す。たとえば，テスト前に「前のテストよりも良い成績をとれるように頑張ろ
う」という目標をもつ人もいれば，「友達の〇〇さんよりは良い成績をとれる
ように頑張ろう」という目標をもつ人もいるかもしれません。この立場をとる
研究は，個人がもつ目標の違いで，その後の行動やパフォーマンスが変わる可
能性を考えているのです。

　ここではまず，主として勉強などの学習場面を念頭に理論化されている，エ
リオットら（Elliot & Church, 1997）の**達成目標理論**を紹介します（理論や実
証研究の詳細は，シャンクとジマーマン（Schunk & Zimmerman, 2007）や，
上淵（2019b）を参照）。達成目標理論では，目標は熟達目標，遂行接近目標，
遂行回避目標，の3つに分類されます（**表7.5 (1)**）。熟達目標は，「自分の能
力を伸ばすこと」に注意が向いています。一方で，遂行接近目標と遂行回避目
標は，いずれも「他者との相対的な比較の中でのパフォーマンス」に注意が向
いています。具体的には，遂行接近目標は，他者よりも良いパフォーマンスを
得ることが目的になるのに対して，遂行回避目標は，他者よりも劣らないこと
が目的になります。これらの目標がもつ効果については，一般的に，熟達目標
は深い処理や適応的援助要請，努力，耐性，学習過程を楽しむといった積極的
な学習過程をもたらすと考えられています。遂行接近目標は，学習に対する努
力や達成につながる一方で，ただ暗記するというような表面的な情報処理，お
よび援助要請の回避などにもつながる危険性があると指摘されています。最後
に，遂行回避目標は表面的な情報処理，援助要請の回避，評価不安，セルフハ
ンディキャッピングといったあまり望ましくない学習過程をもたらすと考えら

表7.5　達成目標理論，および社会的達成目標理論の下位要素

(1) 達成目標理論（Elliot & Church, 1997；田中・藤田，2004 をもとに作成）

目標	内容
熟達目標	学習や理解を通じて能力を高めることを目指す（たとえば，数学について多くのことを知りたいので，数学を勉強しようと思う，など）。
遂行接近目標	自分の有能さを誇示し他人から良い評価を得ようとする（たとえば，他の人よりも良い成績をとるために，数学を勉強しようと思う，など）。
遂行回避目標	自分の無能さが明らかになる事態を避け他人からの悪い評価を回避しようとする（たとえば，他の人よりも悪い点数だと嫌だから，数学を勉強しようと思う，など）。

(2) 社会的達成目標理論（Ryan et al., 2012；海沼・櫻井，2018 をもとに作成）

目標	内容
社会的熟達目標	他者とのポジティブな関係を形成，維持，発展させることを目指す（たとえば，自分を本当に理解してくれる友達をもつことに関心がある，など）。
社会的遂行接近目標	他者からのポジティブな評価，社会的名声，良い評判を得ることを目指す（たとえば，他のクラスメイトより，人気のあるグループの一員でいることに関心がある，など）。
社会的遂行回避目標	他者からのネガティブな判断，社会的な不器用さや無能さといった観点からの評判の悪さを回避することを目指す（たとえば，他のクラスメイトに，自分の所属するグループがないと思われないことに関心がある，など）。

れています（セルフハンディキャッピングとは，もしもの失敗に備えて，自分の課題遂行に不利となる活動をすることです。たとえば，試験前にあえて遊びに行くなど，失敗したときの言い訳となり得る行動をあらかじめとることで，失敗しても自尊心が傷つかず，成功すれば自尊心が高まることを期待します）。

　この達成目標理論を，友人関係などの社会的場面を念頭に理論化する研究群もあります（**社会的達成目標理論**）。たとえばライアンら（Ryan et al., 2012）は，上記の達成目標理論をベースにして，社会的場面での目標を社会的熟達目標（＝他者とのポジティブな関係を形成，維持，発展させることを目指す）と，社会的遂行接近目標（＝他者からのポジティブな評価，社会的名声，良い評判を得ることを目指す），および社会的遂行回避目標（＝他者からのネガティブな判断，社会的な不器用さや無能さといった観点からの評判の悪さを回避することを目指す）に分類しています（**表7.5（2）**）。未だ実証研究が少ない状況ではありますが，上記の達成目標理論の研究と類似した結果も報告されていま

す。つまり，友人関係の形成や維持に対して，社会的熟達目標はポジティブな影響をもつこと，社会的遂行接近目標はポジティブな影響だけでなくネガティブな影響ももつこと，社会的遂行回避目標はネガティブな影響をもつこと，が報告されています（たとえば，Ryan et al., 2012; 海沼・櫻井，2018）。

　以上を踏まえると，この目標という観点から動機づけの問題にアプローチする際には，学業場面でも社会的な場面でも，当人が熟達目標をもてるよう働きかけることが有効かもしれません。学業場面を対象にした研究と社会的な場面を対象にした研究では，遂行接近目標を有していても，熟達目標を同時に強くもっていれば，遂行接近目標のネガティブな影響が小さくなることも指摘されています。集団や社会の中で生活する以上は，遂行接近目標や遂行回避目標をもつことは自然なことのようにも思えます。だからこそ，意識的に熟達目標をもち，自身を成長させることにつながる行動を起こしやすくすることが重要かもしれません。

7.3.3　原因帰属理論

　ある結果が生じたときに，その原因を何に帰属させるかという観点から動機づけを理解しようとする立場があります。私たちが，ある結果の原因を推測，想像することを原因帰属といいます。**原因帰属理論**では，何に原因を帰属するかによって，その後に喚起される感情，行動やパフォーマンスに違いが生じると考えています。

　ワイナーら（Weiner et al., 1971）は，結果の原因の帰属先を，「原因の所在」と「安定性」といった2つの次元から分類しました（**表7.6**）。原因の所在とは，原因が物理的に行為者の内（内的）か外（外的）かという次元です。たとえば，能力や努力は内的で，運や課題の難易度は外的と考えられています。一方，安定性とは，原因が時間的に固定しているか（安定），変動するか（不安定）という次元です。能力や課題の難易度は安定，努力や運は不安定ととらえられています。これらの2次元の組合せで，原因の帰属先が，能力，努力，課題の困難度，運に分類されています。

　では，帰属先が変わると，その後に喚起される感情，行動やパフォーマンス

表 7.6　**原因帰属の分類**（Weiner et al., 1971 をもとに作成）

		原因の所在	
		内的	外的
安定性	安定	能力	課題の困難度
	不安定	努力	運

に違いが出るのでしょうか。たとえば，重要なテストで良い点数をとった場合（つまり，何かに成功した場合）は，「自分は頭が良いからだ」と能力に帰属しても，「一生懸命勉強したからだ」と努力に帰属しても，次も頑張ろうという気持ちが出てくると考えられています。一方で，重要なテストで悪い点数をとった場合（つまり，何かに失敗した場合）は，「自分は頭が悪いからだ」と能力に帰属してしまうと，「一生懸命勉強しなかったからだ」と努力に帰属した場合よりも，次も頑張ろうという気持ちが小さくなると考えられています。それらを踏まえると，成功した場合でも失敗した場合でも，努力への帰属を通してその後の行動を計画する習慣をつけることが有効な可能性があります。ただし，そのことは，ただ努力すればよいということを意味しているわけではありません。努力の仕方，すなわち，どのようなやり方で取り組んだかが重要であり，その点を自分で考えたり，よりよい方法を調べたり，他者から指導してもらう必要があります。失敗した場合に，努力に帰属し努力を続けても，成果が出なければ，「頑張っても無駄だ」という**学習性無力感**に陥ってしまう危険性があります。

7.3.4　マインドセット

　ドゥエック（たとえば，Dweck, 2017）は，**マインドセット**，すなわち，知能（能力）の固定性や可変性についての信念が，動機づけプロセス全般に影響を与えると考えています。マインドセットをとらえる観点として，固定マインドセット（Fixed mind-set）と，成長マインドセット（Growth mind-set）があります。**固定マインドセット**とは，「私たち人間はそれぞれ，ある一定の能力を持っており，それはあまり変えることができない」という信念を指します。

一方，**成長マインドセット**とは，「能力は，努力（hard works）や良いやり方（good strategies），他者からの指導（instruction from others）によって伸ばせる」という信念を指します。ドゥエックは，それまでの研究をもとに，それぞれのマインドセットがどのような行動や結果につながりやすいかを整理しています。成長マインドセット（Growth mind-set）については，それをより強く持ち環境と向き合う場合，学び成長したいという欲求が喚起され，［挑戦（Challenges）］を受け入れ，［障害（Obstcles）］に直面しても粘り強く取り組み，［努力（Effort）］を熟達への道とみなし，［批評（Criticism）］から学び，［他者の成功（Success of others）］からも教訓を得ようとする，といったプロセス（行動）につながりやすくなり，結果として（As a result）より一層高いところへ到達する可能性があるとしています。一方，固定マインドセット（Fixed mind-set）については，それをより強く持ち環境と向き合う場合，自分を賢く見せたいという欲求が喚起され，［挑戦（Challenges）］は避けて，［障害（Obstcles）］に直面したらあきらめ，［努力（Effort）］を無駄なものとみなし，［批評（Criticism）］は無視し，［他者の成功（Success of others）］を脅威に感じる，といったプロセス（行動）につながりやすくなり，結果として（As a result）早期に頭打ちとなり，十分な能力を発揮できなくなる可能性があるとしています。つまり，マインドセットが，動機づけのあり方，および，最終的な到達点を左右する源として機能する可能性があると考えているのです。

　私たちができることは，日々の生活で意識的に成長マインドセット（Growth mind-set）を自分の中に呼び起こし，環境と向き合うことかもしれません。ドゥエックは，マインドセットは，自分で選びとることができると強調しています。欧米の研究では，子どもたちが成長マインドセットで環境と向き合えるようになることを目標にした介入も行われており，その効果も報告されています。日常生活の中で，「どうせ自分には……」「別にいいや……」というようなネガティブな気持ちになっているときに，意識的に成長マインドセットを選びとることができれば，直面している状況（たとえば，上記の［挑戦（Challenges）］［障害（Obstcles）］［努力（Effort）］［批評（Criticism）］［他者の成功（Success of others）］といった状況）の解釈の仕方や，その状況での行動の仕方が

変化し，自身の成長につながる確かな一歩を踏み出せるかもしれません。その
歩を進める過程では困難や失敗がつきものですが，それらに粘り強く向き合っ
ているときに脳は強化されるそうです。ですので，何かに熟達したいときこそ，
困難や失敗に直面することをポジティブにとらえて，その経験から"よりよい
やり方"を考えたり，調べたり，または他者から教わったりしながら，今の自
分を少しずつ成長させる姿勢を大事にするとよいかもしれません。

コラム7.1　動機づけを高めるフィードバックとは？　　松尾　剛

　家庭，学校，職場などで人を育てる上では，さまざまな情報を相手に対していか
にわかりやすく伝えるか，ということはもちろんですが，相手が何らかの反応を示
した際に，それに対してどのようなフィードバックを返すか，ということも非常に
重要となります。そこで，動機づけに関する心理学の研究成果を踏まえながら，動
機づけを高めるフィードバックのポイントについて考えてみたいと思います。

　最初に紹介するのは，人をほめるか，過程をほめるか，といったことの違いに着
目して行われた研究です（Kamins & Dweck, 1999）。この研究では，平均年齢5歳の
幼稚園児64人を対象とした実験が行われました。子どもたちは，パズルを作ること
を先生に求められて，そのパズルを完成させる，といった状況をロールプレイで体
験しました。その後，先生からのフィードバックとして，人をほめられるグループ
では，"I'm very proud of you." "You're a good girl." "You're really good at this." とい
った言葉かけが与えられました。それに対して，過程をほめられるグループでは，
"You must have tried really hard." "You found a good way to do it, can you think of
other ways that may also work?" といった言葉かけが与えられました。グループ間で
の比較を行った結果，過程をほめられたグループの子どもたちは，人をほめられた
子どもたちよりも，自分の作品や自分自身に対する評価が高くなること，肯定的な
感情を経験すること，うまくいかない状況で粘り強く建設的に解決しようとする傾
向が高くなることが示されました。本章でも論じられていたように，親や教師が何
をほめるか，といったことが子どもの原因帰属先やマインドセットなどに影響を与

える可能性が考えられます。

　適性処遇交互作用（第9章を参照）の考え方を踏まえると，このようなフィードバックの効果は，個人の特性や，状況などによっても異なると想定できます。この点について，外山ら（2017）は促進焦点（希望や理想を実現することを目標とし，進歩や獲得の在・不在に焦点をあてるような目標志向）と防止焦点（義務や責任を果たすことを目標とし，安全や損失の在・不在に焦点をあてるような目標志向）の違いが，プロセスフィードバックの効果に与える影響を検討しました。研究の結果，事前に促進焦点が活性化された群では，課題を行った後に，ポジティブなプロセスフィードバック（例：「正確さを重視したのが良かったようです」）が与えられた場合に，ネガティブなプロセスフィードバック（例：「速さの重視が欠けていたようです」）が与えられた場合よりも，次の課題に向けて努力したいという気持ちや，課題への興味が高くなることが示されました。また，事前に防止焦点が活性化された群では，ネガティブなプロセスフィードバックが与えられた場合に，ポジティブなプロセスフィードバックが与えられた場合よりも，次の課題への努力や課題への興味が高くなることが示されました。教育場面におけるフィードバックは，相手の動機づけを高めるための重要な手立ての一つです。人を育てるためには，相手の特徴，状況などを考慮しつつ，効果的なフィードバックを心がけることが大切だといえるでしょう。

復 習 問 題

1. あなた自身の動機づけの問題として，どのような問題がありますか。その問題に
アプローチするときの方法を，本章で紹介した動機づけの理論やモデルをもとに具
体的に考えてみましょう。

2. あなたが関わる他者の動機づけをうまく機能させるために，あなたにはどのよう
なことができそうですか。本章で紹介した動機づけの理論やモデルをもとに具体的
に考えてみましょう。

参 考 図 書

ピンク，D. 大前 研一（訳）（2015）．モチベーション3.0――持続する「やる気！」
　　　をいかに引き出すか――　講談社

　動機づけの問題を具体的な状況（ビジネスや教育など）と関連づけて学べる書籍
です。初学者でもわかりやすい内容になっています。

外山 美樹（2011）．行動を起こし，持続する力――モチベーションの心理学――
　　　新曜社

　動機づけに関する理論を，研究の結果をもとに具体的に学べる書籍です。初学者
でもわかりやすい内容になっています。

鹿毛 雅治（2013）．学習意欲の理論――動機づけの教育心理学――　金子書房

　動機づけに関する理論やモデルを，幅広く，かつ詳細に学べる書籍です。専門的
に学びたい方におすすめです。

上淵 寿・大芦 治（編著）（2019）．新・動機づけ研究の最前線　北大路書房

　動機づけに関する最近の研究知見を学べる書籍です。専門的に学びたい方におす
すめです。

第 **8** 章
教育評価

　みなさんは教育評価という言葉からどのようなものを連想するでしょうか。多く
の人が思い浮かべるのは，学校の試験や通知表などかもしれません。では，どうし
て学校では試験や通知表が必要なのでしょうか。試験の点数や通知表の成績は，生
徒自身の能力を測定し，その結果を表したものと考える人もいるかもしれません。
確かに，教育評価にはそのような個人の能力を測定するという側面もありますが，
それだけではないのです。この章では，教育評価がなぜ必要なのか，どのような教
育評価が学習者にとって望ましいのかという視点から考えてみたいと思います。

8.1　教育評価の意義と目的

8.1.1　教育評価とは

　教育評価という言葉から一般にイメージされるのは，学校での試験や成績で
はないでしょうか。実際に学校教育においては，さまざまな試験が行われてい
ます。特に高校や大学への入学試験は，学習者の能力を測定するためのものと
考えられているかもしれません。学習者個人の能力を測定しようとする場合，
特定の教師や試験官の主観によるのではなく，できるだけ正確かつ客観的に測
定することが望まれます。つまり，ある試験で得られた点数がその試験におい
て測定しようとする能力を適切に反映しており，そこで得られた点数が受験者
の能力の高低を正しく表すことができていることが必要となるのです。学習者
の日頃の行動や態度から教師が主観的に評価を行うのではなく，物理学等の自
然科学における科学的測定と同様に，学習者の能力を客観的に測定しようとす
る動きが 20 世紀初めのアメリカで始まりました。それを**教育測定運動**とよび
ます。この運動の代表的人物であるソーンダイク（Thorndike, E. L.）は，「す

べて存在するものは量的に存在する」とし，教育的測定の本質が物理学や化学
などの科学的測定と同じであると主張しました（Thorndike, 1918）。このよう
な立場から，個人の能力を客観的に測定するためのテストが開発されました。
そのわかりやすい例として知能検査が挙げられます。しかし，教育測定運動は，
学習者の能力を固定的なものとしてとらえ能力の個人差を測定することを重視
して，評価方法の客観性や信頼性にこだわるあまり，科学的測定の開発それ自
身が自己目的化してしまいました。その結果，評価が教育の改善につながって
いないと批判されるようになりました。

　そのような教育測定運動に対する批判から，エバリュエーション（evalua-
tion）という概念が提起されました。提唱者のタイラー（Tyler, R. W.）は，エ
バリュエーションを「教育目的がカリキュラムと指導プログラムによってどの
程度実現されているかを判断するプロセス」であると述べています（Tyler,
1949）。タイラーは，教育プログラムを評価し，改善していくためには，まず
教育目標の設定が必要であり，その教育目標が教材の選択，授業内容，指導方
法，テストや試験などの規準になるとしています。つまり，教育評価を個々の
学習者の能力を測定するものとして考えるのではなく，教師自身が教育目標に
照らして自らの教育活動を振り返り，改善していく行為として位置づけたので
す。この考え方は，カリキュラムや指導計画を作成する際に答えなければなら
ない 4 つの基本的な質問として定式化されており，**タイラーの原理**とよばれて
います（**表 8.1**）。

表 8.1　**タイラーの原理**

1. 学校はどのような教育目標を達成しようとするのか？
2. これらの目標を達成するために，どのような教育的経験を提供できるか？
3. これらの教育的経験をどのようにして効果的に組織するか？
4. これらの目標が達成されているかどうかは，どのように判断すればよいのだろうか？

8.1.2　教育評価の目的

　このような観点から考えると，教育評価の目的は学習者個々の能力を測定し，把握することにあるのではなく，教育活動の結果として学習者がどのように成長し，教育目標をどこまで達成できたのかを理解することにあるといえます。さらに，教育評価の結果をカリキュラムや授業内容，指導方法の改善にフィードバックしていくことが重要になります。つまり，教師は多面的な評価を通して，学習者が何をどこまでできるようになっているのか，またどこにつまずきが生じているのか，そのつまずきを解消するにはどのような教育的な働きかけが必要なのか，つまずきを少なくしていくためにはカリキュラムや授業内容，指導方法をどう改善していけばよいか，といった問題に取り組んでいくことなのです。

8.1.3　教育評価の機能

　教育評価が学習終了時点の学習者の能力を測定することだけを目的とするのではなく，教育の改善を企図するものであるなら，どのような形で評価を行う必要があるでしょうか。ブルーム（Bloom, B. S.）らは，一定の教育活動終了時点で行われる総括的評価に加え，診断的評価，形成的評価といった教育活動の各段階でそれぞれ固有の目的と機能をもつ評価を行うことで，カリキュラムや教育活動を改善し，学習者の学力を保証することを主張し，以下の各評価についてそれぞれの機能を説明しています（Bloom et al., 1971）。

1.　診断的評価

　診断的評価は指導の前に行われ，その機能は学習者のレディネスに合った適切な学習の出発点を見つけることです。この診断的評価により，学習目標を達成するために必要な基礎的な知識やスキルを学習者がもっているかどうかを判断することができます。また，学習者の興味，パーソナリティ，適性，スキル，過去の学習履歴などの特性を評価し，その結果に応じて学習者をグルーピングすることもできます。さらに，診断的評価を通して，これまでの学習でつまずいている部分を突き止め，その原因を取り除くための治療的な指導を講じることも可能です。

2. 形成的評価

　形成的評価の主な目的は，与えられた学習課題の習得度を判断し，課題の習得できていない部分を特定することです。学習者に点数をつけ，成績を評価することが目的ではありません。形成的評価は，現在進行中の授業において指導が効果的になされているかを評価し，その結果を学習者と教師の双方へフィードバックするという目的でなされます。その結果に応じて，教師はよりわかりやすい具体的な説明を行ったり，学習内容を補充するドリルなどを使ったりして，学習のつまずきを解消するための治療的な指導を実施することができます。また，形成的評価で同種の間違いを示す学習者が多くいる場合に教師は教材や指導方法の問題と考え，その改善につなげることができます。

　形成的評価は，小テストの実施を通して行われることもありますが，その方法はそれに限定されません。たとえば，授業中の学習者の理解をあえて揺さぶるような発問を行ったり，机間指導やノート点検を行ったりすることも学習が効果的に行われているかを確認する形成的評価の一つです。一方，小テストを実施する場合は各学習単元のポイントやつまずきやすい部分について行います。このような形成的評価は，一連の学習を小さな単位に分割して行うことで，学習者の習熟度に合ったより適切な学習を促します。さらに，ある学習単元を習得した，あるいはそれに近い状態になった学習者にとっては，形成的評価はモチベーションの強化につながります。形成的評価それ自体は学習プロセスであり，その結果を学習者の能力を評価し，成績評価に利用すべきではありません。

3. 総括的評価

　総括的評価は，学期等の終了時に成績評価やカリキュラムの有効性の確認などの目的で行われる評価です。また，学期全体を通して，学習成果がどの程度得られたかをより一般的に評価することを目的としています。たとえば，形成的評価が特定の学習単元に関連する能力やスキルを細かく分割して評価しようとするのに対して，総括的評価ではより一般的で幅広い能力を評価の対象としています。学校で実施される学期末や学年末の試験は総括的評価とみなすことができますが，それらに基づき，学習者の成績をつけ，それを保護者や管理者に報告することも総括的評価の目的です。

8.1.4 完全習得学習（マスタリーラーニング）

　ブルームらは，教授活動の結果，「できる生徒／それなりにできる生徒／できない生徒」に分かれると考える必然性はないと主張し，**完全習得学習（マスタリーラーニング）**という考え方を提案しました。学習者の成績を他の学習者と比べて相対的に評価するような考え方は，教師と生徒の両方の向上心を削ぎ，生徒の学習意欲を低下させるものと批判し，ほとんどの生徒は，学校での学習内容を十分に習得することが可能だとブルームらは考えました。したがって，完全習得学習においては，あらかじめ定められた学習目標に基づいた評価規準により評価します。完全習得学習の過程で形成的評価が活用され，規準に達しなかった場所を特定し，それに応じて再学習などの治療的な学習を受けることで，ほとんどの学習者が規準を達成するよう導きます。また，教師も形成的評価の結果から指導方法や教材，カリキュラムの改善に取り組むことが望まれます。

8.2 教育評価の立場

　評価は何らかの規準（ものさし）に基づいて行われます。この規準の違いによって相対評価，絶対評価，目標に準拠した評価，個人内評価などに分類することができます（図8.1）（石井，2015）。

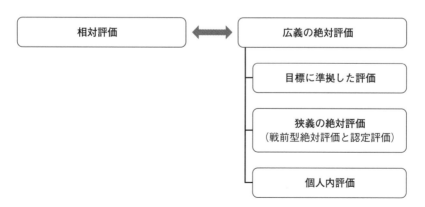

図8.1　4つの評価観の相互関係 （石井，2015）

8.2.1　相対評価

　相対評価とは，評価対象となる学習者が所属する集団（たとえば，同一学年の生徒集団や同一学級の生徒集団など）を規準として，その集団の中で，その学習者がどの程度の位置（順位）にいるかによって評価する方法です。たとえば，ある集団の学習者の成績は，平均の人数がもっとも多く，それを中心に左右対称に山型に広がる正規分布を示すと仮定し，その集団に属する学習者の試験の点数を順位づけ，その上位7％を「5」，次の24％を「4」，その次の38％を「3」，次の24％を「2」，最後の7％を「1」とする5段階相対評価がそれにあたります。この5段階相対評価は，わが国の小中学校で近年まで長く通知表や指導要録の評定として用いられてきました。

　相対評価では，正規分布に基づいた割合に従って学習者の成績評価を行っていくため，評価する教師の主観や特性によらず客観的に評価することが可能であると考えられてきました。一方で，学習者個人がどれほど努力し，能力を向上させようとも，所属する集団の他のメンバーも同程度能力が向上した場合，集団内の序列は変わらず，成績も変わらないといったように，個人の努力や能力の向上は相対評価には必ずしも反映されません。また，教師がどれほど授業改善に取り組み，学級全体の学力が向上したとしても，先ほどの5段階相対評価でいえば，その学級の平均は原理的に常に「3」であり，変化しません。つまり，教師の授業改善等の結果も反映されないということです。相対評価については，これらの特徴から，学習者を他者との比較や競争に仕向け，内発的動機づけを低下させ，教育活動の改善を促進しないことから教育評価の本来の目的を十分に果たせていないという批判があります。

8.2.2　絶対評価

1.　狭義の絶対評価

　絶対評価については，狭義の絶対評価と広義の絶対評価を区別して考える必要があるとし，次のような分類がなされています（石井，2015）。まず，**狭義の絶対評価**とは，教師が設定した教育目標に基づき，その内心に抱いている評価規準に照らして学習者の評価を下すといったものです。このような絶対評価

は，戦前のわが国で広く行われていました。しかし，そこには，評価が教師の主観に左右され恣意的なものとなりがちで，信頼性や客観性に欠けるという問題がありました。また，ピアノや茶道などの伝統芸能における資格認定において，評価者の見識や権威に由来する絶対的な規準に基づいて個人を評価し，資格等を認めるといった例も絶対的評価の一つであり，認定評価ともよばれます。

2. 目標に準拠した評価

一方，一般に「絶対評価」という言葉で意味される広義の絶対評価を「目標に準拠した評価」として考えることができます。「**目標に準拠した評価**」とは，設定された教育目標を規準として，その目標がどの程度実現したか，その実現状況をみる評価のことです。この「目標に準拠した評価」は，生徒の学力や資質が正規分布に従って存在することを仮定した素質決定論的な能力観に基づく相対評価に対する，ブルームらによる批判や完全習得学習の理論の影響を受けています。その流れを受けて生まれた考え方が**到達度評価**です。この到達度評価は，広義には「目標に準拠した評価」と考えることができます。到達度評価は，すべての子どもへ基礎学力を保障しようとする観点から，どの子どもにも等しく身につけられるべき到達目標を教科ごとに，たとえば「正の数と負の数の四則計算をすることができる」（数学の到達目標の例），といった具体的な行動目標の形で示します。それらを授業で達成すべき最低規準として設定し，その規準の達成度を把握することで授業が効果的に行われたかどうかを評価します。到達目標に達していない子どもがいたならば，その原因を子どもの能力や資質が劣っているからだと考えるのではなく，授業の指導方法や教材，カリキュラムに問題があると考え，それを改善していくことで子どもの学力を保障しようとしたのです。

わが国においても，従来の正規分布を仮定した相対評価に基づく評定から，目標に準拠した評価である**観点別学習状況評価**や学習指導要領に定める目標に基づく評定へと変化していきました（**表8.2**）。その後，さらに2017（平成29）年・2018（平成30）年の学習指導要領改訂においては，各教科の目標及び内容が，「知識及び技能」「思考力，判断力，表現力等」「学びに向かう力，人間性等」の資質・能力の3つの柱で再整理されたことを受けて，指導と評価

表 8.2　学習指導要領の改訂とそれに伴う指導要録等の評価の在り方の変遷

（中央教育審議会初等中等教育分科会教育課程部会児童生徒の学習評価に関するワーキンググループ，2017 を一部改変）

	学習指導要領	指導要録における各教科の学習の記録（小学校，中学校）			評価規準
昭和43～45年改訂	教育内容の一層の向上（「教育内容の現代化」） 時代の進展に対応した教育内容の導入 （学習指導要領実施）小：昭46年度，中：昭47年度，高：昭48年度 （要録通知）小中：昭46年2月，高：昭48年2月	**評定** ・学習指導要領に定める目標に照らして、学級又は学年における位置づけを評価 ・各段階ごとに一定の比率を定めて、機械的に割り振ることのないよう留意	**所見** ・学習において認められた特徴を、他の児童生徒との比較ではなく、その児童生徒自身について記録 ・観点について、各教科の指導の結果に基づいて評価	**備考** ・教科の学習について特記すべき事項がある場合に記入	
昭和52～53年改訂	ゆとりある充実した学校生活の実現（「学習負担の適性化」） 各教科等の目標・内容を中核的事項にしぼる （学習指導要領実施）小：昭55年度，中：昭56年度，高：昭57年度 （要録通知）小中：昭55年2月，高：昭56年12月	**評定** ・学習指導要領に定める目標に照らして、学級又は学年における位置づけを評価 ・各段階ごとに一定の比率を定めて、機械的に割り振ることのないよう留意	**観点別学習状況** ・学習指導要領に定める目標の達成状況を観点ごとに評価 ・各教科に共通する観点として「関心・態度」が追加	**所見** ・教科の学習について総合的にみた場合の児童の特徴や指導上留意すべき事項を記入	
平成元年改訂	社会の変化に自ら対応できる心豊かな人間の育成 生活科の新設，道徳教育の充実 （学習指導要領実施）小：平4年度，中：平5年度，高：平6年度 （要録通知）小中：平3年3月，高：平5年7月	**観点別学習状況** ・学習指導要領に定める目標に照らして、その実現状況を観点ごとに評価 ・観点の順序の入れ替え（「関心・意欲・態度」）が最初	**評定** ・学習指導要領に定める目標に照らして、学級又は学年における位置づけを評価 ・各段階ごとに一定の比率を定めて、機械的に割り振ることのないよう留意	**所見** ・教科の学習について総合的にみた場合の児童の特徴及び指導上留意すべき事項を記入。その際、児童生徒の長所を取り上げることが基本となるよう留意	
平成10～11年改訂	基礎・基本を確実に身に付けさせ、自ら学び考える力などの「生きる力」の育成 教育内容の厳選，総合的な学習の時間の新設 （学習指導要領実施）小：平14年度，中：平14年度，高：平15年度 （要録通知）小中高：平13年2月	**観点別学習状況** ・学習指導要領に定める目標に照らして、その実現状況を観点ごとに評価	**評定** ・学習指導要領に定める目標に照らして、その実現状況を総括的に評価	**総合所見及び指導上参考となる諸事項** ・児童生徒の状況を総合的にとらえる。その際、児童生徒の優れている点や長所、進歩の状況などを取り上げることを基本となるよう留意 ・学級・学年など集団の中での相対的な位置づけに関する情報も必要に応じ記入	国立教育政策研究所による評価規準の例示
平成20～21年改訂	「生きる力」の育成、基礎的・基本的な知識・技能の習得、思考力・判断力・表現力等の育成のバランス 授業時数の増、指導内容の充実、言語活動、小学校外国語活動の新設 （学習指導要領実施）小：平23年度、中：平24年度、高：平25年度 （要録通知）小中高：平22年5月	**観点別学習状況** ・学習指導要領に定める目標に照らして、その実現状況を観点ごとに評価	**評定** ・学習指導要領に定める目標に照らして、その実現状況を総括的に評価	**総合所見及び指導上参考となる諸事項** ・児童生徒の状況を総合的にとらえる。その際、児童生徒の優れている点や長所、進歩の状況などを取り上げることを基本となるよう留意 ・学級・学年など集団の中での相対的な位置づけに関する情報も必要に応じ記入	国立教育政策研究所による評価規準の例示

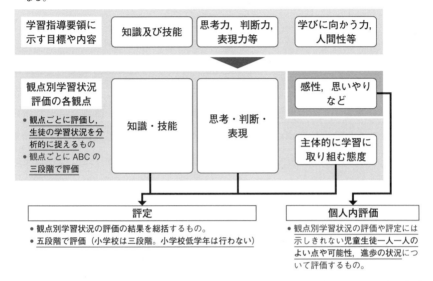

図8.2 **学習指導要領（2017（平成29）年・2018（平成30）年改訂）における評価の基本構造**（中央教育審議会初等中等教育分科会教育課程部会，2019）

の一体化を推進する観点から観点別学習状況の評価についても，「知識・技能」「思考・判断・表現」「主体的に学習に取り組む態度」の３つの観点に整理されました（**図8.2**）。具体的な評価方法についても，「思考力，判断力，表現力等」を評価する具体的な方法として，ペーパーテストのみならず，論述やレポートの作成，発表，グループでの話し合い，作品の制作や表現等の多様な活動やそれらを集めたポートフォリオを活用することが挙げられています。また，「主体的に学習に取り組む態度」の評価についても，ノートやレポート等における記述，授業中の発言，教師による行動観察や，生徒による自己評価や相互評価等の状況などを参考にすることが示されています（国立教育政策研究所，2019）。

3. 個人内評価

　しかし，先の新学習指導要領が示す資質・能力の3つの柱のうち，「学びに向かう力，人間性等」には，「主体的に学習に取り組む態度」として観点別評価で見取ることになじまない部分があり，その例として「感性，思いやり」などが例示されています。このような側面については，どのように評価するのが適切と考えられるでしょうか。「感性，思いやり」といった生徒の「人間性」について他の資質・能力に対するのと同様，観点別学習状況評価を行い，3段階や5段階で達成状況を評価することは必ずしも適当ではありません。なぜなら，そのような「人間性」には量や程度といった側面だけでなく，一人ひとりの資質や個性を反映し，達成状況が質的にも異なることが考えられるからです。今回の改訂では，このような側面については個人内評価を行うこととされています。

　あらかじめ用意された規準となる目標をどの程度達成したかが問われる目標に準拠した評価とは異なり，**個人内評価**は，学習者自身を規準として，一人ひとりの進歩や発達や学習者自身の中での得意・不得意など，学習を実態に即して評価しようとすることです。目標に準拠した評価は，たとえば「感性，思いやり」のように一義的に定義することが困難な価値や，目標に準拠した評価のもとで用意された観点から抜け落ちてしまっていたり，反対にその観点を越えてしまっていたりする学習成果を評価するのには適しません。また，目標に準拠した評価は，その性質上，最終的な学習成果に焦点化しがちで，そこに到達するまでの学習プロセスが見落とされる傾向があります。その欠点を補う意味でも，個人内評価等と組み合わせ多面的に評価を行うことが重要となるのです。

8.3　教育評価と教育目標

　これまで述べたように，教育評価において教育目標は重要な役割を果たします。評価は設定された教育目標に照らして行われ，その実現を目指し教育活動が改善されていくからです。しかし，曖昧な目標のままでは，適切に評価を行うことは困難です。抽象的な目標をより具体的なものへと明確化する必要があ

ります。その際，学習者がどのような内容を学び，その結果，学習者の認知や行動がどう変化したかという点に着目し，目標を具体化することになります。

8.3.1 ブルーム・タキソノミー

　ブルーム・タキソノミーは，教育目標を客観的に観察可能な行動（たとえば「繰り上がりのある足し算ができる」など）によって記述することに限定せず，学習者の認知や思考や感情など内面的な活動についても教育目標とし，それらを一定のカテゴリーを用いて分類したもので，教育目標の分類学ともよばれます（Bloom et al., 1956）。また，ブルーム・タキソノミーは，認知領域，情意領域，精神運動領域の3領域から構成され，それぞれの領域はさらにいくつかのカテゴリーに分かれています。認知領域には，知識の想起や認識，知的能力や技能の開発に関わる目標が含まれます。情意領域には，興味，態度，価値の変化などを表す目標が含まれます。たとえば，認知領域は「知識」「理解」「応用」「分析」「総合」「評価」の6つのカテゴリーからなり，情意領域は「受け入れ」「反応」「価値づけ」「組織化」「個性化」の5つのカテゴリーから構成されます。これらのカテゴリーと教育目標を対応づけ，授業内容を学習者がどのようなレベルで学ぶことをその教育目標が期待しているのかを分析，整理することが可能になります。たとえば，個々の教育目標が，単に事実としての知識を学習者が記憶することを求めているのか，それともその知識を深く理解し，それを学習者自身が説明できることを求めているのか，あるいはその知識を具体的な状況や事例にあてはめ適用（応用）することまでを求めているのか，を整理分類したのです。ブルーム・タキソノミーは，このように教育の多面性と階層性を明らかにし，教育目標や内容を分析するツールとして活用されるようになりました。

　後にこのブルーム・タキソノミーは，教育評価を巡る多様な理論や子どもの学習や発達に関する新しい知見を統合し，カリキュラムや授業，評価の改善に広く活用しようとする考えから改訂されています（Anderson & Krathwohl, 2001）。改訂版タキソノミーは，従来の知識カテゴリーを名詞的な要素と動詞的な要素に分離して，カテゴリー全体を「知識次元」と「認知過程次元」の2

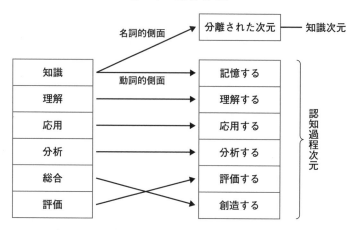

図 8.3　ブルーム・タキソノミーのオリジナルから改訂版への構造的変化
（Anderson & Krathwohl, 2001）

つの次元でとらえ，再構成しました（**図 8.3**）。さらに，この名詞的側面は知
識次元の 4 つのカテゴリー「A. 事実的知識」「B. 概念的知識」「C. 手続き的
知識」「D. メタ認知的知識」に分類されました。

　一方，認知過程次元については，カテゴリーの基本的内容はオリジナルのタ
キソノミーのカテゴリーによっていますが，教育目標の動詞的側面をより反映
するようにカテゴリー名称が改められました（たとえば，理解（comprehen-
sion）→理解する（understand）へ変更）。この 2 つの次元のカテゴリーを組
み合わせたものをタキソノミー・テーブルとよび，知識次元，認知過程次元の
それぞれのカテゴリーは「A. 事実的知識」から「D. メタ認知的知識」，
「1. 記憶する」から「6. 創造する」の順に具体的なものからより抽象的なもの
へ階層性をもって配列されています（**表 8.3**）。これらのカテゴリーについて，
アンダーソンとクラスウォール（Anderson & Krathwohl, 2001）は次のような
例を挙げて説明しています。「生徒は，連邦国家制（federal），連合国家制
（confederal），単一国家制（unitary）の 3 つの政治体制を区別することができ
る」という教育目標があったとき，「区別する」は認知的操作を意味しており，
認知過程次元の「4. 分析する」に相当すると考えることができます。一方，
「3 つの政治体制」は学習する教科内容としての知識であり，抽象化された国

表8.3 改訂版タキソノミー・テーブル (Anderson & Krathwohl, 2001)

知識次元	認知過程次元					
	1. 記憶する	2. 理解する	3. 応用する	4. 分析する	5. 評価する	6. 創造する
A. 事実的知識						
B. 概念的知識						
C. 手続き的知識						
D. メタ認知的知識						

家体制の知識であることから知識次元の「B. 概念的知識」に相当するといえます。このタキソノミー・テーブルは，学校教育で扱われ得る認知的な学習成果の全体像を示すものであり，教育目標をこのタキソノミー・テーブルを用いて分析していくことで，「授業で何を学ぶことが重要なのか」「より高いレベルの成果をもたらす授業をどう計画・実践すればよいか」「生徒の学習を正しく評価する道具や手続きをどう選択・創造すればよいか」「目標，授業，評価が一貫していることをどう保証すればよいか」という4つの問いについて教師がそれぞれ考え，取り組んでいく際に有益であるとされています（石井，2020）。

8.4 教育評価の方法

　教育の成果を評価する方法にはさまざまな種類がありますが，どのような方法による評価であれ，評価したいと意図している能力やスキルを適切に評価できているかという点には注意する必要があります。評価したい能力そのものを直接観察したり，測定したりすることができない場合について考えてみましょう。たとえば，コミュニケーションの様子を観察することはできても，コミュニケーション能力そのものを直接観察したり，測定したりすることは困難です。このコミュニケーション能力のように，直接的には観察・測定できず，理論的に構成された概念のことを構成概念とよびます。もしコミュニケーション能力を測定するテストがあり，そのスコアの高い人がいたとしたら，テストの結果からその人がさまざまな状況で他者に効果的に働きかけることができると期待

できます。同様に英語能力を適切に評価するテストがあるとしたとき，そのスコアの高い人はそのテストの問題に限らず，さまざまな状況で適切に英語を使いこなすことができると期待されます。ただし，これはそのテストが適切なものであったときのことで，実際に何かを評価しようとする際には，評価に用いる道具（テストなど）がその構成概念を適切に評価できているのかを検討する必要があるのです。

　これは一般に**妥当性**と**信頼性**という2つの視点から検討されます。妥当性とは，評価したいと考えるものを正しく評価できているのかといった問題に関係します。たとえば，社会科で地理の理解度を評価する目的のテストを作成したとしても，そのテストが特定の地域の問題に偏って出題されていれば，その地域の出身者に有利に働き，テストの点数は，地理の理解度というよりもその地域の出身者か否かを示す指標となってしまいます。一方，信頼性とは，測定しようとする構成概念を用いようとする評価方法（テストなど）が正確に測定できているかということです。たとえば，評価を複数回実施した際に点数が一貫せず，ばらつきが大きい場合，そのテストは測定しようとするものを正確に測定できていない可能性があり，信頼性は低いということになります。なぜなら，テストの点数がある人の能力を正確に測定できているのだとしたら，その結果はいつ測定しようと，何度測定しようと基本的には大きく変化しないと考えられるからです。また，評価者間の一貫性という意味での信頼性もあります。同じテスト答案を2人の教師が採点した場合，その結果が一致しているときに，そのテストは信頼性が高いといえます。このような妥当性・信頼性が共に高い評価方法を用いることが大切ですが，1つの評価方法だけで評価することには限界があり，学習者を多面的に理解するためにも，複数の評価方法についてその特徴を理解し，適切に活用することが望まれます。

8.4.1　さまざまな評価方法

　評価方法にはさまざまなものがあり，多肢選択式や穴埋め問題などからなる客観テスト，自由記述式テスト，実技テスト，小論文，作品制作まで多岐にわたっています（図8.4）。

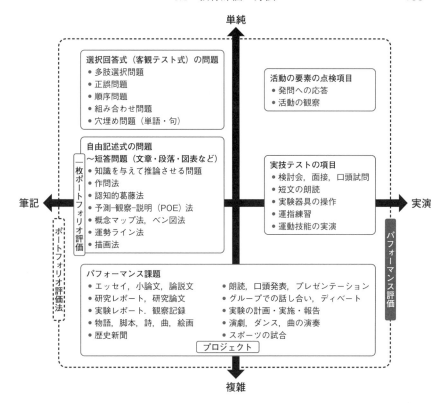

図 8.4　学力評価のさまざまな方法（西岡，2019）

1. 客観テストによる評価

　客観テストは，多肢選択式問題や穴埋め問題などから構成され，あらかじめ決められた正答への一致・不一致によって点数が一意に定まるような評価方法です。したがって，誰が採点してもその結果は同じで，客観性，信頼性の高い評価方法といえます。また，一般的に 1 問あたりに必要な時間が短く，1 度のテストでさまざまな領域から出題することが可能で，その結果，評価しようと意図する領域について欠落が少なく，領域全体を評価することが可能です。一方，このような形式の評価には問題も指摘されており，単純に記憶された知識を問うことになりがちであり，表層的な理解の程度を評価することはできても，その知識を適切に使用して現象を説明するといったときに必要な深いレベルの

理解までなされているかを評価することは困難です。また，多肢選択式のような場合には，問題と各選択肢の内容を十分に理解できていなくても，明らかに間違っている選択肢を除外して残りから直感で選ぶことでも正答する可能性があるなど，解答結果がその人の能力を必ずしも正しく反映していないという欠点もあります。このような点から，客観テストは単純に知識を暗記すればよいという暗記主義の学習観を促しているとの批判もあります。

2.　自由記述による評価

　自由記述による評価は，与えられた問いに対する解答を学習者自身が考え，記述したものを一定の評価規準に従って評価するという方法です。たとえば「〜について説明しなさい」という形で出題することによって，単に表層的に理解しているだけなのか，それとも深いレベルで理解しているのかを判断することも可能です。一方で，客観テストと異なり正解が1つには定まらないため，採点者により評価にばらつきが生まれる可能性があります。その意味では，客観テストに比べ，信頼性が低くなります。また，自由記述による評価には，記述された文章を評価する以外にも，学習者自身に問題を作らせる作問法，問われている概念間の関係性を説明するために描いた図を評価する概念マップ法やベン図法など，さまざまな評価方法があります。

3.　教室内での活動観察等による評価

　評価はテストでのみ行われるわけではなく，教師の発問に対する応答や机間巡視等による観察を通してノートへの書き込みから学習者の理解を確認したり，グループワークでの学習者同士のやりとりや協同作業の観察を通して課題への取組みが適切かを判断したりすることで，状況に応じた必要な指導や助言を与えることができます。

4.　パフォーマンス評価

　パフォーマンス評価とは，「ある特定の文脈のもとで，様々な知識や技能などを用いて行われる人のふるまいや作品を，直接的に評価する方法」のことです（松下，2007）。パフォーマンス評価は，学習者が実際に実験に必要な器具を操作したり，楽器の演奏や演劇の演技をしたりする様子を評価するものや，学習者の小論文やレポートの作成，プレゼンテーションなどを評価するものな

どさまざまなタイプのパフォーマンス課題を用いて行われます。パフォーマンス評価は，現実の場面や状況と同様にさまざまな知識やスキルを総合して使いこなすことが求められるような課題に学習者が取り組む際の振る舞いやその成果物（レポートや作品など）を評価することで，ペーパーテストだけでは困難な多面的・多角的な評価を行っていこうとするものです。一方，パフォーマンス評価には信頼性を確保するのが難しいという欠点があります。一定の評価規準に従って採点し，評価を行いますが，客観テストのように明確な正解があるわけではありません。したがって，採点者による評価のばらつきが生まれ，信頼性が低くなる恐れがあります。

5. ポートフォリオ評価

学習の成果物やその過程で生み出されるものを系統的に収集してファイルなどにまとめたものをポートフォリオとよび，それを通して行う評価をポートフォリオ評価といいます。ポートフォリオに収めるものは，テストだけでなく，レポートや作品およびその作成過程がわかる資料やメモ，教師やクラスメイトからのコメントなどがあります。わが国では，このポートフォリオ評価は，「総合的な学習の時間」のための評価方法として広まりました。このポートフォリオを通して評価を行うことで，評価を最終的な学習の結果だけで判断するのではなく，そこに至る学習プロセスやその中での学習者の努力や成長，変化を把握することができます。また，学習者にとっても，ポートフォリオを作成することにより自らの学習プロセスを振り返ることで，そのとき自分が考えたことや理解していたことについて改めて考えることにつながり，自らの学習への気づきであるメタ認知を促すことにもなります。

8.4.2 真正の評価

先に説明したように，パフォーマンス評価は，客観テストと比較して信頼性が低いという問題があります。それにもかかわらずパフォーマンス評価が重要とされる理由は，教育の成果として評価されるべきなのは，現実の文脈や制約の中で知識を利用できる能力なのであり，客観テストで確認されるような現実の文脈から切り離された断片的で表層的な知識や理解なのではないという問題

意識にあります。ウィギンス（Wiggins, G.）は，真正の評価を提唱し，それを「大人が，仕事場，市民生活，私生活の場において『試される』，その文脈を模擬し，シミュレートした」ものであると定義しています（Wiggins, 1998）。つまり，真正の評価とは，より複雑で現実的な課題に直面した際に有効に活用できる統合された知識や深いレベルでの理解が達成されたかを，実際の文脈や制約を反映した課題状況の中で直接評価しようとする考え方といえます。しかし，パフォーマンス課題では，学習者の反応を正否のみで判断したり，あるいはその正しさの程度を数量的に判断したりすることが適当でないと考えられます。学習者の反応が多様で，その反応が示す学習の達成の違いも量的な違いというよりも質的な違いととらえたほうがより適切だからです。一方，客観テストと異なり採点者による評価にばらつきが生じ，信頼性が低くなる恐れがあります。そのためパフォーマンス課題を評価する際は，それを評価するルーブリックが必要となります。

1. ルーブリックの活用

　ルーブリック（評価基準表）とは，パフォーマンス課題において観点ごとに成功の度合いを示す尺度と各観点の成功の度合いに対応した学習者の振る舞いやレポートなどの成果物の特徴を記述した評価基準表のことです。ここでは，松下（2007）が小学生を対象とした学力調査で用いたパフォーマンス課題と，評価に用いたルーブリックについて紹介します。この調査の背景には，2003年のいわゆる PISA ショックがあります。PISA とは OECD（経済協力開発機構）が 15 歳児を対象に実施している学習到達度調査で，2003 年調査の国際間比較において日本の順位が低下したことが深刻に受け止められたのが，いわゆる PISA ショックです。PISA には数学的リテラシーに関する問題があり，そこでは実生活で生徒が遭遇するような状況で数学的知識や技能を活用して問題を解決することや，その際の思考プロセスを記述・説明できるかという点も重視されています。PISA ショックを受けて，現在わが国で実施されている「全国学力・学習状況調査」においても PISA と同様に具体的な状況における数学的知識や技能を活用し，その解決プロセスを説明・表現できるかといった観点からの調査が行われています。しかし，「全国学力・学習状況調査」はその答

案が返却されず，結果のフィードバックにも時間を要し，子どもの指導や学習に活かすことが十分にできていないという問題がありました。そこで，一般的なテストでは測りにくい子どもの思考プロセスや算数・数学的なコミュニケーションを評価し，教育実践の改善につなげるという目的からパフォーマンス課題が開発され，それを評価するルーブリックが作成されました（その例がそれぞれ図8.5と表8.4になります）。

課題は，「子ども会でハイキングに行ったところ，目的地まで2つのコースがあり，子どもたちが二手に分かれて目的地に向かう」という状況が説明され，「二手に分かれたグループのうちどちらが早く歩いたか」を比較して，考えたことやその理由を問うという問題です。端的に言えば，与えられた文脈の中か

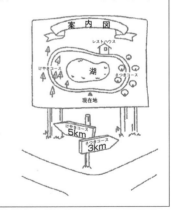

　子ども会でハイキングに行ったところ，ある地点でコースが二手（ふたて）に分かれていました。さつきコースが全長3 kmで，けやきコースは全長5 kmです。どちらのコースをとってもレストハウスへ行けます。そこで2つのグループに分かれて，レストハウスで合流（ごうりゅう）することにしました。ゆう子さんのグループは，さつきコースにしました。あきお君のグループはけやきコースにしました。

　10時に二手（ふたて）に分かれて，ゆう子さんのグループがレストハウスについたのは11時でした。その時，あきお君たちのグループはまだ到着していませんでした。「距離（きょり）が長いから当然（とうぜん）だね。あきお君たちが着くまでどのくらいの時間がかかるのかはかってみよう。」ということで，時間をはかっていたら，30分後にあきお君のグループがレストハウスに到着（とうちゃく）しました。ゆう子さんはあきお君に「どこかで休憩（きゅうけい）していたの？」と聞きました。あきお君は「休憩なんかしてないよ。ずっと歩いていたんだよ。」と答えました。どちらのグループも休憩したりせず，一定の速さで歩いていました。

　そこで，みんなはどちらのグループのほうが速く歩いたのか知りたくなりました。あなたは，どちらが速く歩いたと思いますか。考えたこととその理由（りゆう）を書いてください。

図8.5　算数のパフォーマンス課題（JELS：小6）（松下，2007）

（注）JELSは，お茶の水女子大学21世紀COEプログラム「誕生から死までの人間発達科学」のプロジェクトⅢ「子どもから成人への移行に及ぼす社会・文化的要因の影響」（プロジェクトリーダー・耳塚寛明）のサブプロジェクト「青少年期から成人期への移行についての追跡的研究」。

表 8.4　算数のパフォーマンス課題のルーブリック（JELS：小6）（松下，2007）

	概念的知識	手続き的知識	推論とストラテジー	コミュニケーション
観点の説明	問題が理解できている。 速さ・時間・距離の関係が正しく理解できている。	解法の手続きを正しく実行できている。 解を導くために必要な計算が正しくできている。	数学的に筋道だった考え方をしている。 二つの内包量（速さ）を正しく筋道立てて比較できている。	自分の考え方を数式，ことば，図，絵を使ってきちんと説明できている。 速さをどう比較したかを数式，ことば，図，絵を使ってきちんと説明できている。
3	a) 時間，距離に関する情報が正しく取り出せている。 b) 時間，距離，速さを正しく関係づけられている。	a) 解を導くために必要な計算が正しくできている（分数・小数を含むかけ算・わり算の計算，単位換算など）。	a) どんな量や比で比較するか正しく選択できている。 b) 比較のしかたに一貫性と順序性がある。 c) 手続きの結果を題意にてらして吟味できている。	a) 考え方（プロセスと答え）が数式や言葉などを使ってきちんと書かれており，しかも，その根拠が十分に説明されている。
2	a) 時間，距離に関する情報は正しく取り出せているが，それらの関係づけに一部誤りがある。 b) 速さの概念に部分的な誤りや不十分さがみられる。 c) 時間，距離に関する情報に正しく着目しているが，見落としや誤記がある。	a) 解を導くために必要な計算を行っているが，小さなミスがある。 b) 解を導くために必要な計算ではないが，計算そのものは正しく行われている。 c) 解を導くために必要な計算が部分的にしか行われていない。	a) どんな量や比で比較するかを正しく選択できているが，比較のしかたに一貫性や順序性が欠けていたり，不十分さがみられる。 b) 手続きの結果を題意にてらして吟味していない。	a) 数式と答えはきちんと書かれているが，それについての説明が不十分であるか，誤っている。 b) 考え方の説明に部分的な欠落がある。 c) 数学的言語の使い方が不十分である。 d) 説明部分と下書き部分がきちんと区別されていない。 e) 説明が途中で終わっているが，書こうとした内容が十分予想できる。
1	a) 時間と距離に関する情報に着目しているが，正しく取り出せていない。 b) 時間と距離に関する情報は正しく取り出せているが，関係づけが行われていない。 c) 速さの概念に重大な誤りがある。	a) 解を導くために必要な計算を行っているが，重大な計算ミスがある。 b) 解を導くために必要な計算ではなく，計算そのものも誤っている。 c) 計算はしていないが，何らかの数学的操作は行っている。 d) 演算が完全に間違っている。	a) どんな量や比で比較するかを正しく選択できていない。 b) 比較の基準が不明である。 c) 比較の基準が複数書かれていて，その間に矛盾や齟齬がある。 d) 定性的判断しか行っていないか，概算を誤って適用している。	a) 説明が断片的で関連づけられていない。 b) 数式や答えがきちんと書かれていない。 c) 絵・図のみで言葉や数式での説明がない。 d) 説明の重要部分が欠落している。 e) 結論がない。
0	a) 時間と距離の一方にしか着目できていない。 b) 時間あるいは距離の概念に重大な誤りがある。 c) 意味のある情報がみられない。 c) 空白	a) 解法を示す数式や言葉がみられない。 b) 数学的操作がまったく行われていない。 c) 空白	a) 速さの比較が行われていない。 b) 空白	a) 考え方の説明がない。 b) 絵・図・数式などが書かれているが，まったく意味をなしていない。 c) 空白

（注）不要な記述でも，誤りを含まなければ減点の対象とはしない。

ら「3 km を 1 時間で歩く場合と 5 km を 1 時間 30 分で歩く場合の速さを比較」しなければならないことを読みとり，図や式，文章等を使って説明する問題ということになります。一方，この課題を評価するルーブリックには，評価の観点として「概念的知識」「手続き的知識」「推論とストラテジー」「コミュニケーション」の 4 つがあり，それぞれの観点における成功の度合いを「0」から「3」の 4 段階の尺度で評価するようになっています。たとえば，時間と時刻を混同し，時刻 11 時の 11 を距離 3 km の 3 で割るという計算を手続き上は正しく計算できていた解答は「解を求めるために必要な計算ではないが，計算そのものは正しく行われている」とみなされ，「手続き的知識」の観点については一定の水準にあると考えられることからこの観点は「2」と評価されるが，速さの基礎概念である時間概念が正しく理解できていないことから，「概念的知識」の観点は「0」ということになります。

　このようにパフォーマンス評価においては，ルーブリックを準備し，観点ごとに尺度のそれぞれの段階に相当する解答の特徴について採点者間で共通理解を図った上で，採点にばらつきがないか同一答案を複数の採点者で評価・確認し，場合によっては採点結果を踏まえ適宜修正・改訂を行うなど評価の信頼性を確保することが重要になります。また，学習者にこれから取り組む単元や課題の目標や要点を考えさせ，それに基づいてルーブリックを学習者自身の手で作成させ，教師が作成したルーブリックと比較・検討するといった活動を行うことで，学習者自身の今後の学習の見通しや思考プロセスへのメタ認知を促すといった活用も考えられます。

コラム 8.1　教育活動を改善する——カリキュラムマネジメント　　生田淳一

カリキュラムマネジメントという言葉が知られるようになって久しくなりました。「『社会に開かれた教育課程』の理念の実現に向けて、学校教育に関わるさまざまな取組みを、教育課程を中心に据えながら、組織的かつ計画的に実施し、教育活動の質の向上につなげていくこと」（文部科学省）という定義からもわかるように、学校教育目標をよりよく実現するために学校改善は不可欠であり、そのためにカリキュラムマネジメントに取り組むことは必然といえます。

カリキュラムマネジメントは各学校でといわれますが、それは各学校の目指すゴールが違うことや、置かれている環境が異なることから当然のことといえます。では、学校ごとに何ができればよいのでしょうか。カリキュラムマネジメント研究の第一人者である九州大学の中留武昭氏によると、縦系列、横系列をいかに組み合わせるかが重要ということです。つまり、教育内容・方法上の指導系列（縦の糸）とその条件整備の組織経営活動（横の糸）を組み合わせて（織りなして）環境（布）を作り出すことにほかならないのです。そして、その環境が子どもたちを包み込むのです。やはり、各学校で、学校の教育目標に合った、各学校の子どもたちの実態に合った布を織るしかないということです。教育内容・方法上の指導系列は、教科ごとにしっかりした系統性が保たれているのが日本の学校教育の特徴であるので、横糸をどうするかがカギとなってくると思われます。条件整備の組織経営活動をいかに展開するかについては、ICT の活用、学級経営の充実、教科横断、防災教育など、各学校の環境やもてるリソースを組み合わせ、よりよい環境を構築していく必要があります。

その際、重要になるのは、目標設定（目指す子ども像など）を明確にすること、そして、その目標に対して実態がどの程度追いついているのか、実現しているのかを評価することといえます。この点について、いわゆる DX（デジタルトランスフォーメーション）が評価のコストを低減してスピードを高速化し、高度に進化させる時代が訪れます。OODA ループ（意思決定方法の一つで「観察（Observe）」「状況判断（Orient）」「意思決定（Decide）」「実行（Act)」といった4つのステップを経る）への関心も高まっています。OODA ループはもともと軍事的な目的を達成する場面での適用が想定されているといわれており、学校教育にはなじまない印象がもたれていましたが、昨今の教育課題の多様化・複雑化を背景に、よりスピーディな対応が求められる今日では、OODA ループにより（意図したわけではなく、結果的に OODA ループのような過程を経て）さまざまな難局を乗り越えた学校も少なくありません。学校改善のサイクルは1年一回りの時代から、日々の実践における即時的なマネジメントサイクルの時代に突入していきます。

復 習 問 題

1. 生徒の学力を試験の点数の順位や偏差値など，所属する集団内の相対的位置に基づいて教育評価を行うことにはどのような問題があると考えられるか，説明してください。

2. 教育評価の方法を3つ挙げ，それぞれの特徴を説明してください。

3. 現在，あなたが従事していること，たとえば大学でのレポート課題やアルバイトの行動などを評価するルーブリックを作成してください。本章の例も参考にしながら，評価する観点と成功の度合いを示す尺度を設定し，評価者になったつもりでルーブリック表を完成させてください。

参 考 図 書

西岡 加名恵・石井 英真・田中 耕治（編）（2015）. 新しい教育評価入門――人を育てる評価のために――　有斐閣

　教育評価の目的・機能・方法などについて関係する理論や思想の変遷を丁寧に解説しつつ，授業実践やカリキュラムの評価，指導要録や入試制度などの学校現場における実践的な課題についてまで幅広く学ぶことができます。

田中 耕治（編）（2021）. よくわかる教育評価　第3版　ミネルヴァ書房

　教育評価に関わる基本的な用語や考え方についての解説が，各用語につき見開き2ページにコンパクトにまとめられています。教育評価の全体像をキーワードからとらえたいというときに大変参考になる一冊です。

スティーブンス, D. D.・レビ, A. J. 佐藤 浩章（監訳）（2014）. 大学教員のためのルーブリック評価入門　玉川大学出版部

　大学の授業でルーブリックを活用したい大学教員向けに書かれたものですが，ルーブリックの作成と活用についての実践的方法がわかりやすく紹介されています。授業で用いるルーブリックだけでなく，プレゼンテーションや体験型学習などさまざまな状況におけるルーブリックの活用について豊富な事例をもとにわかりやすく解説されています。ルーブリックについて興味をもち，より深く知りたいと思う方におすすめの一冊です。

第9章 授業・学級

　「授業」を通した学習は学校生活の中心であり，年間 1,000 時間近くの授業時数をかけて，私たちは多くの事柄を学びます。数え切れないほどの授業を受ける中で，私たちは授業やそこでの学習指導の形態について，固定的なイメージを形成することが多いですが，実際には，教師は学習目標や児童生徒の実態に応じて，さまざまな学習指導の形態を使い分けています。また，到達を目指す学習目標や学力（資質・能力）に関する考え方も，社会の変化に応じて絶えず更新されていますし，それに伴って，求められる授業や学習指導の形態のあり方も変化し続けています。この章では，授業における基本的な学習指導の形態と，近年重視される資質・能力と学習指導の形態の関係について説明していきます。

9.1　授業における基本的な学習指導の形態

9.1.1　一斉指導による学びと個別指導による学び

　私たちは，小学校から中学校，高校や大学と学校生活を送る中で，膨大な時間の「授業」を経験します。教師は，授業での学習目標や目の前の児童生徒の実態に応じてさまざまな学習指導の形態を使い分けますが，みなさんが受けてきた授業は，どのような形態で進められることが多かったでしょうか。

　同じ学級の児童生徒同士で，互いの机が黒板と向かい合うように縦横きれいな行列を作って並べられ，全員が黒板や教師のほうを向いて着席しながら熱心に教師の説明を聞いている様子を思い浮かべる方が多いかもしれません（図9.1）。このように，比較的似通った特徴（年齢など）をもつ学習者の集団が，同じ教育内容を，同じ1人の教師から同じ時間に同じ場所で学習する形態のことを，一斉指導による学び（**一斉学習**）とよびます。

　もちろん1時間の授業の中では，児童生徒一人ひとりが自分のペースで問題

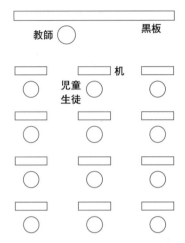

図 9.1　一斉学習の一般的な教室配置のイメージ
児童生徒全員が黒板や教師と正対しながら着席し，教師の説明を聞いて学びます。

を解いたり考えを巡らせたりしながら学習を進めること（**個別学習**）もあれば，班や小集団に分かれて意見を出し合ったり情報を調べたりしながら学習を進めること（**グループ学習**）もありますが，一般的な授業における学習指導の形態としては，一斉学習がその基本として重要な役割を果たしています。

　学校での授業の進め方の典型ともいえるこの一斉学習ですが，その歴史は決して古いものではなく，1872（明治5）年の学制公布に伴って小学校教育が急速に拡大する過程で，「1人の教師が限られた一定の時間の中で，多人数に同時に同一の教育内容を学べるように授業を構成しなければならない」という制約から，効率的な教育効果を意図して導入されました。近代学校教育制度が確立・整備される以前の学習指導の形態としては，児童生徒一人ひとりの資質能力や学習課題に応じた個別学習を基本に行われていたといいます。

9.1.2　授業設計からみる一斉学習の難しさ

　現在，日本の学校における教育内容は，**学習指導要領**（全国的な教育水準を維持する目的で文部科学省が公示する教育課程の基準のこと。法的拘束力があり，教師はこの要領に則って指導する義務がある）に示されている校種ごとの

教科の目的及び目標に基づいて構成されており，その多くは**系統学習**（基礎的な内容から応用・発展的な内容へと学習内容を段階的に配置し，順序立てて児童生徒に学習させる指導形態のこと）を前提としています。一斉学習は，このような「体系的な知識」を最大 40 人（小学 1 年生は 35 人）からなる学級の児童生徒が学習していく上で，きわめて合理的な学習指導の形態といえます。

　この一斉学習は，学校や学級での**形式的平等**（機会平等，すべての児童生徒が等しい学習機会を得ること）を実現する意味ではきわめて理にかなっていますが，**実質的平等**（結果平等，すべての児童生徒が等しい学習成果を得ること）を実現する意味では，さまざまな課題も伴います。

　グレーザー（Glaser, 1976）は授業における学習指導に関する理論を整理する中で，授業設計に関わる 4 つの構成要素（①学習目標の分析，②授業開始時の学習者の状態，③学習指導方法，④学習評価）をモデル化しました。この授業設計モデルに従えば，学級での一斉学習の場合，学習指導要領に示された各教科の単元目標などの「学習目標」は共通していたとしても，児童生徒一人ひとりの既習知識や資質能力，興味関心の程度など「授業開始時の学習者の状態」は当然各々異なります。クロンバック（Cronbach, 1957）は学習者一人ひとりがもつこの個人差のことを**適性**（aptitude）とよび，個人がもつ適性により特定の**処遇**（treatment；学習者に提供される教材や学習指導方法）の効果が異なる（＝学習者の適性の有無（高低）によって，特定の学習指導方法を用いた場合とそうでない場合との間に，学習評価の面で統計的な交互作用が生じる）現象のことを**適性処遇交互作用**（ATI; Aptitude Treatment Interaction）とよびました（**図 9.2**）。一斉学習のように，適性が広範囲である児童生徒を教師 1 人が指導する形態では，学習目標の達成に必要となる「学習指導方法」も多岐にわたるため，すべての児童生徒がそろって「学習評価」で好成績を修めて満足できる授業を実施することは，どれほど熟達した教師であっても難しいというのが前提となります（**図 9.3**）。児童生徒全員が同じ形式の授業を受けたからといって，全員が同じ学習成果を得るわけではないからです。

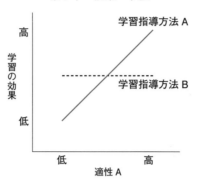

図9.2　**適性処遇交互作用**

適性Aの高い学習者には，学習指導方法Aが効果が高いが，適性Aの低い学習者には，
学習指導方法Bが効果が高くなります。

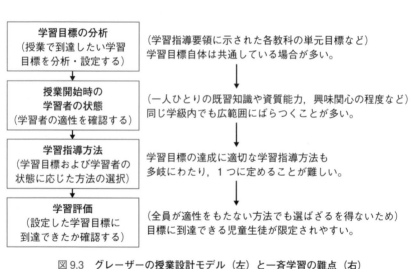

図9.3　**グレーザーの授業設計モデル（左）と一斉学習の難点（右）**

9.1.3　個人差に配慮した授業展開

　学級を単位として授業を行う際には，授業開始時には児童生徒一人ひとりの
学習適性が多様であることを前提として授業設計を工夫する必要があります。

　一斉学習でこの個人差に対応する場合，事前に学級を相対的に似通った学習
適性をもつ小集団（グループ）に再編成して学習指導することが有効ですが，
このような考え方を**等質編成**とよびます。中でも，児童生徒の学習到達状況

（習熟度）の個人差に応じて異なる集団を編成して学習指導を行う**習熟度別指導**は，1978年に高等学校学習指導要領，1989年には中学校学習指導要領で規定されるようになりましたが，小学校学習指導要領においても2003年の一部改正で，「各教科等の指導に当たっては，児童が学習内容を確実に身に付けることができるよう，学校や児童の実態に応じ，（中略）学習内容の習熟の程度に応じた指導，（中略）個に応じた指導の充実を図ること」との規定が加わりました。学習到達状況の近い児童生徒同士で学習集団を形成することで，教師もその集団にとって適切な学習指導方法を選びやすくなるので，今では多くの学校で実際に導入されています。

　2003年12月の小学校学習指導要領一部改正では，習熟度別指導に加えて，「児童の興味・関心等に応じた課題学習」「補充的な学習や発展的な学習などの学習活動を取り入れた指導」も併せて規定されました。授業の一斉学習を通して「学習に費やした時間」自体は一定だったとしても，各教科の既習知識の量や得意不得意（学習適性）によって「学習に必要な時間」は一人ひとり異なります。キャロル（Carroll, 1963, 1989）は，児童生徒の学習到達状況の差は，この「学習に費やした時間」と「学習に必要な時間」の割合が各々異なることから生じるとして，**学校学習モデル**（A model of school learning）を提唱しました（図9.4）。このモデルに従えば，「学習に費やした時間」は，学習機会（授業時間や時間外学習時間など学習に確保された時間量のこと）に加えて学習持続力（児童生徒が学習活動に進んで参加した時間量のこと）によっても増減しますので，児童生徒の興味関心に応じた学習課題であれば，より多くの時間が学習に費やされて高い学習到達度が期待できます。学級全員が共通して取り組む学習課題を早めに達成できた児童生徒には，**発展的学習**（本時の学習内容を踏まえた発展的な学習課題に取り組む）の機会が用意されていれば，本時の学習内容をさらに深める機会となるでしょう。また，「学習に必要な時間」は，学習指導の質（提供される学習指導が適切でなければ，必要な時間は増える）に加えて授業理解力（前提となる既習知識が不足していれば，必要な時間は増える）や学習適性（学習指導方法がうまく合わなければ，必要な時間は増える）によっても増減しますので，共通する学習課題の達成に時間がかかる児

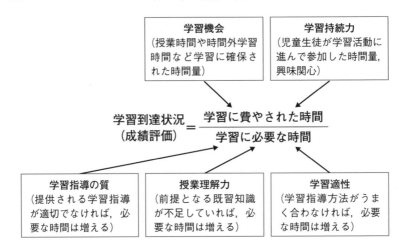

図9.4　キャロルの「学校学習モデル」(Carroll, 1963, 1989)

童生徒に対しては，前提となる既習知識の不足を解消する**補充的学習**の機会を提供することで「学習に必要な時間」を短くすることが必要となるでしょう。

9.1.4　完全習得学習と「指導と評価の一体化」

　ブルーム（Bloom, 1980 稲葉・大西監訳 1986）は，キャロル（Carroll, 1963）の学校学習モデルに依拠しながら，学習課題への適性が異なる児童生徒の集団（学級）が，一斉学習を通して共通の学習目標に等しく到達するための授業方法として，**完全習得学習**（mastery learning）を提唱しました。これは，「各々の児童生徒が必要としているときに，必要な時間と援助を提供することで，共通の学習目標に等しく到達できる」という考えに基づいて，授業の最適化・個別化に必要な情報を**教育評価**によってフィードバックしながら授業の質的改善を行うことを目指しています。

　完全習得学習では教育評価の場面として，**診断的評価**（授業前や単元前に，前提となる既習知識や学習適性を確認する），**形成的評価**（授業内や単元内で，共通の学習目標の達成に向けた各々の学習到達状況を確認する），**総括的評価**（授業後や単元後に，共通の学習目標が達成できたか否かを確認する）の3種

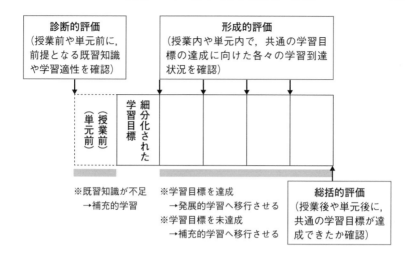

図 9.5　完全習得学習における 3 つの教育評価

類が用いられます。中でも，学習指導の進行中に児童生徒の学習到達状況を確認し，教師と児童生徒にフィードバックして学習指導を改善させる役割を果たす形成的評価は，完全習得学習の大きな特徴の一つです（図 9.5）。学習目標の達成のために補充的学習が必要な児童生徒や，すでに達成して発展的学習に進むことが望ましい児童生徒を把握して部分的な個別指導を行うことで，学習進度の異なる児童生徒一人ひとりの学習持続力を高め，学習目標に到達する児童生徒の割合を高めていきます。

　2017 年改訂の小学校学習指導要領（総則）では，学習評価の実施にあたり「各教科等の目標の実現に向けた学習状況を把握する観点から，単元や題材など内容や時間のまとまりを見通しながら評価の場面や方法を工夫して，学習の過程や成果を評価し，指導の改善や学習意欲の向上を図（中略）ること」との規定が加わりました。学習指導の過程で教育評価を行いながら得られた情報をもとに学習指導を改善するブルーム（Bloom, 1980）の完全習得学習は，この**指導と評価の一体化**を具体化する方法の一つといえるでしょう。

9.1.5　学習者の認知活動に応じた授業展開

　一斉学習のように多数の児童生徒を教師1人が指導する形態では，主に教師が主導して習得すべき知識を説明・伝達し，多数の児童生徒は教師の説明を受容しながら学習を進めていく**受容学習**が中心となるため，児童生徒の**内発的動機づけ**に基づく学習（学ぶこと自体に楽しさや喜びを見出しながら学習活動が行われている状態）が生じにくい，という見方がされることがあります。2012年の文部科学省中央教育審議会答申では，主に大学の学士課程教育に対して，知識の伝達・注入を中心とした授業から，学生が主体的に問題を発見し解を見出していく**能動的学修（アクティブ・ラーニング）**を中心とした授業への転換を求めていますが，教育心理学領域では同様の議論が以前から行われています。

　ブルーナー（Bruner, 1966 田浦・水越訳 1977）は，学習内容を教師が直接説明するのではなく，学習者自身の主体的な問題解決（自らの直観に基づいて学習内容に関する仮説を生成し，実験や討論，調べ学習等を通して自ら検証していく）を中心に学習するほうが学習者の内発的動機づけも高まり，学習内容の保持も高まると考え，「学習課題の把握」「仮説の設定」「仮説の練り上げ」「仮説の検証」「まとめと発展」の5段階から構成される**発見学習**を提唱しました。日本でも板倉（1963）が，主に理科教育（科学的法則や原理の学習）において，児童生徒が主体となって「予想（仮説の生成・選択）→討論→実験」という発見学習の活動を中心に学習を進めていく**仮説実験授業**を提唱していますが，発見学習を中心とした授業展開は学習内容の発見に時間と労力がかかり，教科や学習内容も限定されやすいことから，標準授業時数で年間1,000時間を超える（小学校高学年）こともある授業の基本には据え難い面があるといえます。

　オーズベル（Ausubel, 1963）は，授業の基本は（児童生徒の主体的な問題解決活動を前提とせず，教科や学習内容を制限されない）受容学習にあると考え，「発見学習⟷受容学習」という学習活動を分類する旧来の軸に加えて，教師が説明する学習内容が学習者にどのような形で理解されたかを表す「有意味学習⟷機械的学習」という軸に設定して，学習活動を4種類に分類しました（図9.6）。有意味学習とは，新しい学習内容を学習者がすでにもっている知識

	発見学習	受容学習
有意味学習	有意味発見学習	有意味受容学習
機械的学習	機械的発見学習	機械的受容学習

図 9.6　オーズベルによる学習活動の 4 分類と有意味受容学習（Ausubel, 1963）

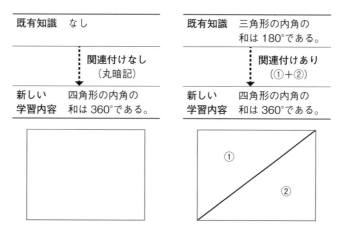

図 9.7　機械的学習（左）と有意味学習（右）の例（田中, 2017）

（既有知識）と関連づけながら（納得して）理解する学習の進め方のことで，機械的学習は，新しい学習内容を既有知識と関連づけることなく（何となく）理解する学習の進め方のことを指します（図 9.7）。そして，教師が説明する学習内容を一人ひとりの児童生徒が既有知識と関連づけながら理解する学習の進め方である**有意味受容学習**を，授業における学習指導形態の基本であると主張しました。

　能動的学修（アクティブ・ラーニング）を中心とした授業への転換というと，学習活動の形態（グループ・ディスカッション，ディベート，グループワーク）の側面が意識されやすいのですが，学習活動に伴う児童生徒の認知活動に応じた授業展開の重要性を指摘しているオーズベル（Ausubel, 1963）の分類は，現代においても非常に示唆に富んだものであるといえます。

　児童生徒が新しい知識を学習する過程において，発見学習および受容学習は，どちらがより適しているというわけではありません。学習者自身の主体的な問

教える段階	教師からの説明	教師主導で必要な知識を説明する受容学習だが，（児童生徒が納得できる）有意味学習となるように留意する。
考えさせる段階	理解確認	児童生徒同士の相互説明や教え合い活動によって理解の確認を図ったり，誤解が多い問題や，教える段階で得た知識を活用して考えさせる応用・発展的な問題を取り上げ，深い内容理解を促す。
	理解深化	
	自己評価	

図 9.8　「教えて考えさせる授業」の基本設計（市川，2004，2008）

題解決（発見学習）を中心に学習する場合にも，関連する既有知識や先行経験が乏しければ成果は見込みづらいため，事前に説明を受けながら学習を進めておく（受容学習）ことは必要ですし，その（受容学習）際も，学習者が自分の既有知識とのつながりを発見しながら学習内容を解釈する（発見学習）ことで，学習効果はより高まります。その意味では，相反する関係というよりも，車の両輪のような関係といったほうが適切かもしれません。

　市川（2004，2008）は，基本事項は教師からの説明を理解して取り入れる形式（教える段階，受容学習）で学習し，次にその知識をもとに自ら推論したり問題解決を行う（考えさせる段階，発見学習）形式で学習することにより知識の確実な習得を図る授業形式として，**教えて考えさせる授業**を提唱しました（図 9.8）。知識習得を目的とする授業の基本設計として提唱されたこの形式の重要性は，2017 年改訂の小学校学習指導要領の周知においてもポイントとして強調されています（「『教師が教える』場面と『児童生徒に考えさせる』場面など，全体のバランスをとる『授業デザイン』が重要」「『教師が一方的に教えてばかりの授業』も『教師が教えずに児童生徒主体の活動ばかりの授業』も，いずれもバランスを欠くおそれがある」（中央教育審議会，2017））。

9.2　育成を目指す資質・能力と学習指導の形態

9.2.1　知識基盤社会と「資質・能力の 3 つの柱」

　児童生徒の集団（学級）が授業での一斉学習を通して，たとえば「体系的な知識の獲得」という共通の学習目標に向けた学習指導を受ける場合，集団内の

学習適性が広範囲にわたることは望ましい状況とはいえません。前節ではその対応として，学級を相対的に似通った学習適性をもつ小集団に再編成して学習指導する**等質編成**という考え方を紹介しましたが，到達を目指す学習目標や教育目標によっては，学習集団ができるだけ異なる学習適性をもつ児童生徒同士で構成されている状況（**異質編成**）のほうが望ましい場合もあります。

　2017 年から 2018 年にそれぞれ改訂された幼稚園教育要領，小学校，中学校および高等学校の各学習指導要領では，学校教育全体ならびに各教科・領域等の指導を通して育成を目指す**資質・能力の 3 つの柱**として，「知識・技能（の基礎）（何を理解しているか，何ができるか）」「思考力・判断力・表現力等（の基礎）（理解していることやできることをどう使うか）」「学びに向かう力・人間性等（どのように社会や世界と関わり，よりよい人生を送るか）」が示され，各学校段階の教科等の目標や内容が「育成を目指す資質・能力」という共通の観点から再整理されました（図 9.9）。

　現代は新たな知識や情報，技術が社会のさまざまな領域における活動の基盤となる**知識基盤社会**（knowledge-based society）とよばれて久しいですが，さまざまな知識や情報が共有され絶えざる変革とパラダイムシフトを繰り返す昨今の社会情勢において，これからの時代を生きる子どもたちは，既存の知識や情報自体を営々と蓄積し続けるだけでなく，知識や情報自体を吟味・検討する

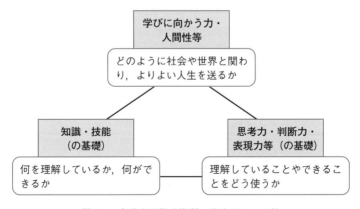

図 9.9　**育成を目指す資質・能力の 3 つの柱**

表9.1　「資質・能力の3つの柱」に至るまでの主な動き

1997〜2003	**OECD（経済協力開発機構）「DeSeCo プロジェクト」** (Definition and Selection of Competencies) これからの社会を生きる子どもたちが獲得すべき能力群（＝キー・コンピテンシー）を定義する。
2000〜	**OECD「生徒の学習到達度調査（PISA）」** 世界各国の義務教育段階が修了した15歳を対象に，もっている知識や技能を実生活におけるさまざまな場面で直面する課題にどの程度活用できるかを，3年に一度，調査している。
2003〜2006	**PISA ショック** 「読解力」「数学的リテラシー」等の分野において，日本の平均得点および OECD 加盟国内順位が低下する。
2006	**学校教育法改正** 「知識・技能」「思考力・判断力・表現力」「主体的な学習意欲」という学力の3要素が規定される。

　力や，知識や情報をもつ者同士でその価値を深める力，他者や状況に開かれた思考力や判断力等を高めていくことが要請されているといえるでしょう。そこでは，「何を学ぶか」という教育の内容はもちろん重要ですが，その内容を学ぶことで児童生徒が「何ができるようになるか」がより重視されますし，習得した知識や情報を活用して質の高い問題解決を行いながら「よりよく生きる」ために必要な**資質・能力**を明確化しようとするカリキュラム編成・授業づくりは，近年世界的にも活況を呈しており（**表9.1**），今回の改訂で整理された資質・能力の3つの柱も同様の背景で作成されています。

　このような「知識や技能を実生活の問題解決に活用する」資質・能力を測定する調査としては，OECD（経済協力開発機構）による**生徒の学習到達度調査**（The Programme for International Student Assessment；通称 PISA）が著名ですが，文部科学省が全国の小学6年生および中学3年生を対象に毎年度実施している**全国学力・学習状況調査**においても，2019年度実施回から従来の形式を改めて，日常場面や学校生活場面を想定しながら「知識・技能等を実生活の様々な場面に活用する力」や「様々な問題解決のための構想を立て実践し評価・改善する力」を一体的に問う形式に変更されています（図9.10）。

(3) はるとさんたちは，限定商品を買いたいと思っています。次の予定があるので，午後3時までにはレジに着きたいと考えています。

列に並ぶと，レジまでは14ポール分ありました。ポールとポールの間の長さはどこも同じです。

1 ポール分

はるとさんたちが並んでから，4ポール分進むのに8分間かかり，残り10ポール分になりました。午後3時までは，残り33分間です。そこで，33分間以内にレジに着くことができるかどうかを考えてみました。

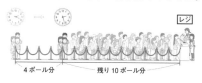

4 ポール分　　残り 10 ポール分

はると
4ポール分進むのに8分間かかったことから，残り10ポール分も同じ進みぐあいで進むとして考えます。
8÷4＝2で，1ポール分には2分間かかります。
残り10ポール分なので，2×10＝20で，20分間かかります。だから，33分間以内にレジに着くことができます。

ところが，レジにいる店員さんが減ってしまいました。それからは，3ポール分進むのに9分間かかり，残り7ポール分になりました。午後3時までは，残り24分間です。

そこで，はるとさんたちは，24分間以内にレジに着くことができるかどうかを，もう一度考えてみました。

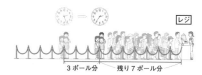

3 ポール分　　残り 7 ポール分

あかり
3ポール分進むのに9分間かかったことから，残り7ポール分も同じ進みぐあいで進むとして考えます。

3ポール分進むのに9分間かかる進みぐあいで進むとすると，残り7ポール分進むのにかかる時間は何分間ですか。
求め方を言葉や式を使って書きましょう。また，答えも書きましょう。
さらに，24分間以内にレジに着くことができるかどうかを，下の1と2から選んで，その番号を書きましょう。

1　着くことができる。
2　着くことができない。

図 9.10　2019 年度全国学力・学習状況調査　小学校第6学年算数4（3）（日常生活の事象を数理的に捉え判断すること）

9.2.2　学びのメタファの変容と「主体的・対話的で深い学び」

前項で述べた学習や資質・能力を巡る認識の変化は，教育心理学領域においても以前から盛んに議論されています。

スファード（Sfard, 1998）は，体系的な知識の獲得に代表されるような，

個々の学習者が外部との情報交換（例：教師の説明を受容する）を通して何らかの内的表象を変化させる（例：知識の増加，精緻化）伝統的な学習観のことを，**獲得メタファに基づく学習**とよびました。「経験を通して，個人がもつ知識や行動が長期にわたって変容すること」を学習とみなすこの見方は，教育心理学領域においても長く学習理論の中心として認識されてきましたが，1990年代に入ると，学習を「何らかの社会文化的に有意味な実践に参加できるようになる過程」とみなす見方が現れるようになりました。

レイヴとウェンガー（Lave & Wenger, 1993）は，何らかの「実践の共同体」への参加が進む過程を学習ととらえ，新規参加者が初めは周辺的な仕事に関わりながら，次第に中心的な役割を担うようになっていく過程を表す**正統的周辺参加**という概念を提唱しました。学習を個人の内側に閉じた過程とみなすのではなく，他者との相互作用の中で生じる過程（**状況に埋め込まれた学習**）とみなすこの見方を，スファード（Sfard, 1998）は**参加メタファに基づく学習**とよび，従来の獲得メタファによる学習と対比して整理しました。近年の資質・能力を巡る議論も，児童生徒を，「習得した知識や情報を活用した質の高い問題解決」を実践する共同体に参加させようとする営みとして理解してもよいかもしれません。

2017年改訂の小学校学習指導要領においても，「知識を相互に関連付けてより深く理解したり，情報を精査して考えを形成したり，問題を見いだして解決策を考えたり，思いや考えを基に創造したりすることに向かう過程を重視した学習の充実を図ること」が掲げられ，児童の**主体的・対話的で深い学び**の実現に向けた授業改善が求められています。教育心理学領域においても，知識や学習における社会的要因を重視する学習観を背景に，児童生徒の集団（学級）を，協働的に活動し共有する課題を追求する「学習者共同体」（Brown et al., 1993）ととらえる研究が数多く行われており，それぞれが指向する特徴を有効に機能させるための教授学習活動のデザインがさまざまに提唱されています。中でも，児童同士の協働を通じて自己の考えを広げ深めていく「対話的な学び」の実現を目指す教授学習活動のデザインとして，**協同学習**が挙げられます。

9.2.3 協同学習の基本的構成要素

　2012年の中央教育審議会答申で謳われた，学生が主体的に問題を発見し解を見出していく**能動的学修（アクティブ・ラーニング）**を具体化する学習指導の形態として，大学だけでなくあらゆる校種でにわかに実践されるようになった**協同学習**ですが，いくら教師が大切な活動として取り入れたとしても，授業内で実際に行われる児童生徒のグループ学習の質を，協同学習の水準へと転換することは容易ではありません。

　ジョンソンら（Johnson et al., 1984 石田・梅原訳 2010）は，協同学習の基本的構成要素として，①互恵的な協力関係（肯定的相互依存），②個人の責任性，③相互作用の促進，④社会的スキル，⑤グループの改善手続き，の5つを挙げています（**表9.2**）。達成に向けてグループ全員の貢献と協力が必要となるような「集団としての共通の目標」がなければ①互恵的な協力関係は成立しませんし，各々の成果と貢献度がフィードバックされなければ②個人の責任性も生じにくくなります。教科内容の学習をグループ全員で協力しながら進めるわけですから，互いの成功への積極的関与を生み出す③相互作用の促進や，効果的な活動のための④社会的スキルを学習しておくことも不可欠です。さらに，グ

表9.2　ジョンソンらの「協同学習の基本的構成要素」
(Johnson et al., 1984 石田・梅原訳 2010)

①互恵的な協力関係（肯定的相互依存） グループの共通目標を提示し，達成のためには各々が課題と役割を果たし，相互に協力することが必要な状況をつくること。
②個人の責任性 各々の成果と貢献度を明確にフィードバックすることで，他のメンバーの努力にただ乗りすることが起きないようにすること。
③相互作用の促進 メンバー同士が対面して一緒に課題に取り組みながら，互いの努力と達成を励まし，促し合える場を設定すること。
④社会的スキル 効果的に活動するために必要な技能を，事前に教示すること。
⑤グループの改善手続き 活動の様子を観察し，（チェックリストに基づく）フィードバックを行い次回以降の改善への見通しを持たせること。

ループの活動が適切に機能したか振り返りながら⑤グループの改善手続きが示されることで，漫然としたグループ学習も次第に効果的な協同学習へと転換していきます。

9.2.4　協同学習を成立させる学習指導の形態

　前項で述べた協同学習の基本的構成要素を実現する学習指導の形態として著名なものに，アロンソンら（2016）のジグソー学習があります。1960〜70年代のアメリカ国内の社会情勢（公教育での人種分離廃止など）を背景に，児童生徒同士が（知識・技能などの面で）不平等な立場で競争することなく，主体的・協同的な学習態度と良好な人間関係を形成することを目指した指導方法で，学級内に5，6人からなる小グループ（ジグソーグループ）を編成します。共通する学習課題は内容ごとにあらかじめ分割され，各グループの担当者のみで別途グループ（エキスパートグループ）を作り学習していく点が特徴です（図9.11）。各内容の学習後，各メンバーは元のジグソーグループに戻り，各々の学習成果をもとに課題に取り組みますが，エキスパートグループで学習した内容は他のメンバーは知りませんので，一人ひとりが十分に成果を上げて適切に説明できないと学習課題を達成することができません。一般的なグループ学習では，毎回全メンバーが独自で不可欠な貢献をするのは難しいことですが，ジグソー学習では，メンバー間の学習内容を分割することで全員が専門家として尊重される状況を作ることで，技術としての「協同」を身につけやすくしています。

　三宅ら（2016）はこのジグソー学習の考えを背景に，「他者との**建設的相互作用**を通して児童生徒が自分の考えをより深めていく」という知識・理解の面での学習効果が生じやすい授業方法として**知識構成型ジグソー法**を提唱しており，さまざまな校種や教科，単元での実践・活用が進んでいます（図9.11）。

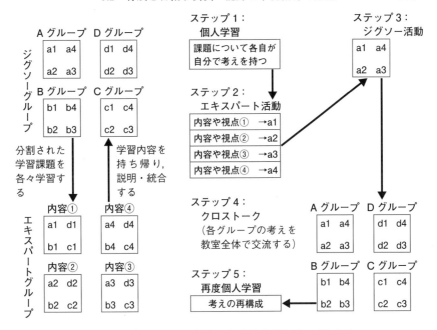

図9.11 ジグソー学習（左）と知識構成型ジグソー法（右）

コラム 9.1　協同学習の効果とは？　　松尾　剛

　授業を通じて主体的・対話的・能動的な学習を実現するために，多くの学級で協同学習が行われています。ただし，授業の中で学習者同士が話し合う時間を確保しさえすれば，効果的な学びが成立するというわけではありません。みなさんの中にも，授業の中で話し合いをした（させられた）けど，どんな意味があったのかよくわからなかった，という経験をおもちの方がおられるかもしれません。そこで，本章でも紹介されていたジグソー学習を例として取り上げ，実際の生徒同士のやりとりを紹介しつつ，その意義について考えてみたいと思います。

　以下は，高校の生物の時間に行われた生徒同士のやりとりの例です。生徒は生物の細胞分裂に関する問題に取り組んでいます。授業の形態はジグソー学習の流れをアレンジしたもので，最初にエキスパートグループに分かれて，各グループで別々

の問題を解きます。その後，ジグソーグループに戻り，自分がエキスパートグループで取り組んだ問題の解説を行うといった流れで進んでいました。最初にエキスパートグループでのやりとりを示します。それぞれの生徒の話し合いへの関わり方や参加の仕方という点に注目して読んでください。

生徒A：待って，わからんとこある？　とりあえず。

生徒B：細胞周期のところが一番わからん。

生徒C：そう，細胞周期がわからんかったけん，教えてほしい。

生徒A：細胞周期は，えっと，なんかあんまりいい方法やないかもしれんけど，なん
　　　か，なんかね。ちょっと待って。解説見て説明しよ。なんか，実験開始後
　　　72時間あるやん。で，72時間で，えっと，この1.5かける，これが8倍に
　　　なってるじゃん。

生徒B：8倍？

生徒C：8倍？

生徒A：8倍になってて，てことは，細胞ってさ，こうあってさ，1個が分裂して，
　　　分裂してみたいな。でこれで，もう1回もう1回分裂して，3回やったらさ，
　　　8になるってことやん。

生徒B：3回？

生徒C：あー，3回分裂したら？

生徒A：なんか違うね，感じが。そ，でやってって，これ8になるってことは3回分
　　　裂しとるってことやけ，3回やん。てゆうことは，72時間の，72時間のう
　　　ちに3回分裂しとるけん，3で割ったら1回ぶんが出てきて，72÷3で24。

生徒C：3回しとる？

生徒A：そうそうそう。3回やろ。

生徒C：72÷3がしたら。

生徒A：したら24で，細胞周期24。

　ここまでの生徒A，B，Cのやりとりを読んで，みなさんはどんな印象をもたれた
でしょうか。全体を通じて生徒Aが生徒Bや生徒Cに対して説明をして，生徒Bや
生徒Cはわからないところを確認している様子がうかがえます。では，この後のジ
グソーグループでのやりとりをみていきましょう。以下に，生徒Cが所属していた
ジグソーグループでのやりとりを示します。

生徒C：細胞周期のやつなんやけど，これは，これどの式使ったっけ，あ，えっと，
　　　そう，どの式使ったっけ，あ，これは，なんか，一言で言ったら$72 \div 3 = 24$
　　　なんやけど，72は，これは，72，72時間の72で，3っていうのは，72時間
　　　で3回分裂しとるんよ，なんか，これが，0時間から72時間て，約8倍な
　　　んよね。したら，こうやってしていったら，こうなるやん，こう。そうし
　　　たら，1，2，3，4，5，6，7，8で3回の分裂で8個に，なっとるけん，3
　　　回の分裂で8倍になっとるけん，$72 \div 3$したら細胞周期が得られる。（中略）
　　　そしたら，比例式で120対，この約5個は，120のときに細胞周期24時間
　　　やけん，24で，5のときになんでしょうって，xっておくんよね。
生徒D：$120 : 5$は24対。
生徒E：120のとき，$120 : 72$？
生徒C：5，$120 : 5$は24対時間やけん，そしたら比例式をといたら1って出るけん，
　　　M期の長さは。（中略）最後の答えは，さっき出したときにM期，M期の
　　　長さは1，1って出たやん，問5で。で，そのときには，これは6やけん，
　　　全体で6やけん，$6-1$したら，5に。
生徒E：6ってなん？
生徒D：うん。
生徒C：え？　6は，あれ，なんやったっけ。……待って，なんやったっけ，6。ち
　　　ょっと待って。……あら？　6？　書き方が違う。
生徒E：あ，なんか書いとるよ。$1{,}500 \div 6{,}000$。
生徒C：そうそうそうそう。そこだ。これが全部で細胞6,000個ある。あるんよね。

で，そのうちの1,500がC群やけん，ここのG，ここのM。

　エキスパートグループでは，生徒Cは生徒Aの説明を聞いて理解しようとすると
いった参加の仕方をしていましたが，ジグソーグループでは，この問題の解法をも
っとも詳しく知っているのは自分であり，説明をしなくてはいけない，という責任
が生じるために，生徒Cは積極的に自分の理解を説明する役割を担っています。こ
のやりとりで興味深いのは，生徒Eから「6ってなん？」という質問を受けて，生徒
Cの説明が止まってしまう部分です。ここで生徒Cは一度立ち止まって，教科書や
自分のノートを振り返って，より適切な説明を考えています。エキスパートグルー
プでは，生徒Aの説明を聞いて「わかったつもり」になっていたけれども，他の人
に説明することを通じて，自分がわかっていないことに気づき，説明が修正される
という，メタ認知的モニタリングやメタ認知的コントロール（第6章参照）が促さ
れていることがわかります。また，後半のジグソーグループにおいて，生徒Cが一
生懸命に説明をしている姿を見た後に，事前のエキスパートグループでのやりとり
を読み返すと，確かに生徒Cは生徒Aの説明を聞くという関わり方をしているけれ
ども，その聞き方は受身的なものではなく，少しでもわからない部分は積極的に質
問したり，確認したりしながら聞いていることがわかります。「自分は生徒Aが説明
していることを理解できているのか」といったメタ認知的モニタリングを生徒Cが
積極的に働かせているといえるでしょう。このように，たとえばジグソー学習では，
授業の形態を変えることで，生徒同士の役割や関係性を変化させ，そのことが学習
におけるやりとりへの参加の仕方を変化させ，認知的，メタ認知的な処理の仕方が
変化し，知識の獲得のされ方が変わる，といったことが生じているのではないかと
考えられるわけです。このように，協同学習場面においては，さまざまな要因がダ
イナミックに変化し，そのことによって効果的な学びが実現するのです。

復 習 問 題

1. 下記の例を参考に，適性処遇交互作用の具体例を挙げてください。

例：外向性（適性）が高いとグループワーク中心の授業（処遇）のほうが学習効果が高いが，外向性が低いと講義形式の授業のほうが学習効果が高い。

2. 完全習得学習における 3 つの教育評価の名称を挙げ，各々の役割について説明してください。

3. 獲得メタファに基づく学習と参加メタファに基づく学習の違いについて，具体例を挙げながら説明してください。

参 考 図 書

市川 伸一（2008）．「教えて考えさせる授業」を創る──基礎基本の定着・深化・活用を促す「習得型」授業設計──　図書文化

　新しい学力観が広がる中で生じやすい授業の問題点を整理し，受容学習と発見（問題解決）学習を組み合わせた授業設計の重要性について，具体的な実践例を交えながらわかりやすく説明されています。

アロンソン，E.・パトノー，S. 昭和女子大学教育研究会（訳）（2016）．ジグソー法ってなに？──みんなが協同する授業──　丸善プラネット

　ジグソー法（学習）が提唱された経緯や具体的な進め方について，当時の社会的背景を交えながらわかりやすく説明されています。

三宅 なほみ・東京大学 CoREF・河合塾（編著）（2016）．協調学習とは──対話を通して理解を深めるアクティブラーニング型授業──　北大路書房

　教室で主体的・協働的な学びの機会をより多く作るための授業デザインについて，理論的な背景や具体的な実践例を幅広く紹介しながらわかりやすく説明されています。

第**10**章

教育現場における心理学的援助

ここまで，本書ではさまざまな心理学の知見を学びました。「教育と学習」は，社会の至るところに存在していますので，その実践場面はどこにでもある，といえるでしょう。本章では教育現場（学校教育場面）に焦点をあて，そこでの心理学的援助の様相について紹介しながら，心理学の知見がいかに教育実践において活かされていくのかを考えていきます。いわゆる，「アセスメント」や「特別な支援が必要な児童生徒」に対する援助や「チームとしての学校」「カリキュラムマネジメント」といった現代的なニーズの高い話題を取り上げながら，教育現場における心理学的援助について幅広く考えていきます。

10.1　教育現場における心理社会的課題

現在，教育現場では，主体的・対話的で深い学びの実現が求められ，新たな学びの創造に向けた取組みが進んでいます。一方で，学校教育課題は多様化・複雑化し，その対応に追われる状況があります。このような状況に対応するためには，児童・生徒が抱える多様な状況に対応できるよう，誰が，どのような援助サービスを行うのかを整理し，構造化してとらえることが求められます。

10.1.1　3段階の教育支援サービス

石隈（1999）は，学校教育において「一人ひとりの子どもが課題に取り組む過程で出会う問題状況の解決を援助し，子どもの成長の促進をめざす実践」を心理教育的援助サービスとよび，一次的援助サービス，二次的援助サービス，三次的援助サービスの3段階に分けてとらえています（図10.1）。

不登校,
いじめ，LD など
三次的援助サービス
(特定の子どもを対象)

登校しぶり，学習意欲の低下など
二次的援助サービス（一部の子どもを対象)

入学時の適応，学習スキル，対人関係など
一次的援助サービス（すべての子どもを対象)

図10.1　３段階の心理教育的援助サービス（石隈，2009)

　一次的援助サービスは，「すべての子ども」が対象です。促進的・開発的な援助が中心で，どの子どもでも必要とする対人関係能力や学習スキルなど基礎的な能力を促進します。たとえば，学校であれば，多くの場合授業の中の一斉指導により行われることとなります。**二次的援助サービス**は，将来的に問題をもつ危険性の高い「一部の子ども」が対象です。予防的な援助が中心で，登校しぶりや学習意欲の低下などを早期に発見し対応していきます。たとえば，教師は，日々の見取り（観察）やさまざまなアンケートなどから得られたデータをもとに，児童・生徒の変化に気づいていかなければなりません。**三次的援助サービス**は，不登校，いじめ，非行などの問題をもつ「特定の子ども」が対象です。治療的な援助が中心で，たとえば，学級担任がその役割のすべてを果たすことは難しく，学校での組織対応であったり，状況によってはカウンセリングや医療などの専門家と連携したりすることが必要となります

10.1.2　援助ニーズの構造化

　一方で，学校生活において，子どもが課題に取り組む過程で出会う問題状況は，主に学習面，心理・社会面，進路面，健康面の４つの領域に整理することができます（石隈，1999）。問題解決にあたっては，問題となる領域に焦点をあてたアプローチが求められ，そのことで，援助を円滑に進めることができる

表 10.1　**心理教育的援助サービスの構造化** (横島，2009)

	領域			
	学習面 Study (S)	心理・社会面 Psychology (P)	進路面 Career (C)	健康面 Health (H)
一次的援助サービス (1)	S1	P1	C1	H1
二次的援助サービス (2)	S2	P2	C2	H2
三次的援助サービス (3)	S3	P3	C3	H3

でしょう。生徒のもつ援助ニーズはさまざまで，そのニーズに的確に対応するためには，心理教育援助サービスの全面的な展開が求められます。つまり，4領域，3段階の援助サービスをいつでも実践できるように準備することが必要です（**表 10.1**）。このように構造化して整理すると，たとえば，学習面での二次的援助サービス（S2）では教師が個別の学習指導を中心にアプローチする，あるいは，不登校などの心理・社会面での三次的援助サービス（P3）については心理専門職としてのカウンセラーによる対応を検討するなど，誰が，どのような援助サービスを行うかの検討が容易になってきます（横島，2000）。

10.2　教育分野における心理学的アセスメント

　心理教育的援助サービスにおけるアセスメントとは，「援助の対象となる子どもが，課題に取り組むうえで出会う問題や危機の状況についての情報収集と分析を通して，心理教育的援助サービスの方針や計画を立てるための資料を提供するプロセスである」と定義できます（石隈，1999）。

　アセスメントにおいては，「行動的アセスメント」と「伝統的なアセスメント」を補完的に用いながら進めることが求められます。行動的アセスメントでは，観察可能な行動自体を重視し，それを環境要因としての場や人との関連から解釈します。一方，伝統的なアセスメントでは，行動の背景にある特性を評価して表現される行動を解釈します。具体的には，行動的アセスメントでは観察を，伝統的アセスメントでは面接や心理検査を重視することになります。た

とえば，教育現場では，子どもについての情報収集を，まず，観察や面接によって行います。その後，そこで得られた情報をもとに仮説（ここでは暫定的なものでよい）を立て，ある程度の見通しをもってからアセスメント計画を立て，心理検査を行ったり，諸資料の収集を行ったりします。

10.2.1　心理検査法

　ここでの心理検査法とは，妥当性と信頼性が保証された刺激に対してどのように反応するかを調べることで，人の心理を理解しようとする方法です。観察や面接と合わせて実施することで，援助しようとする対象の理解を多面的に深めることができます。

　ここでの妥当性とは，測定しようとする属性を正しく測っているかに関する概念です。信頼性は，同じ対象について測定を繰り返したときに，どれくらい安定した測定値が得られるかということに関する概念です。たとえば，体重を測ろうとしたときに身長計を使うことは，妥当ではありません。また，体重を測ろうとしたときに，体重計に乗り直すたびに数字が違うようでは，信頼できません。心理検査では，内容的妥当性（測りたい内容項目から偏りなく抽出された項目によってテストが作られているかどうか），構成概念妥当性（その得点がさまざまな心理学的測定値と理論的に妥当な関係があるか），基準関連妥当性（何らかの基準となる得点との相関の高さ，たとえば，入学試験の妥当性を検討する場合，入学後の成績との相関が高いことが求められます）といった妥当性が検討されます（市川，1996）。一般に，アセスメントを行う際には，この妥当性と信頼性が共に保証された標準化された心理検査を用いることとなります。

10.2.2　子どものアセスメントの実際

　子どものアセスメントには，さまざまな心理検査が利用されています。ここでは，知能，心理社会，学力のそれぞれについて測定する心理検査を紹介します。

　なお，実施に際しては，心理検査を正しく実施するために，十分な知識と熟

達した技能が求められます。特に，実施やその結果の解釈に高度な技能が要求
されるような心理検査では，数年単位の修得期間が必要といわれています。未
習熟な心理検査を実施することは望ましくありません。また，検査実施に際し
ては，倫理も強く求められ，専門機関との連携が不可欠となります。

10.2.3 知能の測定

知能検査は，もともとは，フランス政府の要請を受け，就学が困難な児童を
早期に発見するためにビネーによって開発されたものでした（市川，1996）。
その後，知的機能を多面的に分析・理解することで支援に役立つ具体的な情報
を提供するための検査（WISC-Ⅳ等）が開発されました。さらに学習者の認知
特性を把握し，個性に合ったもっとも有効な教授法を発見するための検査
（K-ABC等）へ展開してきています（表10.2）。知能検査の役割は社会背景に
より変化しており，今日の教育においては，個に応じた適切な援助計画を立案
するために，個人の認知スタイルの多様性などを的確に把握するところにあり
ます。

表 10.2　知 能 検 査

• WISC-Ⅳ知能検査	児童用ウェクスラー式知能検査。適用年齢は5〜16歳11カ月。10の基本検査と5つの補助検査からなる15の下位検査。10の基本検査によって全検査IQ，言語理解指標，知覚推理指標，ワーキングメモリ指標，処理速度指標が算出される。また，7つのプロセス得点，下位検査のプロフィールが表示される。
• 田中ビネー知能検査Ⅴ	1987年版田中ビネー式知能検査を2005年に改訂したもの。問題数は，全部で113問。適用年齢は2歳〜成人。結果の表示について，2〜13歳までは従来通り精神年齢（MA）と知能指数（IQ）を算出。14歳以上の成人は精神年齢を算出せずに偏差知能指数（DIQ）を用いる。
• 日本版K-ABCⅡ心理・教育アセスメントバッテリー	カウフマン夫妻によって開発された知能検査。適用年齢は2歳6カ月〜18歳11カ月。情報を認知的に処理して問題を解決する能力（認知処理過程）と過去に学習した知識（習熟度）から測定。

10.2.4　学力の測定

　学校教育では，学力が教育活動の成果を測る指標の一つとして位置づけられています。ここでの学力とは，いわゆる氷山モデルで示される，ペーパーテストで測ることのできる認知的な側面を指すことが一般的です。一方で，最近ではペーパーテストでは測れないような非認知能力への注目も高まっています。

　学力を測定するためのツールには，標準化された標準学力検査と教師作成テストの 2 つがあります。標準学力検査は，各学年の教科ごとに学習指導要領などを基準にして作成されています。標準学力テストには，子どもの学力の基準集団における相対的な位置を測る集団基準準拠テスト（NRT）と，目標に対する達成水準をみる目標準拠テスト（CRT）があります。前者は，集団基準（ノルム）に基づく相対的評価を行うテストであり，後者は達成基準（クライテリオン）に基づく到達度評価を行うテストです。一方，教師作成テストは，教師が実践に即して自前で作成するテストのことで，教えたことに対する理解やつまずきの状況をとらえるために比較的容易に利用することができます。

　また，その目的と実施時期から，①事前テスト（レディネステスト），②形成的テスト，③総括テストに分けることができます。事前テストは，次に学習する内容を習得するための前提条件となるレディネス（準備状態）を確認するテストです。たとえば，割り算の指導をする前には，必ず掛け算の習得状況を確認する必要があるでしょう。形成的テストでは，小テストなどが利用可能です。授業の際の演習課題などでも学習者のつまずきに気づくことができます。総括テストは，単元末や期末に実施され，その期間の教育活動の成果を評価する際に役立てます。

10.2.5　情緒・社会性・行動問題の測定

　知能や学力の情報だけでなく，情緒・社会性・行動問題に関する情報を利用することで，一人ひとりの子どもの特長を理解することが可能となります。情緒・社会性・行動問題のアセスメントでは，一般的に紙に印刷された質問項目への回答を得ることによって対象の心理特性などの測定を試みる方法である質問紙法（矢田部ギルフォード性格検査，エゴグラムなど）や，曖昧な刺激（図

や絵など）や状況を設定し，それについての解釈や判断などから心理特性など
を知ろうとする投影法（ロールシャッハ・テスト，TAT，PF スタディなど）
を用いた心理検査が利用されています（表 10.3）。質問紙法は，比較的利用可
能性の高い方法といえますが，投影法は，実施やその結果の解釈に高度な技能
が要求されるような心理検査といえます。

表 10.3　情緒・社会性・行動問題に関する検査

質問紙法

• 矢田部ギルフォード性格検査（YG）	ギルフォードのパーソナリティ理論に基づき矢田部達郎が作成。12 の解釈度からなり，1 尺度 10 問の全 120 項目。採点が客観的で比較的容易に多面的な評価が可能。平均型（A タイプ），情緒不安定積極型（B タイプ），安定消極型（C タイプ），安定積極型（D タイプ），情緒不安定消極型（E タイプ）の 5 つのタイプから類型論的な評価も可能。
• エゴグラム	バーンによって創始された交流分析に基づく。親（P），大人（A），子ども（C）という 3 つの自我状態を仮定。さらに批判的親（CP），NP，A，FC，AC の 5 つに分けてそれぞれのバランスを視覚化したものをデュセイが考案。採点が客観的で比較的容易に多面的な評価が可能。

投影法

• ロールシャッハ・テスト	ロールシャッハによって考案されたパーソナリティ検査。検査刺激は左右対称のインクのシミでできた 10 枚の図版。被検者はその図版が何に見えるかを口頭で述べることを求められる。その後，質問段階を経て，それらの回答についてスコアリングを行い，解釈を行っていく。
• TAT（主題統覚検査）	マレーによって考案された。人物を含んだ曖昧な状況が描かれた複数枚の絵を示し，被検者はそれらの絵からそれぞれ自由に物語を語ることが求められる。
• PF スタディ	ローゼンツヴァイクによって考案された。欲求不満になっている場面が 24 枚のイラストで示され，被検者は空白の吹き出しが描かれている人物の発言を連想し，その中に記入することが求められる。
• 文章完成法テスト（SCT）	「私は……」というような未完成で多義的な文章の後半を被検者が自由に書き加えることで完成させる。
• HTP	バックによって考案された描画法検査。被検者の知能やパーソナリティを評価。家，木，人物を描かせる。
• バウムテスト	コッホによって創始された描画法検査。A4 用紙に鉛筆で「実のなる木を 1 本」描かせ，その絵を評価する。

　日本では学級を単位に教育活動が展開されており，学級の良し悪しが成果を決めるという側面もあります。そのため，学級についてのアセスメントが必要となってきており，そのために開発されたツール（QU など）の利用が広がってきています（コラム 10.1）。

コラム 10.1　心理テスト（ツール）を活かした教育改善

　「もう 1 年この学級で過ごしたい」と思った経験があったり，振り返ってみて「あの学級はとても良かったな」と感じたり，みなさんも思い出の中に良いクラスを見つけることができるかもしれません。日本では学級を単位に教育が行われるので，学校教育における教授学習過程に及ぼす学級の影響は少なくないでしょう。では，どのようなクラスが良い学級なのでしょうか。たとえば，QU テストの開発者である河村茂雄氏は，そんなクラスを「親和的でまとまりのある学級」とよんでいます。以前は，満足型学級といわれていた，居心地の良い学級のことです。

　では，親和的でまとまりのある学級であるかどうかを把握するにはどうすればよいでしょうか。QU テストでは，学級の様子を客観的，視覚的に把握することができます。ここでも心理学的な手法が貢献しています。QU テストは，統計学的な手法を用いて標準化された 2 つの尺度（それぞれの心理特性を測定するものさし）で構成されており，そのクラスのルール（集団としての規律があるか）の程度，リレーション（親和的で支持的な人間関係が確立しているか）の程度の 2 つを評価することができます。それぞれ縦軸横軸に配置したマトリックスに，2 つの得点をもとに個人をプロットしていきます。ルール，リレーション共に望ましい得点である場合，学級満足群とよばれ，この児童・生徒の割合がおおむね 70％あれば，その学級は望ましい状況にある，あるいは，望ましい状況に向かっている，と判断することができ

ます。

　日々の見取り（観察から得られた情報）から得られる教師の経験に裏づけられた実感に，心理学の概念に裏づけられた根拠が示されることで，学級の状態の理解は深まります。教師は学級の状況を知り自身の見取りが確かであることを確認したり，見取りとのズレに気づくことができたりします。ズレがある場合，教師を「うちの学級は大丈夫」という思い込みに埋没させることなく，どう微修正すればよいかそのヒントを提供してくれることもこの心理テスト（ツール）の良さです。

　これまで，QU は，いじめや不登校をなくそうとする視点で利用されることがほとんどでしたが，最近では主体的・対話的で深い学びを実現し，学力向上につなげようとする視点が強調されるようになりました。主体的・対話的で深い学びを実現するためには，たとえば，わからないことがあったら質問できるような学級づくりが不可欠であり，そのような学級を作ることは難しいと考える教員も少なくないでしょう。

　現在，QU はウェブでの利用も可能となっています。その他のツールも今後そういった利便性が高まっていくことが予想されます。今後到来することが想定される AI が教授学習を支援する学びの場では，教師の経験や日常の見取りから得られたデータと心理テストなどで得られたデータ，さらには一人ひとりの学習者の学習ログ（履歴）などを瞬時に統合し，個人や集団の状況を把握できるような情報を提供してくれるようになるでしょう。ただ，そのような状況にあっても，最終的には教師がその情報をどう解釈するかが，自分の教育目標を実現できるか否かの分岐点となってきます。これから一層，経験だけでなく学問的な知見をよりどころに，多面的に実践を見つめ直す姿勢が求められそうです。

10.3 特別な支援が必要な児童生徒に対する心理学的援助

2007 年に学校教育法が改正され，「特殊教育」から「特別支援教育」へ名称が変更されたことにより，通常学級が障害児教育の場の一つとして位置づけられました。ノーマライゼーション（障害のある人の生活を可能な限り通常の生活状態に近づけようとする）からインテグレーション（障害のある子どもを健常な子どもの中に入れて教育しようとする）の考えに移り，現在は，インクルージョン（障害のあるなしに関わらずすべての子どもたちを通常の学校で迎え入れようとする理念）の立場から，心理学的援助が進められています。

10.3.1 個別の教育支援計画

特別な支援を要する子どもについては，つまずきや支援の必要性を早期に発見することが重要です。また，特別な支援を要する子どもが学級に在籍している場合，学級担任は一人で抱え込まないことが大切です。それぞれの子どもの行動上の問題を正しく理解し，支援ニーズに応じた適切な指導や支援につなげていくために，特別支援教育コーディネーターやスクールカウンセラー，スクールソーシャルワーカーと情報を共有していく必要があります。このとき，子どもたち一人ひとりへの適切な援助を具体化していくために，アセスメント結果に基づいて個別の教育支援計画を作成することが求められています。2017 年告示の学習指導要領では，これまでの特別支援学校に在籍する児童生徒に加え，特別支援学級や通常の学級に在籍する特別な支援を必要とする児童生徒も対象となりました。これは，校内委員会等において協議し保護者と共通理解を図った上で，関係者・機関と連携して作成します。

それでは，個別の教育支援計画には，何を記載していくのでしょうか。個別の教育支援計画には，児童生徒一人ひとりのニーズをアセスメントにより明らかにし，支援の目標を達成するための援助サービスの内容を具体的に記載します（図 10.2）。一般的には①ニーズ，②目標，③内容，④支援者・機関等，⑤評価，改善，引継ぎなどを記載します。個別の支援計画は，乳幼児期から学校卒業後まで生涯にわたって一貫した支援を計画したものです。その中で特に，

記入例	個別の教育支援計画	（合理的配慮対応版）

平成 ○年 ○月作成

ふりがな 氏名	□□□□ □□□ ○○ ○○	性別	男	生年月日	平成 ○年 ○月 ○日
連絡先	保護者住所 ○○市○○・・・			連絡先1	△△△ （△△△） △△△△
				連絡先1	□□□ （□□□□） □□□□

在籍園・所, 在籍校	担　任		
○○園・所	組担任	組担任　○○○○	組担任　○○○○
○○立○○小学校	1年担任　○○○○	2年担任　○○○○	3年担任　○○○○
	4年担任　○○○○	5年担任　○○○○	6年担任　○○○○
○○立○○中学校	1年担任　○○○○	2年担任	3年担任
高　校	1年担任	2年担任	3年担任

（児童生徒の実態）

	生活面	学習面	健康・運動面
子供の困っている状態	■不注意 □多動性 □衝動性 ■人への関わり ■社会性 □言葉の発達 □こだわり □その他	□聞く □話す □読む ■書く □計算する □推論する □その他	□姿勢保持 □体全体の動き □手先の動き □バランス □その他

※上でチェックした項目について詳しく書きます。
・ADHD の診断有り。
・学習中に集中できない様子が顕著であり，忘れ物も多い。
・学級の雰囲気に関係なく話し出すことも多い。
・友達に注意されると，言い返したり物にあたったりするなどトラブルが多い。
・ノートの枠の中に書く，時間内にノートを仕上げるなどの書くことが苦手である。

検査の記録	検査の種類	検査日	検査結果
	WISC-Ⅳ	○年○月○日	・聴覚情報を記憶したり「書く」などの操作を素早く処理したりすることが苦手である。

好きなこと，得意なこと，興味・関心など
・部活動（○○部）に熱心に取り組んでいる。 ・科学雑誌に興味があり，クラスでも一番熱心に読んでいる。

※情報管理を徹底すること

図 10.2　個別の教育支援計画の例 （福岡県, 2021）

（指導の方針）

将来像
・将来，仕事などに落ち着いて取り組んだり，周囲の人々と円滑にコミュニケーションを図ったりするなど生活力を身に付け自立した生活をしてほしい。

目指す児童生徒像
・落ち着いて学習できるようになるとともに，目指す進路実現のための基礎的な学力を身に付けている。 ・先生や友達の助言などを受け入れ，自分の考えを落ち着いて伝えることができる。

主な合理的配慮　※【合理的配慮の観点】を明記すること（例：①－1－1 など）
・困難さの顕著な集中力について，活動の手順などの見通しをもたせ，前回からの伸びやあきらめずにやり遂げたことなどを認めるようにする。（①－1－1） ・説明や指示などについては，聴覚情報を精選し提供する量を調整したり，できるだけ視覚情報も合わせて提供したりするなど工夫して伝える。（①－2－1）

<table>
<tr><th rowspan="4">具体的な指導</th><th>どのような場面で</th><th>だれが</th><th>どのような指導を行うかなど</th></tr>
<tr><td>学校行事</td><td>学年部</td><td>・ルールなどについては活動前に説明する場を設け，全体への説明後，必ず個別に確認する。</td></tr>
<tr><td>各教科等</td><td>教科担任</td><td>・板書の構造化や電子黒板の活用，絵図の提示などできるだけ視覚情報の工夫をする。</td></tr>
<tr><td>家庭学習や持参物</td><td>保護者</td><td>・担任からのメモを確認し促すとともに，書くことに時間がかかる場合は，保護者が量を調整する。</td></tr>
</table>

<table>
<tr><th rowspan="3">連携機関</th><th>連携機関名</th><th>連絡方法，連絡相手</th><th>支援内容や所見など</th></tr>
<tr><td>○○教育センター</td><td>臨床心理士（○○様）
△△△（△△△）△△△</td><td>・視覚情報優位である。ルールなどを明確にし肯定的評価を返すことで継続して取り組ませる。</td></tr>
<tr><td>○○クリニック</td><td>医師（○○様）
□□□（□□□）□□□□</td><td>・小学校 4 年生まで服薬していた。現在 3 ヶ月 1 回程度，定期的に受診している。</td></tr>
</table>

<table>
<tr><th rowspan="3">指導の記録</th><td>・学習において，私語が減り落ち着いて取り組む時間が伸びた（現在 30〜40 分程度）。また，学力も伸びてきている。（年度初めから約 8 ポイント増加）見通しをもたせること，視覚情報を合せて提示することは効果がある。</td></tr>
<tr><td>・学校行事や生活場面において，激しく拒否することはほとんどなくなった。また，友達とトラブルになることも減ってきている（現在，2〜3 週間 1 回程度）。</td></tr>
<tr><td>・授業以外の日常の生活において，些細なことでトラブルがおきる場合があり，自分の気持ちや考えを適切に伝えるなどのソーシャルスキルを高める必要がある。</td></tr>
</table>

<table>
<tr><th>備考</th><td>・災害時等の対応については，「災害時等対応マニュアル」を参照。
・支援員については，継続協議中。</td></tr>
</table>

私は，以上の内容を確認しました。　　　　　　　　　　　　　本人（保護者）　○○　○○　㊞

　　　　　　　　平成○年○月○日　　　　　　　作 成 者　　　△△　△△　㊞

　　　　　　　　　　　　　　　　　　　　　　　校 　 長　　　□□　□□　㊞

【学校における合理的配慮の観点（3 観点 11 項目）】	
①教育内容・方法 ①－1　教育内容 ①－1－1　学習上又は生活上の困難を改善・克服するための配慮 ①－1－2　学習内容の変更・調整 ①－2　教育方法 ①－2－1　情報・コミュニケーション及び教材の配慮 ①－2－2　学習機会や体験の確保 ①－2－3　心理面・健康面の配慮	②支援体制 ②－1　専門性のある指導体制の整備 ②－2　幼児児童生徒，教職員，保護者，地域の理解啓発を図るための配慮 ②－3　災害時等の支援体制の整備 ③施設・設備 ③－1　校内環境のバリアフリー化 ③－2　発達，障害の状態及び特性等に応じた指導ができる施設・設備の配慮 ③－3　災害時等への対応に必要な施設・設備の配慮

※本事例は，国立特別支援教育総合研究所のインクルーシブ教育システム
構築支援データーベースの事例等をもとに作成したものです。　　　　　　※情報管理を徹底すること

図 10.3　個別の指導計画の例（福岡県，2021）

学校等の教育機関が中心になって作成したものを個別の教育支援計画とよんでいます。一方，個別の指導計画は，個々の子どもの教育課程を具体化したもので，具体的な指導に関する目標と手立てが記載されています（図10.3）。個別の教育支援計画が，長期的に地域で生活する一人ひとりの支援を，保護者と学校および福祉医療等の関係機関が連携して実施するためのものであるのに対して，個別の指導計画は，個別の支援計画作成後に，その趣旨を踏まえて，学校における各教科・領域等での具体的な指導のために作成されています。個別の教育支援計画や指導計画は，個人情報にあたりますので，保管は厳正に行い，関係者以外が閲覧できないように配慮します。他の機関へ提示する必要がある場合は，事前に本人，保護者等に確認をとることが必要となります。

10.3.2　チームでの援助

「チームとしての学校（一般的には**チーム学校**とよばれます）」とは，学校教育に対するさまざまな要請に応えるために目指すべき学校像としてまとめられたものです。校内連携の仕組みとしては，①運営委員会（マネジメント委員会：学校全体の教育システムの運営に関するチーム），②コーディネーション委員会（学校の心理教育的援助サービスの充実を目指して恒常的に機能するチーム），③個別の援助チーム（特定の児童生徒に対して一時的に編成され，問題解決とともに解散する）の3段階に整理することができます。この3段階の援助チームが機能的に運用されることで，学校における心理援助サービスが効果的に提供できるようになっていきます（図10.4；表10.4）。多様な課題に対応しながら，一人ひとりの子どもの問題状況の解決や子どもの成長を目指す心理教育的援助サービスを行うには，チームで行うことが重要と考えられます。

　しかしながら，教育現場において，教師同士の協同やスクールカウンセラー等の専門家との連携は容易ではないと考えられます。そこで，それぞれのチームでコーディネーション行動を実現する必要があります。学校においてチームでの援助が効果を上げるには，チームをまとめ調整していくためのコーディネーターの存在がカギを握ると考えられます。

　瀬戸・石隈（2002）は，こうしたコーディネーターが行う心理教育的援助サ

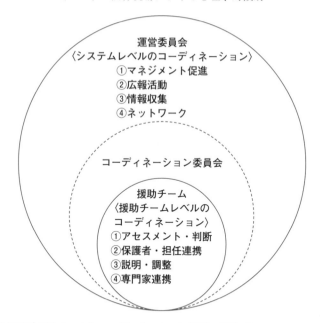

図 10.4　3種類の援助チームとコーディネーション行動の構造（瀬戸，2004 を参考に作成）

ービスのコーディネーションを「学校内外の援助資源を調整しながらチームを
形成し，援助チーム及びシステムレベルで，援助活動を調整するプロセス」と
定義しています。援助チームのコーディネーションでは，援助チームにおける
アセスメント・判断，保護者・学級担任の連携，そしてチーム援助の活動につ
いて調整を行っています。

　一方，システムレベルのコーディネーションでは，マネジメント促進，広報
活動，情報収集，ネットワークづくりが行われます。このような多様な活動を
実現するために，チームでの援助では，複数の専門家が関わります。そのため，
学校教育においては「異なった専門家や役割をもつもの同士が子どもの問題状
況について検討し今後のあり方について話し合うプロセス」，つまりコンサル
テーションが大切になります。たとえば，教師は児童生徒の登校しぶりや学習
意欲の低下といった（二次的援助サービスが必要となりそうな児童生徒）の問
題に直面したときに，子どもをどう理解し，援助するかについて悩みます。そ

表 10.4　運営委員会，コーディネーション委員会，援助チームの目的と構成
（家近，2004 を参考に作成）

	運営委員会	コーディネーション委員会	援助チーム
目的		学校全体の援助サービスのコーディネーションを行う。	子どもの学校生活における問題の解決の援助と子どもの成長の促進を，複数の援助者で行う。
構成員			
管理職	◎	◎	○
教務主任	◎	◎	○
教育相談担当	◎	◎	○
特別支援教育担当	◎	◎	○
進路指導担当	◎	◎	○
生徒指導担当	◎	◎	○
養護教諭	◎	◎	○
スクールカウンセラー	○	◎	○
学級担任		○ （特に困っているとき）	◎
教科担任			○
部活顧問			○
学年主任	◎	◎	○
相談員		◎	○
そのほかの学内・学外資源		○	○
保護者			◎
開催の時期	年間を通して行う。	年間を通して継続的に行う。	子ども・保護者や担任が苦戦しているときに行う。
開催頻度	（学校によって異なる）	月に1～2回程度	随時
活動内容	学校全体の子どもの援助ニーズを把握し，学校や地域の資源を明確にしながら，学校全体としての援助サービスの目標や内容について検討する。	学校や学年における援助サービスの問題や特定の子どもへの問題の対応などについて検討する。	担当と保護者など援助者が連携し，子どもの状況に関するアセスメントをまとめ，援助サービスの方針を決定する。個別の援助計画に基づいて，子どもを援助する。

◎：ほとんど入る，○：必要に応じて入る。

のときカウンセラーや専門家に相談すれば，教師（コンサルティ）は，スクールカウンセラー（コンサルタント）の援助を受け，問題解決を実現することができます。教師は，コンサルテーションによって，①知識，②安心，③新しい視点，④ネットワーキングの促進を得る可能性が考えられます。その結果，教師の生徒への対応がより適切なものとなっていきます（家近，2004）。

10.3.3　スクールカウンセラーの役割

　スクールカウンセラーは，学校におけるコーディネーションを行うコーディネーターとして活躍している専門家といえます。

　1995 年度より学校への派遣が開始され，2017 年の教育基本法施行規則の一部改正では「スクールカウンセラーは，小学校における児童支援に関する支援

表 10.5　**スクールカウンセラーの役割**（鹿島，2019 を参考に作成）

職務内容	説明
①児童生徒・保護者への相談活動，助言	基本的に校内にある相談室で相談を受ける。不登校生徒やその保護者に対しては校長等から要請があれば訪問面接を行うこともある。 （1）相談者への心理的アセスメント （2）教職員へのコンサルテーション（助言・協議・相談），校務分掌やチームへの参加
②関係機関との連携・紹介	専門機関との連携において，情報や援助方針の提供や共有を行う。
③ストレスマネジメント等の予防的対応	児童生徒の発達上に生じやすい課題等について講習や広報で心理教育を行う。たとえば，ストレスの理論やリラクセーションなどの対処方法など。
④学校危機対応における心のケア	学校内での事件・事故や自然災害の発生後等の緊急時に，すべての児童生徒や教職員等の学校全体を対象としてプログラムを実施する。
⑤教育相談や児童生徒理解に関する研修	学校で必要とされている児童生徒理解に関する研修を行う。たとえば，発達障害をもつ児童生徒について，不登校生徒の心理など。

に従事する」という文言が加えられ，その役割が明確に示されています。職務内容は，いわゆる個人面接は多くの役割の中の一つであり，相談の形態も対象も多様で，その業務は多岐にわたることがわかります。(**表10.5**)。スクールカウンセラーには，今後もチームとしての学校の中で，コーディネーション・コンサルテーション場面でその専門性を発揮することが期待されています。

10.4 教育活動の改善——マネジメントサイクル

　教育課題が多様化・複雑化する中，絶え間なく教育活動を改善していくため，カリキュラムマネジメントの重要性が指摘されています（**コラム8.1**参照）。そのための教育的な評価では，指導に活かすためのダイナミックな評価，すなわち，指導と評価の一体化が目指されています。そのため，心理教育的援助サービスが行われた後にも，その成果を再度評価が行われます。つまり，把握，判断，活用を繰返し行う発展的循環過程が展開されることになります（**図10.5**）。そういった**マネジメントサイクル**を回すこと，あるいは援助サービスにおける判断をすることにおいても，アセスメント（背景要因となる心理学的

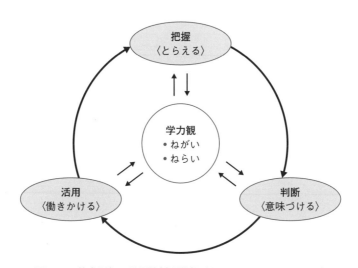

図10.5　**教育評価の発展的循環過程**（鹿毛，1997を参考に作成）

な面の理解も含めた実態把握）は重要な役割を担っています。

　教育分野においては学力観が教育目標（ねがい・ねらい）として具体化され，それらを基準として，一人ひとりの学習過程や成果を多様な評価方法によって把握します（とらえる：個性と達成を見取る）。その把握した情報に基づいて教育目標との関連で判断します（意味づける）。さらに，教育実践を振り返り，次の実践の再構想をする（省みる，作り変える）とともに，評価情報を子どもに伝達する（ねがい・ねらいを伝える，励ます）など，評価情報を活用します（働きかける）。教育的な評価ではこのようなダイナミックな過程を繰り返します（鹿毛，1997）。

　課題が多様化・複雑化する教育現場では，学力観だけにとどまらず，教育観・学習観も揺らぐような状況に直面することもしばしばです。その中にあって，まずは，どのような児童・生徒（学習者）を育てたいのか，その目標，具体的な姿を概念化して共有することが大切になりますが，その際にも本書で取り上げたような心理学概念が参考になるでしょう（たとえば，単にやる気のある子，ではなく，動機づけの概念を参考に定義をすることも可能です）。さらに，その目標に対し学習者の実態はどうなのか，その心理特性を把握することが求められますが，ここでも本書で紹介された概念が役に立つと思われます。多様化・複雑化する課題に対して個に応じた教育，環境づくりを個へのアプローチと集団へのアプローチで組み立てて，実践していくことが求められます。多様な心理特性に着目しながら，子どもたちが協同的に学び合う場面だけでなく，一人ひとりの子どもにも光をあてていく。そのような実態把握の過程を行き来し学習者理解を深めることで，一人ひとりの学びに適した心理的援助が実現し，子どもたちの可能性が最大限に引き出されていくと考えられます。

復 習 問 題

1. コーディネーションの担い手という視点に立って，チーム学校におけるスクールカウンセラーの役割を説明してください。

2. もしあなたが学校教育に携わるとしたら，どのように教育目標を達成していくでしょうか。カリキュラムマネジメントの視点も取り入れ，どのようなゴール設定をするか（目指す学習者像），そのために，どのような方法を選択するか，その成果をどのように評価するかについて，すべての章やコラムを参考にしながら，自分の考えを説明してください。

参 考 図 書

日本教育カウンセラー協会（2023）．新版二版　教育カウンセラー標準テキスト
　　初級編　図書文化

　教育実践をフィールドとする教育カウンセラーに必須の情報を体系的に学習できるテキスト。心理的援助を検討する際に必要な情報を幅広く得ることができます。

田村 知子・村川 雅弘・吉冨 芳正・西岡 加名恵（編著）（2016）．カリキュラムマネ
　　ジメントハンドブック　ぎょうせい

　カリキュラムマネジメントの基礎的な内容を理解するだけでなく，実践例が豊富で，実際どのように進めるとよいのかについて知ることができます。

小泉 令三・友清 由希子（編著）（2019）．キーワード　生徒指導・教育相談・キャ
　　リア教育──子どもの成長と発達のための支援──　北大路書房

　心理的援助に関わる内容について幅広く体系的に紹介されており，学校教育を中心にさまざまな教育の場での支援や指導に活かせる内容構成となっています。

引用文献

第 1 章

Garcia, J., & Koelling, R. A.（1966）. Relation of cue to consequence in avoidance learning. *Psychonomic Science, 4,* 123-124.

Groves, P. M., & Thompson, R. F.（1970）. Habituation: A dual-process theory. *Psychological Review, 77,* 419-450.

Hoffman, H. S., Fleshler, M., & Jensen, P.（1963）. Stimulus aspects of aversive controls: The retention of conditioned suppression. *Journal of the Experimental Analysis of Behavior, 6,* 575-583.

今田 純雄・今田 寛（1981）. ソーンダイクの問題箱実験再分析――ネコの場合―― 人文論究. *31,* 99-122.

Kellman, P. J., & Spelke, E. S.（1983）. Perception of partly occluded objects in infancy. *Cognitive Psychology, 15,* 483-524.

Lattal, K. A.（2004）. Steps and pips in the history of the cumulative recorder. *Journal of the Experimental Analysis of Behavior, 82,* 329-355.

Mackintosh, N. J.（1976）. Overshadowing and stimulus intensity. *Animal Learning and Behavior, 4,* 186-192.

文部科学省（2013）. 体罰の禁止及び児童生徒理解に基づく指導の徹底について（通知） 文部科学省 Retrieved from https://www.mext.go.jp/a_menu/shotou/seitoshidou/1331907.htm

Pavlov, I. P.（1927）. *Conditioned reflexes: An investigation of the physiological activity of the cerebral cortex*（G.V. Anrep, Ed. & Trans.）. London, Oxford: Oxford University Press.

Premack, D.（1959）. Toward empirical behavior laws: I. Positive reinforcement. *Psychological Review, 66,* 219-233.

Siegel, S., & Ellsworth, D. W.（1986）. Pavlovian conditioning and death from apparent overdose of medically prescribed morphine: A case report. *Bulletin of the Psychonomic Society, 24,* 278-280.

Skinner, B. F.（1938）. *The behavior of organisms: An experimental analysis.* New York: Appleton-Century-Crofts.

Terrace, H. S.（1963a）. Discrimination learning with and without "errors". *Journal of the Experimental Analysis of Behavior, 6,* 1-27.

Terrace, H. S.（1963b）. Errorless transfer of a discrimination across two continua. *Journal of the Experimental Analysis of Behavior, 6,* 223-232.

Thompson, R. F., & Spencer, W. A.（1966）. Habituation: A model phenomenon for the study of neuronal substrates of behavior. *Psychological Review, 73,* 16-43.

Thorndike, E. L.（1911）. *Animal intelligence: Experimental studies.* New York: Macmillan.

Timberlake, W., & Allison, J.（1974）. Response deprivation: An empirical approach to instrumental performance. *Psychological Review, 81,* 146-164.

漆原 宏次（1999）. 古典的逆行条件づけに関する最近の研究動向 心理学評論, *42,* 272-286.

Watson, J. B., & Rayner, R.（1920）. Conditioned emotional reactions. *Journal of Experimental Psychology, 3,* 1-14.

Wolpe, J.（1968）. Psychotherapy by reciprocal inhibition. *Conditional Reflex: A Pavlovian Journal of Research and Therapy, 3,* 234-240.

コラム 1.1

Azrin, N. H. (1960). Effects of punishment intensity during variable-interval reinforcement. *Journal of the Experimental Analysis of Behavior, 3*, 123-142.

島宗 理・吉野 俊彦・大久保 賢一・奥田 健次・杉山 尚子・中島 定彦…山本 央子 (2015). 「体罰」に反対する声明　行動分析学研究, *29*, 96-107.

第2章

Anderson, J. R., Greeno, J. G., Kline, P. J., & Neves, D. M. (1981). Acquisition of problem-solving skill. In J. R. Anderson (Ed.), *Cognitive skills and their acquisition* (pp.191-230). Hillsdale, NJ: Lawrence Erlbaum.

Bandura, A. (1965). Influence of models' reinforcement contingencies on the acquisition of imitative responses. *Journal of Personality and Social Psychology, 1* (6), 589-595.

Bandura, A. (Ed.). (1971a). *Psychological modeling: Conflicting theories*. Chicago, IL: Aldine-Atherton.
　　（バンデューラ, A. （編）原野 広太郎・福島 脩美（訳）(2020). モデリングの心理学──観察学習の理論と方法──　新装版　金子書房）

Bandura, A. (1971b). *Social learning theory*. New York: General Learning Press.
　　（バンデュラ, A. 原野 広太郎・福島 脩美（訳）(1974). 人間行動の形成と自己制御──新しい社会的学習理論──　金子書房）

Bandura, A. (1977). *Social learning theory*. Pearson Education.
　　（バンデュラ, A. 原野 広太郎（監訳）(2012). 社会的学習理論──人間理解と教育の基礎──　オンデマンド版　金子書房）

Bandura, A. (1995). Exercise of personal and collective efficacy in changing societies. In A. Bandura (Ed.), *Self-efficacy in changing societies* (pp.1-45). New York: Cambridge University Press.
　　（バンデューラ, A. 野口 京子（訳）(1997). 激動社会における個人と集団の効力の発揮　本明 寛・野口 京子（監訳）激動社会の中の自己効力 (pp.1-41)　金子書房）

Bandura, A., Ross, D., & Ross, S. A. (1961). Transmission of aggression through imitation of aggressive models. *Journal of Abnormal and Social Psychology, 63* (3), 575-582.

Bandura, A., Ross, D., & Ross, S. A. (1963). Imitation of film-mediated aggressive models. *Journal of Abnormal and Social Psychology, 66* (1), 3-11.

Blodgett, H. C. (1929). The effect of the introduction of reward upon the maze performance of rats. *University of California Publications in Psychology, 4*, 113-134.

Brown, A. L. (1989). Analogical learning and transfer: What develops? In S. Vosniadou, & A. Ortony (Eds.), *Similarity and analogical reasoning* (pp.369-412). New York: Cambridge University Press.

Chase, W. G., & Simon, H. A. (1973). Perception in chess. *Cognitive Psychology, 4* (1), 55-81.

Chi, M. T. H., Feltovich, P. J., & Glaser, R. (1981). Categorization and representation of physics problems by experts and novices. *Cognitive Science, 5* (2), 121-152.

Dashiell, J. F. (1930). Direction orientation in maze running by the white rat. *Comparative Psychology Monographs, 7* (2), 72.

Elliott, M. H. (1928). The effect of change of reward on the maze performance of rats. *University of California Publications in Psychology, 4*, 19-30.

Elliott, M. H. (1929). The effect of change of "drive" on maze performance. *University of California Publications in Psychology, 4*, 185-188.

Ericsson, K. A., Krampe, R. T., & Tesch-Römer, C.（1993）. The role of deliberate practice in the acquisition of expert performance. *Psychological Review, 100*（3）, 363-406.

Gentner, D., Loewenstein, J., & Thompson, L.（2003）. Learning and transfer: A general role for analogical encoding. *Journal of Educational Psychology, 95*（2）, 393-408.

Gick, M. L., & Holyoak, K. J.（1983）. Schema induction and analogical transfer. *Cognitive Psychology, 15*（1）, 1-38.

Harlow, H. F.（1949）. The formation of learning sets. *Psychological Review, 56*（1）, 51-65.

波多野 誼余夫・稲垣 佳世子（1983）. 文化と認知──知識の伝達と構成をめぐって──　坂本 昂（編）現代基礎心理学7　思考・知能・言語（pp.191-210）　東京大学出版会

Holyoak, K. J., & Thagard, P.（1995）. *Mental leaps: Analogy in creative thought.* Cambridge, MA: The MIT Press.
　（ホリオーク，K．J．・サガード，P．鈴木 宏昭・河原 哲雄（監訳）（1998）. アナロジーの力──認知科学の新しい探求──　新曜社）

今田 寛（2016）. 心理学とは　今田 寛・宮田 洋・賀集 寛（編）心理学の基礎　4訂版（pp.1-20）　培風館

Kamin, L. J.（1968）. "Attention-like" processes in classical conditioning. In M. R. Jones（Ed.）, *Miami Symposium on the prediction of behavior, 1967: Aversive stimulation*（pp.9-31）. Coral Gables, FL: University of Miami Press.

Karmiloff-Smith, A.（1992）. *Beyond modularity: A developmental perspective on cognitive science.* Cambridge, MA: The MIT Press.
　（カミロフ＝スミス，A．小島 康次・小林 好和（監訳）（1997）. 人間発達の認知科学──精神のモジュール性を超えて──　ミネルヴァ書房）

Kimble, G. A., & Shatel, R. B.（1952）. The relationship between two kinds of inhibition and the amount of practice. *Journal of Experimental Psychology, 44*（5）, 355-359.

Köhler, W.（1917）. *Intelligenzprüfungen an Menschenaffen.* Berlin: Springer.
　（ケーラー，W．宮 孝一（訳）（1962）. 類人猿の知恵試験　岩波書店）

Köhler, W.（1969）. *The task of gestalt psychology.* Princeton, NJ: Princeton University Press.
　（ケーラー，W．田中 良久・上村 保子（訳）（1971）. ゲシタルト心理学入門　東京大学出版会）

Larkin, J., McDermott, J., Simon, D. P., & Simon, H. A.（1980）. Expert and novice performance in solving physics problems. *Science, 208*, 1335-1342.

Lave, J., & Wenger, E.（1991）. *Situated learning: Legitimate peripheral participation.* New York: Cambridge University Press.
　（レイヴ，J．・ウェンガー，E．佐伯 胖（訳）（1993）. 状況に埋め込まれた学習──正統的周辺参加──　産業図書）

Lobato, J.（2006）. Alternative perspectives on the transfer of learning: History, issues, and challenges for future research. *Journal of the Learning Sciences, 15*（4）, 431-449.

Macfarlane, D. A.（1930）. The rôle of kinesthesis in maze learning. *University of California Publications in Psychology, 4*, 277-305.

向井 隆久（2020）. "できるようになる"心のメカニズム　山口 裕幸・中村 奈良江（編）心理学概論（pp.157-179）　サイエンス社

Rescorla, R. A.（1966）. Predictability and number of pairings in Pavlovian fear conditioning. *Psychonomic Science, 4*（11）, 383-384.

Rescorla, R. A.（1968）. Probability of shock in the presence and absence of cs in fear conditioning. *Journal of Comparative and Physiological Psychology, 66*（1）, 1-5.

Rescorla, R. A., & Wagner, A. R. (1972). A theory of Pavlovian conditioning: Variations in the ef-fectiveness of reinforcement and nonreinforcement. In A. H. Black, & W. F. Prokasy (Eds.), *Classical conditioning II: Current research and theory* (pp.64-99). New York: Appleton-Century-Crofts.

Rumelhart, D. E., & Norman, D. A. (1978). Accretion, tuning, and restructuring: Three modes of learning. In. J. W. Cotton, & R. L. Klatzky (Eds.), *Semantic factors in cognition* (pp.37-53). Hillsdale, NJ: Lawrence Erlbaum.

Schmidt, R. A. (1975). A schema theory of discrete motor skill learning. *Psychological Review*, *82* (4), 225-260.

Schmidt, R. A., Lee, T. D., Winstein, C. J., Wulf, G., & Zelaznik, H. N. (2018). *Motor control and learning: A behavioral emphasis* (6th ed.). Champaign, IL: Human Kinetics.

Schön, D. A. (1983). *The reflective practitioner: How professionals think in action.* New York: Basic Books.
　　（ショーン，D. A. 佐藤 学・秋田 喜代美（訳）(2001). 専門家の知恵──反省的実践家は行為しながら考える── ゆみる出版）
　　（ショーン，D. A. 柳澤 昌一・三輪 建二（監訳）(2007). 省察的実践とは何か──プロフェッショナルの行為と思考── 鳳書房）

Schwartz, D. L., Lindgren, R., & Lewis, S. (2009). Constructivism in an age of non-constructiv-ist assessments. In S. Tobias, & T. M. Duffy (Eds.), *Constructivist instruction: Success or failure?* (pp.34-61). Routledge/Taylor & Francis Group.

白水 始 (2012). 認知科学と学習科学における知識の転移　人工知能，*27* (4)，347-358.

Tinklepaugh, O. L. (1928). An experimental study of representative factors in monkeys. *Jour-nal of Comparative Psychology, 8* (3), 197-236.

Tolman, E. C. (1932). *Purposive behavior in animals and men.* Century/Random House UK.
　　（トールマン，E. C. 富田 達彦（訳）(1977). 新行動主義心理学──動物と人間における目的的行動── 清水弘文堂）

Tolman, E. C. (1948). Cognitive maps in rats and men. *Psychological Review, 55* (4), 189-208.

Tolman, E. C., & Honzik, C. H. (1930). Introduction and removal of reward, and maze perfor-mance in rats. *University of California Publications in Psychology, 4*, 257-275.

Tolman, E. C., Ritchie, B. F., & Kalish, D. (1946). Studies in spatial learning. II. Place learning versus response learning. *Journal of Experimental Psychology, 36* (3), 221-229.

Trowbridge, M. H., & Cason, H. (1932). An experimental study of Thorndike's theory of learn-ing. *Journal of General Psychology, 7*, 245-260.

Wagner, J. F. (2010). A transfer-in-pieces consideration of the perception of structure in the transfer of learning. *Journal of the Learning Sciences, 19* (4), 443-479.

第 3 章

Atkinson, R. C., & Shiffrin, R. M. (1971). The control of short-term memory. *Scientific Ameri-can, 225* (2), 82-90.

Baddeley, A. (1986). *Working memory.* New York: Oxford University Press.
　　（バドリー，A. 佐伯 恵里奈・齊藤 智（監訳）(2020). ワーキングメモリの探究──アラン・バドリー主要論文集── 北大路書房）

Bartlett, F. C. (1932). *Remembering: A study in experimental and social psychology.* Cambridge University Press.

Collins, A. M., & Loftus, E. F. (1975). A spreading-activation theory of semantic processing.

Psychological Review, 82（6），407-428.

Craik, F. I. M., & Lockhart, R. S.（1972）. Levels of processing: A framework for memory research. *Journal of Verbal Learning and Verbal Behavior, 11*（6），671-684.

Ebbinghaus, H.（1885）. *Über das Gedächtnis.* Duncker.

Eich, E., & Metcalfe, J.（1989）. Mood dependent memory for internal versus external events. *Journal of Experimental Psychology: Learning, Memory, and Cognition, 15*（3），443-455.

Gathercole, S., & Alloway, T. P.（2008）. *Working memory and learning: A practical guide for teachers.* London: SAGE.

（ギャザコール，S. E.・アロウェイ，T. P. 湯澤 正通・湯澤 美紀（訳）（2015）. ワーキングメモリと学習指導——教師のための実践ガイド——　北大路書房）

Glanzer, M., & Cunitz, A. R.（1966）. Two storage mechanisms in free recall. *Journal of Verbal Learning and Verbal Behavior, 5,* 351-360.

Godden, D. R., & Baddeley, A. D.（1975）. Context-dependent memory in two natural environments: On land and underwater. *British Journal of Psychology, 66*（3），325-331.

Holmes, D. S.（1974）. Investigations of repression: Differential recall of material experimentally or naturally associated with ego threat. *Psychological Bulletin, 81*（10），632-653.

小林 敬一・丸野 俊一（1992）. 展望的記憶に影響する要因としてのメタ記憶知識の内容とその過程分析　教育心理学研究, *40,* 377-385.

Marsh, E. J., & Tversky, B.（2004）. Spinning the stories of our lives. *Applied Cognitive Psychology, 18,* 491-503.

Meyer, D. E., & Schvaneveldt, R. W.（1971）. Facilitation in recognizing pairs of words: Evidence of a dependence between retrieval operations. *Journal of Experimental Psychology, 90*（2），227-234.

Miller, G. A.（1956）. The magical number seven, plus or minus two: Some limits on our capacity for processing information. *Psychological Review, 63,* 81-97.

Miyake, A., Just, M. A., & Carpenter, P. A.（1994）. Working memory constraints on the resolution of lexical ambiguity: Maintaining multiple interpretations in neutral contexts. *Journal of Memory and Language, 33*（2），175-202.

森 敏昭・井上 毅・松井 孝雄（1995）. グラフィック認知心理学　サイエンス社

山内 光哉・春木 豊（編著）（2001）. グラフィック学習心理学——行動と認知——　サイエンス社

コラム3.1

Gathercole, S. E., Brown, L., & Pickering, S. J.（2003）. Working memory assessments at school entry as longitudinal predictors of National Curriculum attainment levels. *Educational and Child Psychology, 20,* 109-122.

Gathercole, S. E., Pickering, S. J., Ambridge, B., & Wearing, H.（2004）. The structure of working memory from 4 to 15 years of age. *Developmental Psychology, 40,* 177-190.

湯澤 正通（2019）. ワーキングメモリの発達と児童生徒の学習——読み書き・算数障害への支援——　発達心理学研究, *30*（4），188-201.

湯澤 美紀・湯澤 正通・蔵永 瞳（2019）. 児童生徒におけるワーキングメモリと学習困難——ウェブにおけるアセスメントの試み——　発達心理学研究, *30*（4），266-277.

第4章

バフチン，M. M. 新谷 啓三郎・佐々木 寛・伊藤 一郎（訳）（1988）. ことば 対話 テキスト

新時代社

Carpenter, M., Nagell, K., & Tomasello. M. (1998). Social cognition, joint attention, and communicative competence from 9 to 15 months of age. *Monographs of the Society for Research in Child Development, 63*, i-vi, 1-143.

DeCasper, A. J., & Fifer, W. P. (1980). Of human bonding: Newborns prefer their mothers' voices. *Science, 208*, 1174-1176.

Fantz, R. L. (1961). The origin of form perception. *Scientific American, 204* (5), 66-72.

Field, T. M., Woodson, R., Greenberg, R., & Cohen, D. (1982). Discrimination and imitation of facial expressions by neotates. *Science, 218*, 179-181.

Lakoff, G. (1987). *Women, fire, and dangerous things: What categories reveal about the mind.* Chicago, IL: University of Chicago Press.
（レイコフ，G. 池上 嘉彦・川上 誓作・辻 幸夫・西村 義樹・坪井 栄治郎・梅原 大輔…岡田 禎之（訳）(1993). 認知意味論――言語から見た人間の心―― 紀伊國屋書店)

Markman, E. M., & Wachtel, G. F. (1988). Children's use of mutual exclusivity to constrain the meanings of words. *Cognitive Psychology, 20*, 121-157.

正高 信男（2001). 子どもはことばをからだで覚える――メロディから意味の世界へ――中央公論新社

岡本 夏木（1982). 子どもとことば 岩波書店

岡本 夏木（1985). ことばと発達 岩波書店

Ramachandran, V. S. (2003). *The emerging mind.* London: Andrew Nurnberg Associates.
（ラマチャンドラン，V. S. 山下 篤子（訳）(2005). 脳のなかの幽霊，ふたたび――見えてきた心のしくみ―― 角川書店)

Tomasello, M. (1999). *The cultural origins of human cognition.* Cambridge, MA: Harvard University Press.
（トマセロ，M. 大堀 壽夫・中澤 恒子・西村 義樹・本多 啓（訳）(2006). 心とことばの起源を探る――文化と認知―― 勁草書房)

Tomasello, M., & Barton, M. (1994). Learning words in nonostensive contexts. *Developmental Psychology, 30* (5), 639-650.

Tomasello, M., & Todd, J. (1983). Joint attention and lexical acquisition style. *First Language, 4*, 197-211.

Trevarthen, C. (1979). Communication and cooperation in early infancy: A description of primary intersubjectivity. In M. Bullowa (Ed.), *Before speech: The beginning of human communication* (pp. 321-347). London: Cambridge University Press.

Vygotsky, L. S. (1934). *Myshlenie i rech'.* Moscow/Leningrad: GIZ.
（ヴィゴツキー，L. S. 柴田 義松（訳）(2001). 思考と言語 新訳版 新読書社)

Wertsch, J. V. (1998). *Mind as action.* New York: Oxford University Press.
（ワーチ，J. V. 佐藤 公治・田島 信元・黒須 俊夫・石橋 由美・上村 佳世子（訳）(2002). 行為としての心 北大路書房)

第 5 章

Cheng, P. W., & Holyoak, K. J. (1985). Pragmatic reasoning schemas. *Cognitive Psychology, 17* (4), 391-416.

Chi, M. T., Feltovich, P. J., & Glaser, R. (1981). Categorization and representation of physics problems by experts and novices. *Cognitive Science, 5*, 121-152.

Davis, G. A. (2006). *Gifted children and gifted education: A handbook for teachers and parents.*

Scottsdale, AZ: Great Potential Press.

Duncker, K. (1945). On problem-solving (L. S. Lees, Trans.). *Psychological Monographs, 58* (5), i-113.

Ennis, R. H. (1987). A taxonomy of critical thinking dispositions and abilities. In J. B. Baron, & R. J. Sternberg (Eds.), *Teaching thinking skills: Theory and practice* (p.9-26). New York: W. H. Freeman.

Gentner, D. (1989). The mechanisms of analogical learning. In S. Vosniadou, & A. Ortony (Eds.), *Similarity and analogical reasoning* (pp.199-241). New York: Cambridge University Press.

Gick, M. L., & Holyoak, K. J. (1980). Analogical problem solving. *Cognitive Psychology, 12* (3), 306-355.

Guilford, J. P. (1956). The structure of intellect. *Psychological Bulletin, 53* (4), 267-293.

Guilford, J. P. (1959). Traits of creativity. In H. H. Anderson (Ed.), *Creativity and its cultivation* (141-161). New York: Harper and Row.

Kahney, H. (1986). *Problem solving: A cognitive approach.* UK: Open University Press.

楠見 孝 (2010). 批判的思考と高次リテラシー　日本認知心理学会 (監修) 楠見 孝 (編) 現代の認知心理学 3　思考と言語 (pp.134-160)　北大路書房

Luchins, A. S. (1942). Mechanization in problem solving: The effect of Einstellung. *Psychological Monographs, 54* (6), i-95.

Pascal, B. (1669). Pensées.
　(パスカル, B. 前田 陽一・由木 康 (訳) (2018). パンセ　中央公論新社)

Polson, P. G., & Jeffries, R. (1982). Problem solving as search and understanding. In Sternberg, R (Ed.), *Advances in the psychology of human intelligence* (pp.367-411). Hillsdale, NJ: Lawrence Erlbaum.

Wallas, G. (1926). *The art of thought.* New York: Harcourt, Brace.

Wason, P. C. (1966). Reasoning. In B. M. Foss (Ed.), *New horizons in psychology.* Harmondsworth, UK: Penguin.

Weisberg, R. W. (1980). *Memory, thought, and behavior.* New York: Oxford University Press.

コラム 5.1

Abrami, P. C., Bernard, R. M., Borokhovski, E., Wade, A., Surkes, M. A., Tamim, R., & Zhang, D. (2008). Instructional interventions affecting critical thinking skills and dispositions: A stage 1 meta-analysis. *Review of Educational Research, 78*, 1102-1134.

中央教育審議会 (2021). 「令和の日本型学校教育」の構築を目指して――全ての子供たちの可能性を引き出す, 個別最適な学びと, 協働的な学びの実現―― (答申)　文部科学省 Retrieved from https://www.mext.go.jp/b_menu/shingi /chukyo/chukyo3/079/sonota/1412985_00002.htm (2023 年 3 月 7 日)

Ennis, R. H. (1989). Critical thinking and subject specificity: Clarification and needed research. *Educational Researcher, 18*, 4-10.

道田 泰司 (2013). 批判的思考教育の展望　教育心理学年報, *52*, 128-139.

中山 貴司・桃原 研斗・木下 博義 (2020). 児童が主体的に批判的思考力を高める指導法に関する研究――レーダーチャートによる目標設定と自己評価活動を通して――　理科教育学研究, *61*, 309-320.

第 6 章

Dweck, C. S. (1986). Motivational processes affecting learning. *American Psychologist, 41* (10), 1040-1048.

Flavell, J. H. (1979). Metacognition and cognitive monitoring: A new area of cognitive-developmental inquiry. *American Psychologist, 34* (10), 906-911.

Flavell, J. H. (1981). Cognitive monitoring. In W. P. Dickson (Ed.), *Children's oral communication skills* (pp.35-60). New York: Academic Press.

市川 伸一 (編著) (1993). 学習を支える認知カウンセリング——心理学と教育の新たな接点—— ブレーン出版

丸野 俊一 (1989). メタ認知研究の展望　九州大学教育学部紀要 (教育心理学部門), *34,* 1-25.

Nelson, T. O., & Narens, L. (1990). Metamemory: A theoretical framework and new findings. In G. H. Bower (Ed), *The psychology of learning and motivation.* Vol.26 (pp.125-173). New York: Academic Press.

Palincsar, A. S., & Brown, A. L. (1984). Reciprocal teaching of comprehension-fostering and comprehension-monitoring activities. *Cognition and Instruction, 1* (2), 117-175.

植木 理恵 (2002). 高校生の学習観の構造　教育心理学研究, *50* (3), 301-310.

植阪 友理・瀬尾 美紀子・市川 伸一 (2006). 認知主義的・非認知主義的学習観尺度の作成　日本心理学会第 70 回大会発表論文集, 890.

Winne, P. H., & Hadwin, A. (1998). Studying as self-regulated learning. In D. J. Hacker, & J. Dunlosky (Eds.), *Metacognition in educational theory and practice* (pp.277-304). Hillsdale, NJ: Lawrence Erlbaum.

コラム 6.1

Miyake, N. (1986). Constructive interaction and the iterative process of understanding. *Cognitive Science, 10,* 151-177.

立石 泰之・松尾 剛 (2018). 子どもの「学びに向かう力」を支える教師の「動き」と「言葉」　東洋館出版社

Vygotsky, L. S. (1935). Умственное развитие ребенка в процессе обучения.
　　(ヴィゴツキー, L. S.　土井 捷三・神谷 栄司 (訳) (2003).「発達の最近接領域」の理論——教授・学習過程における子どもの発達——　三学出版)

コラム 6.2

篠ヶ谷 圭太 (2022). 予習の科学——「深い理解」につなげる家庭学習——　図書文化

第 7 章

Atkinson, J. W. (1964). *An introduction to motivation.* Princeton, NJ: Van Nostrand.

Bandura, A. (1977). Self-efficacy: Toward a unifying theory of behavioral change. *Psychological Review, 84* (2), 191-215.

Dweck, C. (2017). *Mindset-updated edition: Changing the way you think to fulfil your potential.* London: Hachette UK.

Eccles, J., & Wigfield, A. (1985). Teacher expectancies and student motivation. In J. B. Dusek (Ed.), *Teacher expectancies* (pp.185-226). Hillsdale, NJ: Lawrence Erlbaum.

Elliot, A. J., & Church, M. A. (1997). A hierarchical model of approach and avoidance achievement motivation. *Journal of Personality and Social Psychology, 72* (1), 218-232.

鹿毛 雅治（1995）．アンダーマイニング現象 宮本 美沙子・奈須 正裕（編）達成動機の理論と展開――続・達成動機の心理学――（pp.217-227） 金子書房

鹿毛 雅治（2013）．学習意欲の理論――動機づけの教育心理学―― 金子書房

海沼 亮・櫻井 茂男（2018）．中学生における社会的達成目標と向社会的行動および攻撃行動との関連 教育心理学研究, *66*（1），42-53.

解良 優基・中谷 素之（2016）．ポジティブな課題価値とコストが学習行動に及ぼす影響――交互作用効果に着目して―― 教育心理学研究, *64*, 285-295.

黒田 祐二（2012）．動機づけ――意欲を高めるにはどうすればよい？―― 櫻井 茂男（監修）黒田 祐二（編著）実践につながる教育心理学（pp.72-88） 北樹出版

Maslow, A. H. (1970). *Motivation and personality* (2nd ed.). New York: Harper & Row.
（マズロー，A. H. 小口 忠彦（訳）（1987）．人間性の心理学――モチベーションとパーソナリティ―― 改訂新版 産業能率大学出版部）

奈須 正裕（1995）．達成動機づけ理論 宮本 美沙子・奈須 正裕（編）達成動機の理論と展開――続・達成動機の心理学――（pp.41-71） 金子書房

西村 多久磨（2019）．自己決定理論 上淵 寿・大芦 治（編著）新・動機づけ研究の最前線（pp.45-73） 北大路書房

Pink, D. (2009). *Drive: The surprising truth about what motivates us.* New York: Riverhead Books.
（ピンク，D. 大前 研一（訳）（2015）．モチベーション3.0――持続する「やる気！」をいかに引き出すか―― 講談社）

Ryan, A. M., Jamison, R. S., Shin, H., & Thompson, G. N. (2012). Social achievement goals and adjustment at school during early adolescence. In A. M. Ryan, & G. W. Ladd (Eds.), *Peer relationships and adjustment at school* (pp.135-185). Charlotte, NC: IAP Information Age Publishing.

桜井 茂男（1997）．学習意欲の心理学――自ら学ぶ子どもを育てる―― 誠信書房

Schunk, D. H., & Zimmerman, B. J. (2007). *Motivation and self-regulated learning: Theory, research, and applications.* New York: Routledge.
（シャンク，D. H.・ジマーマン，B. J. 塚野 州一（編訳）（2009）．自己調整学習と動機づけ 北大路書房）

田中 あゆみ・藤田 哲也（2004）．大学生の達成目標と授業評価，学業遂行の関連 日本教育工学雑誌, *27*（4），397-403.

外山 美樹（2011）．行動を起こし，持続する力――モチベーションの心理学―― 新曜社

上淵 寿（2019a）．動機づけ研究の省察――動機づけ・再入門―― 上淵 寿・大芦 治（編著）新・動機づけ研究の最前線（pp.1-19） 北大路書房

上淵 寿（2019b）．達成目標理論 上淵 寿・大芦 治（編著）新・動機づけ研究の最前線（pp.20-44） 北大路書房

Weiner, B., Frieze, I., Kukla, A., Reed, L., Rest, S., & Rosenbaum, R. M. (1971). Perceiving the causes of success and failure. In E. E. Jones, D. E. Kanouse, H. H. Kelley, R. E. Nisbett, S. Valins, & B. Weiner (Eds.), *Attribution: Perceiving the causes of behavior* (pp.95-120). General Learning Press.

コラム 7.1

Kamins, M. L., & Dweck, C. S. (1999). Person versus process praise and criticism: Implications for contingent self-worth and coping. *Developmental Psychology, 35*（3），835-847.

外山 美樹・湯 立・長峯 聖人・三和 秀平・相川 充（2017）．プロセスフィードバックが動機

づけに与える影響——制御焦点を調整変数として—— 教育心理学研究, *65*（3），
321-332.

第8章

Anderson, L. W., & Krathwohl, D. R. (Eds.). (2001). *A taxonomy for learning, teaching, and assessing: A revision of bloom's taxonomy of educational objectives.* New York: Longman.

Bloom, B. S., Engelhart, M. D., Furst, E. J., Hill, W. H., & Krathwohl, D. R. A. (Eds.). (1956). *Taxonomy of educational objectives: The classification of educational goals. Handbook I: Cognitive domain.* New York: David McKay.

Bloom, B. S., Hastings, J. T., & Madaus, G. F. (1971). *Handbook on formative and summative evaluation of student learning.* New York: McGraw-Hill.

中央教育審議会教育課程部会 児童生徒の学習評価に関するワーキンググループ（2017）．学習評価に関する資料 文部科学省 Retrieved from https://www.mext.go.jp/b_menu/shingi/chukyo/chukyo3/080/siryo/__icsFiles/afieldfile/2017/10/20/1397756_2_1.pdf（2021年5月17日）

中央教育審議会初等中等教育分科会教育課程部会（2019）．児童生徒の学習評価の在り方について（報告） 文部科学省 Retrieved from https://www.mext.go.jp/component/b_menu/shingi/toushin/__icsFiles/afieldfile/2019/04/17/1415602_1_1_1.pdf

石井 英真（2015）．教育評価の立場 西岡 加名恵・石井 英真・田中 耕治（編）新しい教育評価入門——人を育てる評価のために——(pp.23-49) 有斐閣

石井 英真（2020）．現代アメリカにおける学力形成論の展開——スタンダードに基づくカリキュラムの設計—— 再増補版 東信堂

国立教育政策研究所（2019）．学習評価の在り方ハンドブック（高等学校編） 国立教育政策研究所 Retrieved from https://www.nier.go.jp/kaihatsu/pdf/gakushuhyouka_R010613-02.pdf

松下 佳代（2007）．パフォーマンス評価——子どもの思考と表現を評価する—— 日本標準

西岡 加名恵（2015）．教育評価とは何か 西岡 加名恵・石井 英真・田中 耕治（編）新しい教育評価入門——人を育てる評価のために——(pp.1-22) 有斐閣

西岡 加名恵（2019）．2017年版学習指導要領とパフォーマンス評価 西岡 加名恵・石井 英真（編著）教科の「深い学び」を実現するパフォーマンス評価——「見方・考え方」をどう育てるか——(pp.9-22) 日本標準

Thorndike, E. L. (1918). The nature, purposes, and general methods of measurements of educational products. In G. M. Whipple (Ed.), *The seventeenth yearbook of the national society for the study of education. Part II: The measurement of eduction products* (pp.16-24). Bloomington, IL: Public School Publishing.

Tyler, R. W. (1949). *Basic principles of curriculum and instruction.* Chicago, IL: University of Chicago Press.

Wiggins, G. (1998). *Educative assessment: Designing assessments to inform and improve student performance.* San Francisco, CA: Jorsey-Bass.

コラム 8.1

田村 知子・村川 雅弘・吉冨 芳正・西岡 加名恵（編著）(2016)．カリキュラムマネジメントハンドブック ぎょうせい

第9章

Aronson, E., & Patnoe, S.（2011）. *Cooperation in the classroom: The jigsaw method.* London: Pinter & Martin.
　（アロンソン，E.・パトノー，S. 昭和女子大学教育研究会（訳）（2016）. ジグソー法ってなに？――みんなが協同する授業――　丸善プラネット）

Ausubel, D.（1963）. *The psychology of meaningful verbal learning.* New York: Grune & Stratton.

Bloom, B. S.（1980）. *All our children learning.* New York: McGraw-Hill.
　（ブルーム，B. S. 稲葉 宏雄・大西 匡哉（監訳）（1986）. すべての子どもにたしかな学力を　明治図書出版）

Brown, A. L., Ash, D., Rutherford, M., Nakagawa, K., Gordon, A., & Campione, C. J.（1993）. Distributed expertise in the classroom. In G. Salomon（Ed.）, *Distributed cognitions: Psychological and educational considerations*（pp.188-228）. New York: Cambridge University Press.

Bruner, J. S.（1966）. *Toward a theory of instruction.* Cambridge, MA: Harvard University Press.
　（ブルーナー，J. S. 田浦 武雄・水越 敏行（訳）（1977）. 教授理論の建設　改訳版　黎明書房）

Carroll, J. B.（1963）. A model of school learning. *Teachers College Record, 64,* 723-733.

Carroll, J. B.（1989）. The Carroll model: A 25-year retrospective and prospective view. *Educational Researcher, 18,* 26-31.

中央教育審議会（2012）. 新たな未来を築くための大学教育の質的転換に向けて――生涯学び続け，主体的に考える力を育成する大学へ――（答申）　文部科学省　Retrieved from http://www.mext.go.jp/b_menu/shingi/chukyo/chukyo0/toushin/1325047.htm

中央教育審議会（2017）. 新しい学習指導要領の周知におけるポイント（案）について　文部科学省　Retrieved from https://www.mext.go.jp/b_menu/shingi/chukyo/chukyo3/004/siryo/attach/1398501.htm

Cronbach, L. J.（1957）. The two disciplines of scientific psychology. *American Psychologist, 12,* 671-684.

Glaser, R.（1976）. Components of a psychology of instruction: Toward a science of design. *Review of Educational Research, 46,* 1-24.

市川 伸一（2004）. 学ぶ意欲とスキルを育てる――いま求められる学力向上策――　小学館

市川 伸一（2008）. 「教えて考えさせる授業」を創る――基礎基本の定着・深化・活用を促す「習得型」授業設計――　図書文化

板倉 聖宣・上廻 昭・庄司 和晃（1989）. 仮説実験授業の誕生――1963-64 論文集――　仮説社

Johnson, D. W., Johnson, R., & Holubec, E.（2002）. *Circles of learning: Cooperation in the classroom*（5th ed.）. Edina, MN: Interaction Book.
　（ジョンソン，D. W.・ジョンソン，R. T.・ホルベック，E. J. 石田 裕久・梅原 巳代子（訳）（2010）. 学習の輪――学び合いの協同教育入門――　改訂新版　二瓶社）

国立教育政策研究所（2019）. 2019 年度全国学力・学習状況調査 小学校第6学年算数4（3）国立教育政策研究所　Retrieved from https://www.nier.go.jp/19chousa/pdf/19mondai_shou_sansuu.pdf

Lave, J., & Wenger, E.（1991）. *Situated learning: Legitimate peripheral participation.* New York: Cambridge University Press.
　（レイブ，J.・ウェンガー，E. 佐伯 胖（訳）（1993）. 状況に埋め込まれた学習――正統的周辺参加――　産業図書）

三宅 なほみ・東京大学 CoREF・河合塾（編著）(2016)．協調学習とは――対話を通して理解を深めるアクティブラーニング型授業―― 北大路書房

Sfard, A. (1998). On two metaphors for learning and the dangers of choosing just one. *Educational Researcher, 27*, 4-13.

田中 俊也（編）(2017)．教育の方法と技術――学びを育てる教室の心理学―― ナカニシヤ出版

第 10 章

福岡県 (2021)．個別の教育支援計画・個別の指導計画の新様式例・記入例 福岡県庁 Retrieved from https://www.pref.fukuoka.lg.jp/uploaded/life/332051_53582889_misc.pdf

家近 早苗 (2004)．コーディネーション委員会の方法 石隈 利紀・玉瀬 耕治・緒方 明子・永松 裕希（編）学校心理士による心理教育的援助サービス (pp.126-136) 北大路書房

市川 伸一 (1996)．個人差と学習指導法 大村 彰道（編）教育心理学Ⅰ――発達と学習指導の心理学―― (pp.169-186) 東京大学出版会

石隈 利紀 (1999)．学校心理学――教師・スクールカウンセラー・保護者のチームによる心理教育的援助サービス―― 誠信書房

石隈 利紀 (2012)．学校心理学 学校心理士資格認定委員会（編）学校心理学ガイドブック 第 3 版 (pp.45-60) 風間書房

石隈 利紀（監修）水野 治久（編）(2009)．学校への効果的な援助をめざして――学校心理学の最前線―― ナカニシヤ出版

鹿毛 雅治 (1997)．学力をとらえることをめぐって――評価論―― 鹿毛 雅治・奈須 正裕（編著）学ぶこと・教えること――学校教育の心理学―― (pp.132-158) 金子書房

梶田 叡一 (1994)．教育における評価の理論Ⅰ――学力観・評価観の転換―― 金子書房

鹿島 なつめ (2019)．学校教育相談 小泉 令三・友清 由希子（編著）キーワード生徒指導・教育相談・キャリア教育――子どもの成長と発達のための支援―― 北大路書房

河村 茂雄 (2012)．学級集団づくりのゼロ段階――学級経営力を高める Q-U 式学級集団づくり入門―― 図書文化

熊谷 亮 (2019)．発達障害の理解と援助 小泉 令三・友清 由希子（編著）キーワード生徒指導・教育相談・キャリア教育――子どもの成長と発達のための支援―― 北大路書房

瀬戸 美奈子 (2004)．コーディネーション行動 石隈 利紀・玉瀬 耕治・緒方 明子・永松 裕希（編）学校心理士による心理教育的援助サービス 北大路書房

瀬戸 美奈子・石隈 利紀 (2002)．高校におけるチーム援助に関するコーディネーション行動とその基盤となる能力および権限の研究――スクールカウンセラー配置校を対象として―― 教育心理学研究, *50*, 204-214.

横島 義昭 (2000)．高校における心理教育的援助サービスの実践 教育心理学年報, *39*, 38-39.

横島 義昭 (2009)．心理教育的援助サービスの全面展開をめざした学校づくり 石隈 利紀（監修）水野 治久（編）学校での効果的な援助をめざして――学校心理学の最前線―― (pp.15-22) ナカニシヤ出版

コラム 10.1

河村 茂雄 (2006)．学級づくりのための Q-U 入門――「楽しい学校生活を送るためのアンケート」活用ガイド―― 図書文化

人名索引

事 項 索 引

執筆者紹介

【編者略歴】

生田 淳一（まえがき，第 10 章，コラム 6.2，コラム 8.1 執筆）
いく　た じゅんいち

1997 年　熊本大学教育学部卒業
2003 年　九州大学大学院人間環境学府行動システム専攻博士後期課程単位修得退学
現　在　福岡教育大学教育学部教育心理研究ユニット教授

主 要 著 書

『キーワード　生徒指導・教育相談・キャリア教育——子どもの成長と発達のための
　　支援』（分担執筆）（北大路書房，2019）

『子供の学力とウェルビーイングを高める教育長のリーダーシップ——校長，教職
　　員，地域住民を巻き込む分散型リーダーシップの効果』（分担執筆）（学事出版，
　　2021）

『「問う力」を育てる理論と実践——問い・質問・発問の活用の仕方を探る』（分担執
　　筆）（ひつじ書房，2021）

松尾　　剛（第 1 章，コラム 3.1，コラム 5.1，コラム 6.1，コラム
まつ お　　ごう　　7.1，コラム 9.1 執筆）

2003 年　九州大学教育学部卒業
2008 年　九州大学大学院人間環境学府行動システム専攻博士後期課程修了
　　　　　博士（心理学）
現　在　西南学院大学人間科学部教授

主 要 著 書

『発達と学習（未来の教育を創る教職教養指針 3)』（分担執筆）（学文社，2018）

『子どもの「学びに向かう力」を支える教師の「動き」と「言葉」』（共著）（東洋館出
　　版社，2018）

『教師のための説明実践の心理学』（分担執筆）（ナカニシヤ出版，2019）

【執 筆 者】名前のあとの括弧内は執筆担当章を表す。

向井隆久（第2章）　大分大学教育学部発達科学教育准教授
　むか　い　たか　ひさ

小田部貴子（第3章）　九州産業大学基礎教育センター講師
　お　た　べ　たかこ

宮里　香（第4章）　福岡教育大学非常勤講師
　みや　ざと　　　　かおる

奈田哲也（第5章）　盛岡大学文学部児童教育学科准教授
　な　だ　てつ　や

野上俊一（第6章）　中村学園大学教育学部児童幼児教育学科教授
　の　がみしゅんいち

尾之上高哉（第7章）　宮崎大学教育学部准教授
　お　の　うえたか　や

堀　憲一郎（第8章）　久留米工業大学共通教育科（教職課程）教授
　ほり　　けんいちろう

五十嵐　亮（第9章）　安田女子大学教育学部児童教育学科准教授
　い　がらし　　りょう

ライブラリ 心理学を学ぶ＝4

教育と学習の心理学

2024 年 4 月 25 日 ⓒ　　　　　　初 版 発 行

編　者　生田淳一　　　発行者　森平敏孝
　　　　松尾　剛　　　　印刷者　中澤　眞
　　　　　　　　　　　　製本者　松島克幸

発行所　　株式会社　サイエンス社

〒151-0051　東京都渋谷区千駄ヶ谷 1 丁目 3 番 25 号
営業 TEL　（03）5474-8500（代）　振替 00170-7-2387
編集 TEL　（03）5474-8700（代）
FAX　　　（03）5474-8900

組版　ケイ・アイ・エス
印刷　㈱シナノ　　　　　　製本　松島製本
《検印省略》

サイエンス社のホームページのご案内
https://www.saiensu.co.jp
ご意見・ご要望は
jinbun@saiensu.co.jp　まで.

ISBN978-4-7819-1584-5

PRINTED IN JAPAN

学習の心理　第2版

行動のメカニズムを探る

実森正子・中島定彦 著

四六判・304 頁・本体 2,300 円（税抜き）

本書は，「最新の学習心理学のもっとも簡明な教科書」の改訂版です。実際の講義で提起された疑問や意見を参考に，随所に変更や補足を施し，適宜近年の研究を追加しました。特に，進展の著しい動物におけるエピソード記憶やメタ記憶の行動的研究に焦点をあて，新たな章を設けました。入門から応用にまで活用できる，決定版ともいえる一冊です。

【主要目次】

サイエンス社

知覚・認知心理学入門

芝田征司・山本絵里子 著
A5 判・256 頁・本体 2,400 円（税抜き）

本書は，知覚・認知心理学の入門的な教科書です。幅広い研究テーマの中から代表的なものを取り上げ，図表やイラストを用いてわかりやすく解説しました。章末に用意された確認問題により，基本的な内容の理解を確認しながら読み進めることができます。また，参考図書のリストを参照して，学習をさらに深めることができます。初めて学ぶ方から心理職を目指す方まで，おすすめの一冊です。

サイエンス社

認知と思考の心理学

松尾太加志 編

A5 判・280 頁・本体 2,500 円（税抜き）

私たちは，外界からさまざまな情報を取り入れ，脳の中で認知し，行動に反映させています。ものごとを記憶し，知識として定着させるのも，そのような「認知」によるものなのです。また，問題解決をしたり，推論を働かせたり，意思決定を行ったりと「思考」することによって，より適応的に生きることが可能となります。本書では，そういった私たちが行う認知と思考の心の働きについて，気鋭の著者陣がわかりやすく解説します。2色刷。

サイエンス社

学習・言語心理学

木山幸子・大沼卓也・新国佳祐・熊　可欣 著

A5 判・352 頁・本体 2,850 円（税抜き）

本書は，学習・言語心理学の入門的な教科書です。公認心理師カリキュラムを参照しながら，著者がそれぞれ専門とする学習心理学と言語心理学の領域全体に照らして，初学者が把握すべき事柄を厳選しています。また，科学的道筋を自分で考えられるよう，実験的根拠とともに，できるだけ具体的に平易な表現で説明しました。初めて学ぶ方から心理職を目指す方まで，おすすめの一冊です。

【主要目次】

サイエンス社

モチベーションの心理学

角山　剛・石橋里美 著
A5 判・232 頁・本体 2,400 円（税抜き）

本書は，モチベーションの心理学を学ぶための教科書です。まず，モチベーションがどのような現象としてとらえられ，どのように研究がすすめられてきたのかを概観します。続いて，基本的な知識として，行動の背景となる欲求についての理論や研究を紹介します。最後に，リーダーシップや組織コミットメント，キャリア形成といった，組織行動の中で実践に応用されてきた研究について学びます。

【主要目次】

サイエンス社